Felisberta e sua *gente*

# Felisberta e sua *gente*

Consciência histórica e racialização em uma família
negra no pós-emancipação rio-grandense

Rodrigo de Azevedo Weimer

Copyright © 2015 Rodrigo de Azevedo Weimer

Direitos desta edição reservados à
Editora FGV
Rua Jornalista Orlando Dantas, 37
22231-010 | Rio de Janeiro, RJ | Brasil
Tels.: 0800-021-7777 | 21-3799-4427
Fax: 21-3799-4430
editora@fgv.br | pedidoseditora@fgv.br
www.fgv.br/editora

Impresso no Brasil | *Printed in Brazil*

Todos os direitos reservados. A reprodução não autorizada desta publicação, no todo ou em parte, constitui violação do copyright (Lei nº 9.610/98).

*Os conceitos emitidos neste livro são de inteira responsabilidade do(s) autor(es).*

1ª edição – 2015

*Produção editorial:* Paulo Telles Ferreira
*Revisão:* Fernanda Melo e Aleidis de Beltran
*Projeto gráfico de miolo e diagramação:* Ilustrarte Design e Produção Editorial
*Design de capa:* Tita Nigrí
*Foto capa:* Casamento de Diva Inácia Marques Terra
*Fonte:* Barcellos et al. (2004:242)

Ficha catalográfica elaborada pela
Biblioteca Mario Henrique Simonsen/FGV

Weimer, Rodrigo de Azevedo, 1979-
    Felisberta e sua gente: consciência histórica e racialização em uma família negra no pós-emancipação rio-grandense / Rodrigo de Azevedo Weimer. - Rio de Janeiro : Editora FGV, 2015.
    272 p.

    Originalmente apresentada como tese do autor (doutorado – Universidade Federal Fluminense, Departamento de História, 2013, com o título: A gente da Felisberta: consciência histórica, história e memória de uma família negra no litoral rio-grandense no pós-emancipação (c.1847-tempo presente)
    Inclui bibliografia.
    ISBN: 978-85-225-1750-3

    1. Escravos libertos – Rio Grande do Sul. 2. Escravidão – Rio Grande do Sul. 3. Escravos – Emancipação. I. Fundação Getulio Vargas. II. Título.

CDD – 326.098165

Casamento de Aurora Inácia Marques da Silva

*Dedico este livro a todos aqueles que me acompanharam desde a infância, minha gente, em especial Fanny e Tóti, Tania, Günter, Wally, Ricardo, Lua e Tong, porque não apenas para os camponeses negros do pós-Abolição a vivência familiar era fundamental para a sobrevivência.*

*Dedico-o também a Aurora Inácia Marques da Silva, a Diva Inácia Marques Terra e à memória de Ercília Marques da Rosa e Eva Marques Correia. Sem essas quatro mulheres, este trabalho não seria apenas sem sentido. Seria impossível.*

*Finalmente, apresento uma dedicatória deste estudo acerca da memória à memória de Ana Rios, pioneira dos caminhos que hoje procuro trilhar.*

Si yo fuera un anticuario sólo me gustaría ver las cosas viejas. Pero soy un historiador y por eso amo la vida.

*Pirenne, apud Bloch (1987:38)*


El padre del padre del tamborero
Le está contando a su nieto
La historia de aquel tambor
Como le contó a su padre su abuelo
Que dicen le había contado a él,
Su hermano mayor
La historia que es larga y a veces es triste
Resiste si se descarga
En cada generación
La historia que no se cuenta en palabras
Tampoco voy a contarla yo
En esta canción

*Jorge Drexler — Tamborero*

# ABREVIATURAS UTILIZADAS

AHO — APASF — Arquivo Histórico de Osório — Arquivo Público Antônio Stenzel Filho
AHPOA — Arquivo Histórico de Porto Alegre
AHRS — Arquivo Histórico do Rio Grande do Sul
AM — Administração Municipal
APERS — Arquivo Público do Estado do Rio Grande do Sul
BN — Biblioteca Nacional
c — cerca de
CA — Correspondência ativa
CCC — CA — Cartório de Civil e Crime de Conceição do Arroio
COA — CA — Cartório de Órfãos e Ausentes de Conceição do Arroio
CP — CA — Cartório da Provedoria de Conceição do Arroio
CP — Correspondência passiva
FO — Fórum de Osório
IJCSUD — CHF — Igreja de Jesus Cristo dos Santos dos Últimos Dias, Centro de História da Família
It. — Item
LABHOI — UFF — Laboratório de História Oral e Imagem da Universidade Federal Fluminense
Mcf. — Microfilme
ORCTNM — Ofício do Registro Civil e Tabelionato de Notas de Maquiné
RTID — Relatório Técnico de Identificação e Delimitação
SMCO — Secretaria Municipal de Cultura de Osório
v — verso

# QUEM É QUEM NESTE LIVRO

Inicio apresentando os principais personagens deste livro, como uma espécie de guia para facilitar sua leitura. Boa parte deles também foram interlocutores do autor durante sua escrita.

### Manoel Inácio Marques
Nasceu em 30 de novembro de 1847. Filho da escrava Angélica Inácia com — possivelmente — um integrante da família senhorial Osório Marques, Manoel trabalhou como carpinteiro na fazenda do Morro Alto, até ser alforriado em 1884. Através de sua profissão, pôde acumular um pecúlio que lhe permitiu a aquisição de 100 braças de terras no Espraiado, para seu sustento, de Felisberta e dos filhos que teve com ela.

### Felisberta Severina da Silva
Filha dos escravos Romão Inácio e Severina — ambos, também, integrantes da senzala dos Osório Marques —, Felisberta dedicava-se aos serviços domésticos e teve a primeira filha com Manoel Inácio em 1883. Foi contemplada como herdeira, junto a outros 23 escravos, em uma doação de terras feita pela senhora Rosa Osório Marques nos anos finais da escravidão.

### Manoel Inácio Marques Filho
Nascido no dia 1º de novembro de 1894, era o quinto filho de Felisberta e Manoel, porém o primeiro do sexo masculino. Aprendeu com o pai as lides da carpintaria e as atividades de campeiro e tropeiro, que desempenhou enquanto a esposa e as filhas cuidavam da roça. Depois do falecimento de seu pai, encarregou-se de cuidar do terreno familiar e de sua mãe.

## Clara Amélia de Jesus
O nascimento de Clara Amélia de Jesus pode ser estimado em 1896. Esposa de Manoel Inácio Marques Filho, também era sua prima, já que neta de uma irmã de seu pai. Participou do processo de migração para Osório em meados do século XX, quando estabeleceu uma casa no terreno de suas filhas.

## Aurora Inácia Marques da Silva
A senhora Aurora Inácia Marques da Silva nasceu em 1926 e é a terceira filha de Manoel Inácio Marques Filho e Clara Amélia de Jesus. Trabalhou na roça no terreno paterno até seu casamento com Antônio Gonçalves da Silva. Pouco após, porém, seu marido foi vítima de um infarto enquanto trabalhava em uma pedreira. Com seu falecimento, Aurora dirigiu-se a Osório, onde trabalhou como empregada doméstica. Mais recentemente, contraiu novas núpcias com Bento Manoel da Silva, de quem também veio a enviuvar.

## Diva Inácia Marques Terra
Nasceu no ano de 1929, sendo a quinta filha de Manoel e Clara. Diva casou-se com Celso Rodrigues Terra, com quem veio a estabelecer-se em Osório. Por ter sido criada pelas avós, sabe muitas histórias que elas lhe contavam. Ela já foi cozinheira e teve um restaurante. Bastante devota de Nossa Senhora do Rosário e frequentadora assídua da Igreja, Diva é uma liderança religiosa local.

## Cleci Terra da Silva
Seu ano de nascimento foi 1958. Filha de Celso e Diva, Cleci trabalhou durante alguns anos como cozinheira e cafeteira em hotéis nas praias de veraneio do Rio Grande do Sul. Depois, casou-se e tornou-se dona de casa. A exemplo de sua mãe, também é uma liderança religiosa, e participa no coral da Igreja.

## Eva Inácia Marques
Filha de Manoel Inácio Filho e Clara Amélia de Jesus, seu nascimento é estimado em 1936. Como outras tantas mulheres negras de sua geração, trocou o

meio rural pelo meio urbano em meados do século XX em busca de melhores condições de vida. Trabalhou anos a fio como empregada doméstica. Nunca se casou.

## Manoel Inácio Marques Neto
De nascimento estimado em 1940, Manoel Inácio Marques Neto herdou o nome do avô e do pai. Iniciou o trabalho fora da lavoura quando veio para Porto Alegre alistar-se, estabelecendo-se, pois, na capital, onde se casou e trabalhou em diversos ofícios: no transporte portuário, como guarda e motorista de caminhão. Retornando a Osório, empregou-se no porto lacustre, em lavagem de carros, em posto de gasolina, como sapateiro, carpinteiro e na construção civil. Era um exímio narrador.

## Edite Maria da Rosa
Prima-irmã de Aurora e Diva, filha de Maria Hermenegilda, irmã de Clara. Edite nasceu por volta de 1943. Estudou em Osório e Porto Alegre para tornar-se professora. Deu aulas no Faxinal do Morro Alto, no Caconde e finalmente conseguiu uma transferência para o Ribeirão do Morro Alto, onde sua família possuía terras. Ali se aposentou; durante esse período, sua família não deixou de praticar o cultivo da terra e a criação de animais.

## Rosalina Inácia Marques
Data de nascimento estimada em 1885, provavelmente, portanto, sob a vigência da Lei do Ventre Livre. Terceira filha de Manoel Inácio e Felisberta, dirigiu-se para Osório onde se estabeleceu na aurora do século XX. Ali, ganhou a vida como lavadeira de roupas. Ainda que nunca se tenha casado, teve dois filhos, para os quais se empenhou em dar a melhor educação possível e obter alguma ascensão social face à sua condição profissional.

## Ercília Marques da Rosa
Sua data de nascimento é 14 de outubro de 1921. A senhora Ercília é considerada, com orgulho, por sua família, a primeira professora negra do litoral norte do Rio Grande do Sul. Sustentou-se para a formação nesta profissão com o empenho de sua mãe na lavagem de roupas e em pequenas atividades, como a venda de araçás. Começou a lecionar na localidade de Bananeiras; mais tarde, casou-se e estabeleceu-se na Prainha, onde residia seu

marido Júlio Eloy da Rosa. Sua família possui sólidos vínculos políticos com o trabalhismo, seja através do Partido Trabalhista Brasileiro ou, mais tarde, do Partido Democrático Trabalhista.

## Wilson Marques da Rosa

Nascido em 1958, Wilson é o segundo filho de Ercília e Júlio Eloy. Sua vida é consagrada à política, particularmente à luta por direitos étnicos da população negra. Conforme os laços políticos de sua família com o trabalhismo, muito cedo partiu da Prainha para tornar-se assessor legislativo do deputado Romildo Bolzan. Atualmente, preside a Associação Comunitária que luta pela titularização de Morro Alto como remanescente de quilombos.

## Mercedes Marques

Nascida em 8 de dezembro de 1896, Mercedes era a sexta filha de Manoel Inácio e Felisberta. Casou-se com o também camponês negro Bento Merêncio, residente no Faxinal do Morro Alto, e teve dois filhos, Manoel e Eva. Após a morte do marido, mudou-se para a residência desta última, no Caconde.

## Eva Marques Corrêa

O nascimento da senhora Eva Marques Corrêa pode ser estimado em 1922. Passou a infância no Faxinal do Morro Alto, empregando-se na lavoura. Depois do casamento, mudou-se para o Caconde, local de origem de seu marido Pompeu Corrêa. Ali, dedicou-se à produção de farinha em atafonas. No fim da vida de seu marido, foi morar em Osório, onde passou 19 anos, findos os quais retornou ao Caconde.

## Arli Marques Corrêa

Arli nasceu, estima-se, em 1946. Filho de Eva e Pompeu, vive no terreno familiar até hoje, onde se dedica ao trabalho agrícola.

## Maria Corrêa Mendes

Estima-se seu nascimento em 1952; irmã de Arli, trabalhou como doméstica em Tramandaí e Osório.

## Pulquéria Felisberta da Silva
Nasceu em 1º de março de 1881, sob a vigência da Lei do Ventre Livre. Filha apenas de Felisberta, não pôde ser beneficiada no testamento de seu padrasto. Assim, empregou-se com o marido, Zeferino José Teodoro, como agregada em terras de Miguel Ventura, um fazendeiro no Faxinal do Morro Alto.

## Belizário de Oliveira
Nascido em 2 de abril de 1874, Belizário também nasceu "de ventre livre", sendo filho de Manoel Inácio com Libânea, escrava de Clara Marques da Silveira. Também não foi contemplado no testamento paterno, já que não era tido como legítimo. No entanto, aprendeu com o pai o ofício de carpinteiro, o que lhe deu a oportunidade de adquirir, em Morro Alto, terras para o sustento de sua família. Era casado com Emília, filha do escravo Merêncio.

## Maria de Oliveira Caetano
A senhora Maria nasceu em 1926. Quarta filha de Belizário, nasceu em Cidreira, mas criou-se em Morro Alto, onde a família tirava o sustento de lavouras e criações, além do ofício de seu pai e da fabricação de cobertores. Residiu em Mostardas e durante 18 anos em Porto Alegre, onde se casou. Nesse período, empregou-se como cozinheira. Viveu o fim de sua vida em Osório.

# SUMÁRIO

**Apresentação**   21
**Origem do livro**   27
**Mapa do livro**   29
   Aventuras na tórrida tarde de Osório   29
   Uma proposta de trabalho   30
   Pós-Abolição e tempo presente   37
   Mapa do território pesquisado   40
   Uma abordagem geracional de arranjos familiares   42
   Mulheres e os interlúdios de racialização   44
   Fontes: contando histórias   48
   Mnemosine e Clio, Clitemnestra e Electra   52
   Mapa de capítulos   60

**Capítulo 1 — Geração de escravos**   61
   O pardo Manoel Inácio, também chamado
      de Manoel Inácio Osório Marques   62
   Criações, lavouras, canaviais, engenhos e atafonas   65
   Inácias crioulas, Terezas africanas   76
   Aqueles que não eram mais escravos   80
   Felisberta, a "escrava livre"   87
   O que significa ser escravo para os descendentes de escravos?   90
   Prenomes e pronomes: o nominável e o inominável
      na experiência escrava   94
   Interlúdios de racialização I: Manoel branco, Manoel pardo,
      Felisberta preta   99

**Capítulo 2 — Geração de camponeses**   107
   A herança de Manoel Inácio   114
   Fazer farinha para criar crioulas   124
   Interlúdios de racialização II: A "cor" na polícia e na Justiça   130

**Capítulo 3 — Geração de migrantes** 137
    Motivos para partir — narrativas de expropriação 139
    Motivos para partir — a terra que enfraqueceu 144
    Motivos para partir — narrativas de direitos 147
    Interlúdios de racialização III: A "cor" no cartório
        ou o retorno dos "italianos" 153
    Interlúdios de racialização IV: A "cor" na festa 158
    O trabalho nas cidades — "esses negócios dos homens
        quando se encontram" 169
    Os que não migraram — "assim que nós fizemos a nossa vida" 172
    Os que voltaram — "ela indo pra lá e nós indo pra cá" 177
    A "reforma agrária" 180

**Capítulo 4 — Geração de quilombolas** 183
    Os mais novos não sabem tanto por causa da televisão 187
    Memórias da escravidão atravessando gerações 189
    Missão de vida: cultura histórica e movimento social 196
    Narrativas de desrespeito social 206
    "Essa identidade tá sendo construída por nós" 209
    Movimento social, cultura histórica e historicidades mais densas 211
    As profissões dos bisnetos 216
    O "tipo dos escravos" 220
    Contar a memória do cativeiro 222
    Interlúdios de racialização V — De morenos a negros 226

**Aonde o mapa nos levou** 243
    O cipozal 243
    Estradas vicinais 244
    Ela trabalhou na fazenda de Rosa Osório Marques 245
    Caminhos principais 246
    "Mas será que o negro não tem tanta coisa boa pra falar?" 250

**Interlúdios de racialização**
    Interlúdios de racialização I: Manoel branco, Manoel pardo,
        Felisberta preta 99
    Interlúdios de racialização II: A "cor" na polícia e na Justiça 130
    Interlúdios de racialização III: A "cor" no cartório
        ou o retorno dos "italianos" 153
    Interlúdios de racialização IV: A "cor" na festa 158
    Interlúdios de racialização V — De morenos a negros 226

**Agradecimentos** 251
**Referências bibliográficas** 255

# APRESENTAÇÃO

*Felisberta e sua gente* nasceu tese de doutorado. Tive o prazer de orientar o trabalho, vencedor do concurso de teses do Pronex *Cultura Histórica e Usos do Passado: política, patrimônio e ensino da história*. Quando conheci o autor, Rodrigo de Azevedo Weimer, então recém ingresso no curso de doutorado da UFF, ele já era coautor do relatório de identificação da comunidade remanescente de quilombo do Morro Alto — formada a partir da memória de uma doação de alforria e terras a um grupo de escravizados no litoral norte do Rio Grande do Sul, em 1888, e publicara em livro sua dissertação de mestrado sobre o pós-abolição na Serra Gaúcha.

O presente texto, um estudo acerca da memória de uma das famílias dos libertos herdeiros em Morro Alto, vai dedicado, entre outros, à memória da historiadora Ana Rios. Nas palavras de Rodrigo, Ana foi "pioneira dos caminhos" que procurou trilhar. Seguindo com brilho o exemplo evocado, Rodrigo se tornou ele próprio um dos pioneiros nos estudos sobre o pós-abolição no Rio Grande do Sul. O livro que ora apresento é o coroamento de uma reflexão teórica de fôlego sobre o tema.

A sofisticada abordagem de Rodrigo sobre a metodologia da história oral, bem como sua extensa experimentação no campo da micro-história, e sua abordagem da história da memória como história do tempo presente, questões que há muito mobilizam meus interesses de pesquisa, me tornaram, mais do que orientadora, uma interlocutora próxima e identificada com os caminhos trilhados pelo pesquisador. Durante o desenvolvimento da pesquisa, Rodrigo me surpreendeu, sobretudo, ao somar à abordagem histórica das relações entre memória e identidade, uma reflexão refinada sobre a forma e os significados da narrativa memorial de seus interlocutores.

Antes de mapear aqui alguns dos muitos tópicos para os quais o presente livro traz importante contribuição, quero destacar algumas discussões que ficaram parcialmente fora dele. A tese premiada deveria ter um número máximo de páginas para ser publicada como livro. Rodrigo já concorreu ao prêmio Pronex decidido a transformar a tese em um livro com foco específico nas diversas gerações da "gente de Felisberta". Concordamos, na ocasião, que as discussões teóricas apresentadas sobre as relações entre oralidade e letramento na família estudada, bem como sobre suas práticas de nominação no decorrer das gerações, tinham envergadura para circular separadamente. Essas são questões absolutamente cruciais para ex-cativos que se reinventavam como cidadãos a partir de novos nomes ou para camponeses iletrados imersos em uma sociedade em que registros escritos formavam a fonte de todo direito. Presentes no livro, tais questões se abrem a discussões teóricas mais amplas, para as quais os dois capítulos da tese — retirados do livro — trazem contribuição importante.

Sobre o tema das práticas de nominação nas sociedades escravistas e pós-escravistas, Rodrigo organiza um novo livro, comigo e Jean Hebrard, em que sua própria reflexão será incorporada. O capítulo sobre oralidade e letramento foi transformado em artigo referencial para a questão e se encontra publicado na revista *Varia História*, da UFMG.

O enxugamento da tese resultou em um livro preciso e denso teoricamente. Imperdível por diversos motivos, que tentarei destacar nesta breve apresentação. Não vou adiantar o mapa do trabalho, bem desenhado na bela metáfora que dá título à introdução, mas discutir alguns pontos para instigar à leitura do texto.

O estabelecimento do pós-abolição/pós-emancipação como campo de reflexão e pesquisa está em pauta na agenda historiográfica e *Felisberta e sua gente* contribui de forma criativa para a discussão. A começar pelo trânsito fecundo no uso das duas expressões (pós-emancipação e pós-abolição) entre o título e o corpo do trabalho. O livro apresenta "c. 1847", data de nascimento do patriarca da família, como marco inicial da pesquisa, e faz da discussão sobre o fim do tráfico atlântico de escravos sua conjuntura inaugural, o que informa a opção pelo "pós-emancipação" no título do trabalho. A experiência da gente de Felisberta com a liberdade começou bem antes da abolição final da escravidão e, mesmo após a abolição legal, durante muito tempo iria se confundir, como objeto de memória, com a doação da liberdade feita pela ex-senhora de Felisberta, pouco antes da Lei Áurea. Por outro lado, o fim da instituição apresenta-se como marco central para a formulação do principal problema da pesquisa: a memória da escravidão em uma sociedade pós-escravista, o que faz ressurgir a referência ao "pós-abolição", como problema historiográfico, no corpo do trabalho. Evocando problemas de pesquisa diferentes, mas complementares, associar pós-emancipação e pós-abolição permite conjugar história social, cultural e política, o que vem engendrando um rico campo de pesquisa no âmbito do Grupo de Trabalho Emancipações e Pós-abolição da Associação Nacional de História.

Se o trabalho se inicia ainda em meados do século XIX, suas balizas cronológicas vão até o "tempo presente", fazendo da história da memória da escravidão entre os descendentes da ex-escrava Felisberta o principal tema do livro. Um século após a aprovação da Lei Áurea, a Constituição de 1988 abriu caminhos para políticas de reparação em relação aos legados da escravidão no país, entre os quais a aplicação do artigo constitucional sobre o reconhecimento das comunidades remanescentes de quilombo vem desempenhando papel central. Nesta segunda década do século XXI, a memória da escravidão se apresenta cada vez mais viva e politizada. A abordagem do livro nos informa, de maneira elucidativa, como esta nova politização dialoga com culturas políticas anteriores e com instâncias outras e mais "tradicionais" de politização da memória.

A releitura de Rodrigo, inspirada em Walter Benjamim e Enzo Traverso, da diferenciação da memória enquanto tradição coletiva (Erfahrung) e enquanto experiência individual (Erlebnis) conclui pela *surpreendente afirmação de uma memória Erlebnis que revisita narrativas tradicionais (Erfahrung) e delas se apropria*, conforme o autor ressalta em sua introdução. O texto do livro empresta relevo a esse diálogo entre tempos e culturas políticas diferenciadas. Revisitando de forma densa as discussões teóricas que perpassam a clássica relação entre Mnemosine e Clio, mãe e filha na mitologia grega, memória e história são os fios condutores da narrativa. Convido os leitores a acompanhar os resultados, mas adianto que, para mim, Rodrigo conseguiu, de forma convincente, evitar hierarquias na relação entre as duas velhas senhoras. Ao utilizar a noção de consciência histórica, ferramenta teórica que aparece assinalada no subtítulo da obra, para além de enfatizar eventuais invenções, transformações e silêncios da memória coletiva, o autor faz sua história da memória dialogar com o conhecimento sobre o passado efetivamente produzido, em cada época, por seus informantes.

Se este é, antes de tudo, um livro sobre história da memória, sobretudo da memória da escravidão e da liberdade entre aqueles que no tempo presente se reconhecem como "a gente de Felisberta", ele é também, e não com menos brilho, um excelente texto de história social. Ao utilizar, inspirado em Ira Berlin, a noção de geração — geração de escravos, geração de camponeses, geração de migrantes, geração de quilombolas — o livro nos apresenta, também, uma interpretação relevante, ainda que não exaustiva, de cerca de 150 anos de história social da escravidão e do pós-abolição no litoral norte rio-grandense, desenvolvida ao rés do chão, no melhor estilo da micro-história italiana.

O capítulo sobre a geração de escravos enfoca as representações sobre o passado cativo formuladas pelos que se identificavam como descendentes de Felisberta, mas também de seu marido, Manoel Inácio, pardo, nascido em 1847 da cativa Angélica, tido pelos descendentes como filho ilegítimo de um dos membros da família senhorial e alforriado em 1884. O texto sabe fazer interagir as diversas narrativas da família e sua consciência histórica sobre o tempo dos escravos, com uma minuciosa pesquisa documental sobre os personagens evocados, seus vínculos genealógicos e suas práticas de nominação, produzindo um conhecimento significativo sobre o tempo do cativeiro, bem como sobre as formas como foi culturalmente mobilizado no pós-abolição. Felisberta, a matriarca, foi lembrada como "a escrava livre", em função do tratamento diferenciado que recebia da família senhorial, que a tornou uma das herdeiras do testamento da ex-senhora.

No capítulo sobre a geração dos camponeses, a pesquisa genealógica combinada a preciosos documentos guardados pela família constrói um capítulo emblemático para a história social do pós-abolição. Entre os ascendentes dos moradores do Morro Alto, muitos adquiririam pequenos pedaços de terra na região, como o patriarca Manoel Inácio. Nesse contexto, a memória familiar e sua consciência histórica mais uma vez se sobressaem na análise do capítulo, entrecruzando com brilho, e sem hierarquias, memória e história.

Em meados do século XX, *entre a Primeira República e a Ditadura Militar*, o Brasil fez sua revolução urbana. Rodrigo faz desse tema maior da história social do século passado o objeto do capítulo sobre a geração de migrantes. Analisando motivos para partir e motivos para voltar, passado e presente continuam a dialogar no texto do livro, iluminando silêncios. Também ressignificando esquecimentos e lembranças, o capítulo sobre a geração de quilombolas fecha a pesquisa, refletindo sobre história do tempo presente e formas de transmissão da memória.

Na prazerosa leitura de Felisberta e sua gente, para concluir esta apresentação, falta destacar o criativo recurso aos chamados *Interlúdios de racialização*. Pensar a memória do cativeiro no pós-abolição é, em grande medida, mapear as formas como essa memória foi racializada. Rodrigo faz isso em cada capítulo, em subitens específicos, os tais interlúdios, que abordam como a experiência da discriminação racial, e mesmo da segregação racial, atuaram no plano do vivido dos personagens estudados, em cada uma das gerações. Mas inspirado em *O jogo da amarelinha*, de Julio Cortazar, Rodrigo fez com que os interlúdios possam ser lidos também em sequência, como um capítulo a parte. Assim reorganizados, produzem uma experiência cognitiva diferente, fazendo surgir um artigo acadêmico específico dentro do livro mais amplo, em que a reflexão sobre a longa duração da experiência racializada dos atores se sobressai sobre suas variações no tempo. Vale a pena fazer os dois percursos.

Boa leitura!

Hebe Mattos, 23 de novembro de 2014

# ORIGEM DO LIVRO

O presente livro é uma versão modificada e condensada de minha tese de doutorado, defendida em março de 2013 na Universidade Federal Fluminense, sob a orientação da professora Hebe Maria Mattos. Por motivos de concisão, fez-se necessário realizar diversos cortes. Foram suprimidos os capítulos 1 e 5 daquele trabalho, referentes, respectivamente, às práticas de oralidade, letramento e nominação na família estudada. O capítulo 3 também teve longos trechos suprimidos. Reservou-se, assim, à presente publicação a possibilidade de apreciar a trajetória do grupo focado ao longo da segunda metade do século XIX e do século XX, a fim de melhor se compreender as apropriações da memória da escravidão e do pós-Abolição na aurora do século XXI, em um contexto de lutas sociais.

Gostaria de ressaltar, todavia, que as temáticas abordadas nos capítulos suprimidos também são importantes para a configuração daquilo que chamo de *consciência histórica* (os leitores em breve também se familiarizarão com este conceito). Oxalá se faça possível trazer a público, sob a forma de artigos ou capítulos de livros, os textos por ora deixados de lado, a exemplo do capítulo sobre oralidade publicado na revista *Varia História* (Weimer, 2015). Neste caso, me agradaria que os leitores — caso se interessem — os leiam como partes, também, da maneira como os descendentes de escravos do litoral norte do Rio Grande do Sul configuram sua *consciência histórica*.

# MAPA DO LIVRO[1]

## Aventuras na tórrida tarde de Osório

Conheci Aurora Inácia Marques da Silva no dia 28 de novembro de 2001. Eu estava na Cúria Diocesana de Osório pesquisando registros de batismo do imediato pós-Abolição, a fim de procurar presumíveis descendentes de escravos da Fazenda do Morro Alto. Fazia-o porque a comunidade que hoje vive na região daquela antiga propriedade escravista pleiteava seu reconhecimento como "remanescente de quilombos", e, para tal, era necessário realizar um laudo histórico-antropológico. Como integrante da equipe de pesquisa encarregada desse estudo, cabia-me reunir evidências documentais de um território de ocupação histórica, e era o que eu fazia naquele arquivo.

Estava eu entretido entre papéis amarelados quando adentraram duas senhoras, dispostas a encontrar o registro de batismo do pai de uma delas. Eram as senhoras Antonina e sua cunhada, Aurora. Disposto a ajudá-las, ofereci-me para ver se possuía nos registros do meu computador o batistério do pai de Antonina, e de fato eu o havia digitado. Assim, poupei-as do trabalho de percorrer os livros em busca do registro de Felipe Manoel da Silva, do qual elas, satisfeitas, encomendaram uma certidão. Perguntei a Aurora se ela não queria procurar o de seu pai também, e ela respondeu-me que de sua família tinha tudo em sua casa, e que viera apenas para ajudar a outra. Despedi-me das simpáticas senhoras, não sem antes pegar o endereço de Aurora para a realização de posterior entrevista.

No horário do almoço, veio-me a certeza de que muito mais interessante do que, pela tarde, retornar à Cúria e continuar a minuciosa procura por pos-

---
[1] O título desta introdução é uma referência evidente a Thompson (1981).

síveis filhos de ex-escravos seria dirigir-me ao endereço que anotei e coletar depoimentos daquelas pessoas que Deus havia colocado em meu caminho. Tinha a impressão de que, entre os recomendados por outros moradores de Morro Alto para que fossem entrevistados, estava o nome de uma senhora chamada Aurora. Impulsivamente, adquiri um gravador analógico, fitas e pilhas em uma das únicas lojas que se encontravam abertas no mormaço de meio-dia do verão de Osório. Foi um rito de passagem: era minha primeira entrevista sem a vigilante tutela de um antropólogo. O início foi desastroso.

Encontrei Aurora e seu cunhado, senhor Celso. Antonina havia regressado para sua casa, em Tramandaí. Iniciada a entrevista, em alguns minutos surgiu na sala da anfitriã sua irmã e vizinha, esposa de Celso, a senhora Diva. Solenemente, estendeu sua mão para que eu a beijasse. Desconhecedor dos códigos que prescreviam pedir bênção aos mais velhos, correspondi ao que acreditava ser uma demonstração de cordialidade, apertando sua mão. Diva ficou ultrajada e, ao longo da entrevista, reiteradas vezes enfatizou que hoje em dia os jovens não respeitam os mais velhos. Tentei consertar minha gafe indagando-a como eram as coisas antigamente. Isso deu margem para que ela discorresse longamente sobre o tempo de sua infância, sobre seus pais, seus avós, em especial a ex-escrava Felisberta. Tive mais sorte que juízo, e dessa sucessão de mal-entendidos resultou uma, creio, boa entrevista e uma amizade que perdura há cerca de uma década, alimentada por bate-papos, entrevistas, cafés, cachorros-quentes e festas de Nossa Senhora do Rosário.

## Uma proposta de trabalho

Meu objetivo é analisar, de forma intercruzada, memórias e trajetórias sociais de populações egressas do cativeiro. Escrevo uma história de como o grupo estudado operou a memória do cativeiro e do pós-Abolição através da tradição oral e das experiências de gênero e racialização. A fim de verificar uma trajetória de mobilidade social, acompanhei a história de uma família ao longo de quatro gerações. Nos termos postulados por Levi (1992), a redução da escala de observação é o *locus* onde se empreende a análise, e não o *objeto* da mesma. Assim, sublinho que o *tema* do presente estudo *não* é a "*gente* da Felisberta" em si; ela é, sim, um local no qual pretendo focar a memória da escravidão como tema de pesquisa.

Mapa do livro | 31

Senhoras Eva Inácia Marques e Aurora Inácia Marques da Silva em 13 de outubro de 2012, em Osório.[2]

Senhora Diva Inácia Marques Terra em 7 de março de 2015, em Osório.

---

[2] Aurora e Eva tiraram a foto em frente a uma roseira plantada por sua mãe, Clara Amélia de Jesus. É sabido que a referência a árvores plantadas por ancestrais é um importante parâmetro de territorialidade para a comunidade de que fazem parte (Barcellos et al., 2004:328-330).

Considerando a variedade de temas a que me proponho analisar neste trabalho, que são necessários para uma abordagem exaustiva dos cenários negros no pós-Abolição, e a extensão do recorte temporal adotado — entre a última geração de cativos até seus bisnetos (ver adiante) —, restringi meu olhar a um núcleo familiar, sem por isso deixar de ter a pretensão de que algumas de minhas conclusões possam ser coextensivas a outras famílias negras da região.[3] Discutirei oportunamente as especificidades da família apontada. Um empreendimento desta natureza, amparado em instantâneos de historicidade ao longo de 150 anos, está condenado a um caráter mais *panorâmico*, no que toca à variedade de temas em questão em um intervalo temporal tão longo;[4] porém, o que se perde nesse aspecto se ganha em *intensidade*, percebendo de forma mais *densa* como as temáticas abordadas foram vividas pela família em questão. A escolha metodológica revelou-se frutífera e acertada; a opção por um agregado maior de famílias não teria levado a resultados tão ricos e aprofundados.

Ao enfocar a análise da memória da escravidão e do pós-Abolição em uma escala microscópica, tenho o entendimento de que o acompanhamento mais detalhado de processos sociais pode ajudar a elucidar processos macrodimensionados. Sabe-se que a proposta metodológica da micro-história, longe de opor problemas macrossociais à observação microssocial, consiste em reduzir a escala de observação a fim de elucidar problemas históricos que não transparecem da mesma forma se analisados unicamente em dimensões macro (Levi, 1992; Revel, 1998). Sendo assim, não me furtei também a recorrer a exemplos de outras famílias em situações similares quando os

---

[3] A fecundidade do estudo transgeracional para análise de trajetórias de mobilidade social em classes populares pode ser conferida em Duarte e Gomes (2008), que analisaram comparativamente três famílias cariocas ou fluminenses ao longo do século XX, entre as quais as dos próprios autores. Para uma temática mais próxima àquela aqui estudada, ver o exemplo de Scott e Hébrard (2012). Em uma impressionante investigação, os autores acompanharam a trajetória de uma família descendente de escravos no espaço atlântico, entre o fim do século XVIII e o início do século XX. Os autores mapearam sua presença na Senegâmbia, em São Domingos, em Cuba, na Louisiana, no Haiti, na França, na Bélgica, no México e no Alabama, relacionando-a à "era da emancipação", verificando sua participação em processos como a Revolução Haitiana e a Guerra Civil Norte-Americana.

[4] Não esperem, portanto, os leitores, por exemplo, do capítulo 2, uma investigação exaustiva dos destinos de ex-escravos na região, ou do capítulo 3, uma avaliação do impacto da política trabalhista. Dotados de imenso interesse, tais aspectos são merecedores de estudos específicos. Irei abordá-los, tão somente, como meios de acompanhar a trajetória da família estudada e de perceber como os aspectos em questão foram recordados. Os leitores avaliarão se consegui apresentar contribuições substantivas a respeito de temáticas de história social. Se conseguir, "é lucro", porque meu foco é utilizar tais assuntos apenas como pano de fundo de minhas reflexões sobre processos mnemônicos.

documentos o permitiam ou ainda quando inexistiam fontes a respeito da família escolhida. Este estudo, em certos momentos, não deixa de ser também uma tentativa de verificar se algumas conclusões obtidas a partir de visões mais generalizantes resistem a uma aproximação mais *rés ao chão*.

Lima (2006:266) sublinha que, na micro-história praticada por Levi, a ênfase é dada às trajetórias familiares com a finalidade de compreender como relações sociais e estratégias de aliança são acionadas para controlar a incerteza intrínseca à vida. Elenquei a família dos descendentes dos ex-escravos Felisberta e Manoel Inácio Marques como foco de análise dos aspectos anteriormente arrolados, a fim de verificar como esse núcleo familiar lidou com os problemas da sociedade pós-Abolição e como deles se recorda. Infelizmente, está para além do alcance deste trabalho a possibilidade de acompanhar o itinerário de *todos* os descendentes desse casal. Muitos de seus netos ou bisnetos simplesmente *perderam-se*, ao longo de um século e meio, dos familiares com quem pude estabelecer contato.

O presente estudo intitula-se "Felisberta e sua *gente*" como uma referência ao termo êmico pelo qual os moradores de Morro Alto referem-se às relações familiares. Não acatei o conselho da senhora Diva, de colocar o título de "a família de Manoel Inácio Marques e Felisberta Severina da Silva", por ser a segunda mencionada pelos familiares nos dias de hoje através do prenome. Por outro lado, como veremos no capítulo 1, privilegiou-se a figura feminina na intitulação do trabalho por Felisberta ser acionada na luta social contemporânea, não apenas por sua condição de "herdeira" de Rosa Osório Marques (ver em seguida), mas, sobretudo, por seu simbolismo como mulher batalhadora que criou os filhos e lutou contra as adversidades do pós-Abolição. Embora o termo "família" seja empregado como signo de distinção, *gente* remete a um sentimento de pertencimento comunitário coletivo (Chagas, 2005a:131-137). Eventualmente utilizarei o termo "família". É impossível dele fugir, e ele é acionado pelos próprios entrevistados. No entanto, em virtude do sentimento de pertença a ele intrínseco, procurarei privilegiar o termo *gente*.[5] Ainda que tenha surgido como interpretação nativa dos pesquisados

---

[5] A importância dessa noção na forma como os entrevistados constroem as relações de parentesco pode ser exemplificada com o caso de uma entrevista que tentei realizar com uma senhora, bastante idosa. Ela possuía muitas dificuldades para se lembrar de seu passado e não sabia quem eram seus familiares. Sobrinhos, filhos e irmãs eram tratados de forma indistinta. No entanto, quando perguntada sobre quem eram, afirmava: minha *gente*. A identificação pessoal e geracional se fora, mas não o pertencimento coletivo representado pela categoria. Diário de campo de 7 de janeiro de 2009 em Osório (LABHOI — UFF).

acerca de suas relações de parentesco, acredito que a noção em questão tenha grande potencial heurístico entre os historiadores, sobretudo por permitir uma fuga a concepções restritivas de família e sugerir formas mais realistas de perceber as teias comunitárias negras.

Com efeito, esse "ramo" (Barcellos et al., 2004:210) multiplicou-se, segmentou-se e deu origem a diversas "famílias" nos dias de hoje. *Gente*, pois, é uma maneira mais genérica de referir-se à pluralidade de arranjos familiares entre seus descendentes, além de ser mais fiel às representações coletivas de relações de parentesco. Poder-se-ia dizer que dos 10 filhos de Manoel Inácio e Felisberta, três não tiveram filhos e uma teve uma menina que morreu ainda criança. Entre os demais, tive contatos esporádicos com os descendentes de três — Pulquéria, Belizário e Maria. Os dois primeiros, como veremos no capítulo 2, eram considerados "ilegítimos" e tinham, assim, um contato mais episódico com a família, e a outra faleceu quando seus filhos ainda eram pequenos, tendo os mesmos se dispersado. Quanto aos filhos e netos dos demais — Rosalina, Manoel Inácio Filho e Mercedes —, foi possível mapear seus itinerários de forma mais sistemática.

Felisberta Severina Marques consta no rol de herdeiros de Rosa Osório Marques. Esta senhora escravista é lembrada por ter legado terras da fazenda do Morro Alto a seus escravos em um testamento de 1886 e em inventário de 1888, o que lhe garantiu verdadeira devoção por parte dos descendentes dos cativos beneficiários. No documento se ampara uma das fontes reivindicadas para o direito sobre aquelas terras. O marido daquela, Manoel Inácio, também era cativo da família senhorial Marques. Voltaremos a isso com mais detalhes no capítulo 1. Essas terras vêm sendo lembradas e acionadas como fundamento de uma disputa territorial contemporânea. Convém sublinhar que, conforme assinala Chagas (2005a:327), a peça testamentária não constitui a "medida do direito da comunidade" e sim "uma âncora jurídica a confirmar direitos mais amplos que são derivados de sua ocupação tradicional". O direito de comunidades "remanescentes de quilombos", com efeito, não trata do direito sucessório tradicional, mas da leitura feita por esse agrupamento dos direitos e significados representados pelo testamento na garantia de direitos territoriais (Chagas, 2005a, em particular a página 348).

Como expus anteriormente, compus uma equipe interdisciplinar de antropólogos, historiadores e geógrafos entre 2001 e 2002. Foi produzido um relatório de pesquisa, publicado sob a forma de livro (Barcellos et al., 2004), acerca da comunidade negra de Morro Alto, situada nos municípios de Osório e Maquiné, no litoral norte do Rio Grande do Sul. A família estudada pertence a essa comunidade, e foi naquela ocasião, conforme visto, que com ela tive o primeiro contato. O estudo realizado reconstituiu a trajetória da comunidade, vínculos sócio-históricos com o passado escravista e pós-escravista, e a organização social contemporânea. Conforme demanda comunitária contemplada pela administração de Olívio Dutra no governo estadual, a elaboração do laudo contribuiu para seu reconhecimento, por parte da Fundação Cultural Palmares, como "remanescente de quilombos".

Como desdobramento da mobilização social do movimento negro durante a década de 1980, a Constituição Federal contemplou, no art. 68 dos Atos das Disposições Constitucionais Transitórias, a garantia legal de titularização de terras aos "remanescentes de quilombos" que as estivessem ocupando.[6] O'Dwyer (2002) analisou os novos significados assumidos pela categoria *quilombo*, a partir da discussão entre movimentos sociais, instituições jurídicas e academia, de quem seriam os sujeitos do direito assegurado constitucionalmente. Tem-se chegado a um entendimento de que o mecanismo diz respeito aos direitos étnicos das chamadas comunidades negras rurais, ou "terras de pretos". Em fins dos anos 1990, a comunidade negra de Morro Alto, situada no litoral norte do Rio Grande do Sul, divisa entre os municípios de Osório e Maquiné, também iniciou sua mobilização para ver assegurado o direito a suas terras.

A Associação Comunitária recebeu o nome de Rosa Osório Marques, em homenagem à referida senhora escravista. Um dos protagonistas da ação dessa agremiação — seu presidente por mandatos consecutivos — é Wilson Marques da Rosa, um bisneto do casal de escravos por mim investigado. A entrevista com ele realizada foi o fundamento do capítulo em que investigo a emergência de uma demanda comunitária como "remanescentes de quilombos". Desde o momento em que realizei as entrevistas, no início de 2010, o pleito comunitário teve novos desdobramentos, como a publicação do Relatório Técnico de Identificação e Delimitação (RTID) de Morro Alto em março de 2011. Esse relatório tornou mais palpável e trouxe para a ordem do dia o debate público a respeito da titularização da área.

---

[6] Não me proponho aqui a uma historicização acerca da legislação recente sobre o reconhecimento das comunidades quilombolas. Para tanto, e para a relação desse corpo jurídico com os "usos do passado", ver Moreira (2009).

Em 2001, quando o estudo inicial de reconhecimento de Morro Alto como "remanescente de quilombos" foi produzido, trabalhou-se com o cruzamento de diversos tipos documentais para dar conta da historicidade dessa comunidade, cotejando diferentes fontes escritas (registros paroquiais de terras, medições judiciais, mapas, registros paroquiais de batismo, casamento e óbito, inventários e testamentos, cartas de alforria, entre outros) e fontes orais (entrevistas com os moradores mais idosos, filhos e netos de ex-escravos). Constituíram-se genealogias a fim de dar conta de trajetórias familiares. Ao longo do processo de pesquisa, os moradores da região, entre os quais a senhora Aurora, também disponibilizaram fotografias e documentos escritos que se encontravam em seu poder.

Escolheu-se a família em questão por duas razões: em primeiro lugar, há um vínculo de confiança e, por que não dizer, afetivo, criado entre pesquisador e pesquisados — eu gosto deles, e tenho indícios suficientes para acreditar que eles gostam de mim —, que encurtou caminhos para a realização de entrevistas e para contato de novos depoentes. O segundo motivo é a pluralidade de caminhos tomados pelos descendentes de Felisberta e Manoel Inácio. De certa forma, isso compensa a possível objeção de que, ao restringir-me a uma família, estaria atingindo uma compreensão parcial dos possíveis destinos de ex-escravos no pós-Abolição, e uma amostra viciada na apreciação de sua memória. Isso não é verdade, já que entre os muitos filhos, considerados legítimos ou ilegítimos, desse casal, há diversas trajetórias, mais ou menos bem-sucedidas, de mobilidade social e espacial.

É bastante legítimo que os leitores perguntem-se se a família em questão é representativa do extrato social do qual faz parte. Prontifico-me a adiantar a resposta: não é. Isso não a faz menos digna de interesse histórico, justamente porque se sabe, a partir das proposições teóricas de Grendi (1998) e do oximoro excepcional/normal, que muitos aspectos de normalidade geralmente calada são revelados a partir de casos pouco representativos. O estudo da "gente da Felisberta" permitiu-me me aproximar de diversos cenários do pós-Abolição que me seriam inacessíveis se me tivesse tolhido em função de sua *representatividade*. Mais do que isso, possibilitou-me constituir um recorte do passado, povoando-o de experiências singulares.

Todavia, foi conveniente situar por quais motivos a família em questão não é representativa e contextualizar em que consiste sua *excepcionalidade*, e para tanto foi necessário recuar a abrangência da análise até o período anterior à Abolição da escravatura. Embora reconheça — e seja meu objetivo percebê-lo — o período pós-Abolição em sua especificidade como momento histórico com problemas próprios e possibilidades de trajetórias sociais autônomas, não pude me furtar à análise da geração que passou pela experiência do cativeiro, à qual dedico um capítulo. Isso por três razões: a primeira é porque a *memória do cativeiro* revelou-se mais do que um problema de pesquisa, um caractere espontaneamente presente ao longo do trabalho de campo, talvez alimentado pela demanda contemporânea de Morro Alto como "remanescente de quilombos". A segunda é porque, negados, afirmados, ignorados — seja lá qual for a resposta que tenha sido dada —, os estigmas oriundos do cativeiro sempre foram um aspecto com o qual os descendentes de escravos precisaram lidar.

O último motivo, mais específico, é que Felisberta e Manoel Inácio, como veremos, não foram escravos *quaisquer*. Sua situação específica dentro da escravaria possibilitou-lhes o acesso a um capital político, simbólico e mesmo econômico que souberam manejar para construir sua vida em liberdade. Com isso, não se pretende afirmar que a vida em liberdade decorria meramente de uma *herança* do cativeiro. Minha ênfase é no "souberam manejar", e não no "capital". Porém, tal capital havia, e cabe-me discuti-lo.

## Pós-Abolição e tempo presente

O pós-Abolição é um período histórico de difícil delimitação, dificuldade que faz premente enfrentar o problema. Seu marco inicial pode ser tomado como maio de 1888, porém, ao gosto do freguês, podem-se tomar outras datas significativas marcantes da decadência do escravismo — 1831, 1850 ou 1871. Não me sinto capaz de propor um critério rígido a fim de delimitar esse período histórico. Como não quero chegar a um impasse paralisante, pareceu-me mais adequado tomar a periodização da forma que foi mais conveniente a esta pesquisa em suas particularidades. Uma periodização *instrumental*, digamos assim.

Minha narrativa de um pós-Abolição — ou melhor, aquela que emerge da memória de meus entrevistados — inicia-se em meados do século XIX, não apenas pelo cessar do tráfico atlântico de escravos — que, conforme veremos no capítulo 1, provavelmente levou à decadência da fazenda do Morro

Alto —, mas, sobretudo, pelo nascimento de Manoel Inácio Marques, patriarca da família estudada. Trata-se do episódio mais longínquo alcançado pela memória familiar, que de certa forma inaugura sua saga. Percorro a segunda metade do século XIX e o século XX, abrangendo também pessoas que ainda estão vivas nos dias de hoje. Mattos (2008:98) inscreveu o estudo dos chamados quilombos contemporâneos na noção de história do tempo presente. Com efeito, uma história da memória é, em alguma medida, uma história do tempo presente, conforme assinalou Wolikow (1998:17). De acordo com Mudrovcic (2009:106), pode-se caracterizar como história do tempo presente aquela na qual o objeto — no meu caso, a recordação — encontra-se em um presente histórico constituído por memórias de pelo menos uma de três gerações que compartilham a temporalidade presente. Nesse sentido, embora eu tangencie uma recuperação de "um passado", meu objeto é situado no presente, ou seja, a recordação acerca desse passado.

Quando se trata de memória, o passado é retomado a partir de um trabalho contemporâneo de rememoração. Ao longo deste livro, essa discussão será feita inúmeras vezes, para ser arrematada no capítulo 4. Os leitores encontrarão neste livro duas "histórias", e espero que as leiam de forma integrada, já que assim procurei escrevê-las. Há, sem dúvida, nestas páginas, uma *história social do período pós-Abolição* tal como protagonizada pela *"gente da Felisberta"*, amparada pela memória, mas também por fontes documentais. No entanto, escrevo-a *em função* de uma *história da memória do cativeiro e do pós-Abolição*. Não o faço por pretender subordinar a história à memória: pelo contrário, o objetivo é inscrever esta última em um quadro histórico mais amplo, segundo a proposta de Traverso (2005:32. Ver adiante).[7]

Mais do que tomar a memória como fonte ou objeto (ver adiante a discussão sobre memória e história), procurei escrever uma história que com ela dialogasse, nela estivesse embebida, no projeto de Ricœur e Catroga. Tenho necessidade de contar como meus entrevistados contaram-me suas histórias. Recomenda-se não separar as possíveis leituras, porque experiência e memória sociais surgem como indissociáveis neste percurso de pesquisa.

Não constitui objetivo do presente trabalho verificar qual foi a atuação da família analisada nas diferentes situações e conjunturas da história do

---

[7] Dessa maneira, como os leitores perceberão no capítulo 4, privilegio, quando falo em "história da memória", o circuito intergeracional de recordações. Para tanto, foi necessário, porém, percorrer a historicidade dessa família ao longo de todo século XX a fim de perceber as disposições diferenciadas para narrar, silenciar ou recuperar o passado familiar.

Brasil desde 1847. Essa pretensão iria muito além dos limites de exequibilidade de um trabalho dessa natureza. Proponho-me a um feito um tanto quanto diverso: analisar de que maneiras fatos diversos são trazidos à vida pelas reminiscências dos familiares. Nesse sentido, não se trata de uma história iniciada em 1847, mas da história de uma memória de fatos que remontam àquele ano. Essa — aparentemente sutil — diferença permite que se selecionem aspectos a serem analisados a partir da importância que lhes são dados pela memória. Ao historicizar a memória dessa família, atemo-nos aos aspectos que foram julgados relevantes, especialmente tendo em vista as experiências que levaram à definição do corte geracional adotado.[8]

Dois exemplos explicarão melhor a diferença que se quer estabelecer. Um deles é o da ditadura civil-militar de 1964-1985, que será raramente lembrada nas páginas deste texto, não por este autor não a considerar importante, mas porque os entrevistados só se lembraram dela ao realizar a associação entre esse período e a expropriação de terrenos (ver capítulos 3 e 4).[9] São os conflitos fundiários que conferem importância ao período ditatorial, e não o contrário. Finalmente, o processo de Abolição da escravidão far-se-á presente, principalmente, quando arrolar os estatutos sociais indefinidos de fins do século XIX e as comparações entre a liberdade legada pela Lei Áurea e os direitos sociais da era Vargas. No entanto, encontra-se secundarizada na memória comunitária face ao testamento de Rosa Osório Marques que lhe foi contemporâneo e, por vezes, possibilitou a substituição da princesa Isabel por Rosa como mulher rica e boa que concedeu liberdade e direitos.

Verificou-se, ao longo da pesquisa, o caráter *dinâmico* das memórias analisadas. Parte-se, neste trabalho, do caráter processual do fenômeno da memória: ele é uma reconstrução contemporânea do passado a partir de problemáticas e indagações presentes, mais do que a consulta a registros mentais estáticos. Voltarei a esse problema em diversas ocasiões ao longo deste livro. Os relatos ouvidos em 2001, quando do primeiro contato com a família em questão, diferem, evidentemente, daqueles escutados em 2009 e 2010. Pesam nisso uma maior

---

[8] São frequentes, em pesquisas com narrativas orais, momentos em que os entrevistados simplesmente não recordam de aspectos históricos julgados relevantes pelo pesquisador. Cabe à sensibilidade do estudioso avaliar quando se trata de "esquecimento" ou quando se pode considerar, propriamente, um "silêncio". Acerca dessa diferença, conferir Pollak (1989).
[9] Um morador de Morro Alto, Manoel Francisco Antônio, participou ativamente de mobilizações sociais pela reforma agrária em inícios dos anos 1960. Este ancião é descendente da escrava Tereza, irmã de Felisberta. Quando indagados a respeito da temática, os netos e bisnetos de Felisberta se remetem ao senhor "Manoel Chico", evidenciando ser esse um assunto mais presente em outros ramos familiares daquela comunidade.

intimidade com o pesquisador para abordar questões delicadas, uma maior politização da memória do cativeiro decorrente da participação em um processo de mobilização étnica e o oscilar da necessidade de diferenciação ou de identidade com outras famílias da região. Nas ocasiões em que isso acontecer, explicitarei e discutirei de forma adequada as discrepâncias. No entanto, a memória tampouco é totalmente maleável ao sabor das circunstâncias, existindo um etnotexto[10] que apresenta regularidades diacrônicas entre os relatos pesquisados. Existe um "núcleo comum" que perpassa as narrativas no intervalo considerado (Mello, 2012:169, 192, 196; Appadurai, apud Mello, 2012).

## Mapa do território pesquisado

A antiga fazenda do Morro Alto encontrava-se onde, na atualidade, é a divisa entre os municípios de Osório e Maquiné,[11] no litoral norte do Rio Grande do Sul. Osório situa-se a cerca de 100 quilômetros de Porto Alegre pela estrada conhecida como *freeway*, e Morro Alto, a 24 quilômetros daquele município pela BR-101 e a 12 quilômetros de Maquiné, mais ao norte, pela RS-484. A comunidade compreendia diversas localidades, entre as quais a denominada de Morro Alto, onde hoje é o entroncamento das estradas BR-101 e RS-407. Os extremos meridional e setentrional da fazenda eram as localidades de Aguapés e Espraiado,[12] unidas recentemente por um túnel na primeira rodovia, que corta caminho por baixo do morro. A leste, seguia rumo à praia de Capão da Canoa ao longo da atual RS-407, por uma planície denominada Faxinal do Morro Alto, até o canal denominado Barra do João Pedro, que liga a lagoa dos Quadros à lagoa das Malvas. Situava-

---

[10] Para uma definição de etnotexto: "Por etnotextos, é necessário entender antes de mais nada textos orais, literários ou não, dialetais ou em francês, que tenham um valor de informação etnológica, histórica, linguística. Mas a noção de etnotexto se aplica também às fontes escritas de textos orais ou a suas eventuais versões escritas" (Bouvier e Ravier, apud Joutard, 1980). Tradução minha. Joutard acrescenta: "Eu acrescentaria que o etnotexto faz referência a uma comunidade da qual é suporte e veículo. A pesquisa sobre os etnotextos é uma pesquisa sobre a cultura oral de um grupo determinado" (Joutard, 1980). Tradução minha. Para estudos históricos brasileiros que se valem desse conceito, ver Soares (2000) e Mattos (2004 e 2005a).

[11] Osório e Maquiné são, ambos, municípios oriundos do antigo município de Conceição do Arroio. Em 1934, o município mudou de nome de Conceição do Arroio para Osório, por determinação do interventor federal José Antônio Flores da Cunha. Em 1992 o distrito de Maquiné obteve sua emancipação.

[12] São correntes tanto a designação *Espraiado* quanto *Despraiado*. Utilizei a primeira por ser mais usual entre meus entrevistados.

-se à beira das lagoas das Malvas e da Pinguela, sendo essas mesmas uma continuação uma da outra. Na margem oposta da última, encontra-se a localidade conhecida como Caconde.

A fazenda, *grosso modo*, encontrava-se entre as lagoas dos Quadros e Pinguela no sentido norte-sul e entre o divisor de águas da serra e o dito canal, no sentido leste-oeste. Em um *continuum* territorial, tem-se também a fazenda de Aguapés, do outro lado do morro. Ela pertencia à mesma família senhorial. Como o litoral norte do Rio Grande do Sul possui um notável sistema lacunar, no interior daquela unidade produtiva encontravam-se as lagoas Negra e do Ramalhete.

Na atualidade, na região existe uma série de localidades que compõem a tessitura de uma comunidade negra entrelaçada por laços de parentesco, práticas culturais e projetos políticos comuns: Morro Alto, Aguapés, Barranceira, Faxinal do Morro Alto, Ramalhete, Ribeirão do Morro Alto, Borba, Espraiado e, mais além, Prainha.

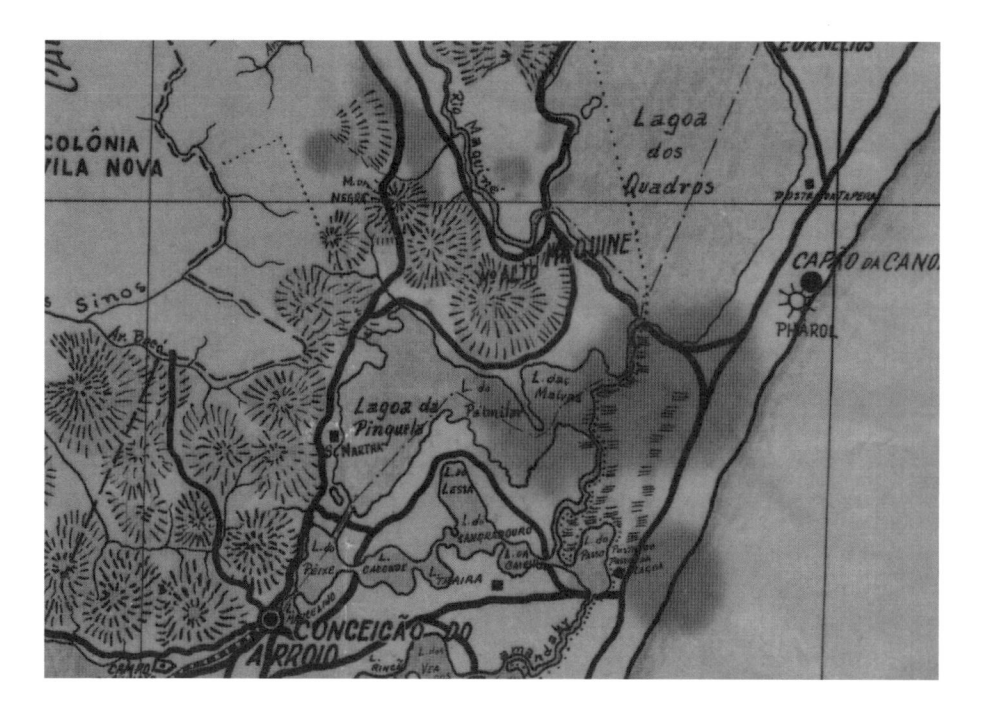

Região do Morro Alto em mapa sem data (detalhe).[13]

---

[13] Fonte: AHRS, Conceição do Arroio — Móvel 5 — Gaveta 3 — Envelope 445 s/d Planta da cidade. 1: 358:000.

## Uma abordagem geracional de arranjos familiares

O recorte geracional adotado por Ira Berlin (2006) para a escrita de sua história da escravidão estadunidense foi inspirador para a elaboração deste livro. Adotando a sucessão de gerações por que passaram os cativos como fio condutor de sua narrativa, o autor recupera a experiência da escravidão a partir de seus próprios agentes, desde os que vivenciaram o tráfico negreiro — "gerações da travessia" — até aquelas gerações que atingiram a liberdade. Entre essas, através das expressões "gerações da *plantation*", "gerações revolucionárias" e "gerações de migrantes", o autor procurou dar conta dos efeitos do trabalho na grande lavoura, das grandes revoluções democráticas ocidentais de fins do século XVIII e do tráfico de escravos na vida dos próprios cativos.

O exemplo do trabalho do autor demonstra o quanto a abordagem geracional pode ser fecunda, e aproprio-me de sua proposta ao dividir a *"gente* da Felisberta", *grosso modo*, em quatro gerações: "geração de escravos", "geração de camponeses", "geração de migrantes" e "geração de quilombolas". Através delas, pretendo expressar aqueles que passaram pela experiência do cativeiro, o estabelecimento de um campesinato negro na região de Morro Alto, as movimentações populacionais de meados do século XX e a contemporânea emergência de etnicidades entre os descendentes daqueles cativos.

É bem verdade que a sucessão dessas possibilidades geracionais já sugere uma interpretação do processo de mobilidade social dos ex-escravos na região. No entanto, tais "gerações" foram propostas como hipóteses a partir de uma análise prévia dos dados disponíveis, e não postulada de maneira alheia a ela. Além disso, tais gerações expressam *tendências gerais* que, no entanto, estão sujeitas a marchas e contramarchas, que serão apresentadas de forma mais minuciosa na sequência dos capítulos. Reconheço, com Guedes (2008) e Machado (2008), que a mobilidade social é um fenômeno geracional, e não individual.

Entende-se geração como algo mais do que um estrato demográfico ou uma sucessão de faixas etárias na população humana. A geração adquire existência autônoma quando possui uma identidade própria (Sirinelli, 1998). Uma faixa etária possui um sentido de pertencimento que extrapola suas dimensões biológicas, e é definida por experiências e problemas em comum.[14] Dando

---

[14] Ver Ricœur (1985:198), sobre o caráter sociológico, e não biológico, da noção de geração. Candau (2012:142), por sua vez, destaca o lugar da memória genealógica/geracional na "consciência de sermos os continuadores de nossos predecessores". Sobre a mesma discussão, ver ainda Mudrovcic (2009:106-107) que, contudo, prefere falar em *sobreposição* do que em *sucessão de gerações*, visto que mais de uma coexistem no tempo presente. De qualquer maneira, a autora define a história do tempo presente a partir dessa noção, que articularia o tempo privado do indivíduo e o tempo público da história.

um exemplo, entrevistei um neto de Pulquéria, filha mais velha de Felisberta. Ele "regula em idade" com muitos netos de sua bisavó, e, como tal, passou por experiências sociais similares, no caso, o êxodo rural que, como veremos, levou muitas famílias a partir de Morro Alto. Embora pertencente a um "extrato demográfico" diverso — trata-se de um bisneto —, é da mesma geração dos netos, na medida em que compartilha de suas experiências sociais. Sob outro prisma, o senhor mencionado não pertence à "geração de quilombolas", pois o processo vivenciado por outros bisnetos, bem mais jovens que ele, lhe é alheio.

Para Nora, o conceito de geração mescla memória e história. Ela constitui um fenômeno puramente individual que, no entanto, possui apenas um sentido coletivo. Além disso, trata-se de uma noção por origem continuísta que possui, porém, um sentido de descontinuidade e ruptura (Nora, 1997:2.983). No caso específico de minha análise, cumpre observar, antes de tudo, onde se localizam tais descontinuidades ocultas por trás das pretensões de continuidade da sucessão geracional. Adiantando um pouco o argumento, elas parecem estar bem claras na geração a ser analisada no capítulo 4, que, no entanto, fundamenta suas demandas no tempo imemorial. Antes de inventariar continuidades e rupturas, porém, parece-me mais profícuo inscrevê-las no "diálogo dos tempos", na feliz expressão de Mattos (2005a).

\* \* \*

Cabe ainda explicitar qual noção de família é aqui referida. Os autores da Escola Sociológica Paulista (Fernandes, 1965; Bastide e Fernandes, 1971), informados pelo conceito de anomia, tendiam a não perceber a existência de relações familiares quando não equivalessem à família patriarcal ou às famílias nucleares modernas. No entanto, a bibliografia mais recente acerca da história da família tem dado maior atenção a arranjos alternativos, pluralizando o conceito de *família*, abandonando o comportamento familiar ocidental como modelo (Faria, 1997). No caso em questão, isso implica analisar a maneira como as famílias eram constituídas e adquiriam significação segundo o ponto de vista dos moradores da região. Dessa maneira, as genealogias serão utilizadas de forma meramente acessória, como forma de ilustrar o fio condutor de uma história social, mas muito consciente de que elas não abarcam a complexidade das relações familiares vividas.

Barcellos (1996:169-174), ao estudar famílias negras de classe média em Porto Alegre, observou uma pluralidade de modelos familiares vivenciados pelo grupo por ela analisado. Segundo a autora, existe uma sobreposição entre um modelo tradicional, comum em meios populares negros — que leva em conta parentesco por afinidade e "ser criado junto" —, e outro moderno, urbano, "através da preservação de um canal de individualização expresso em rotas autônomas de inserção no universo das relações sociais extrafamiliares de amizade". Aparentemente, o processo de urbanização e ascensão social foi acompanhado por uma transição entre os dois modelos familiares. No entanto, esta análise extrapola os objetivos do presente estudo.

Finalmente, cumpre observar que pertença familiar não constitui fonte de direitos (Chagas, 2005a; Müller, 2006). Vínculos genealógicos não substituem os critérios de autoatribuição na determinação de direitos constitucionais. Assim, seria possível questionar a validade em um estudo centrado em uma família. Se entendermos, com Weber (2004:267-277), que as relações comunitárias étnicas se definem por uma *presunção de uma origem comum* e por *destinos compartilhados*, qual a relevância de investigar uma origem comum histórica e empiricamente *efetiva* quando não há necessariamente um *compartilhamento de destinos*? Como lidar com esse problema?

Respondo que, sim, é historicamente — e mesmo antropologicamente — relevante descobrir em que pontos os destinos de segmentos populacionais com projetos outrora comuns se desviaram e se diferenciaram, a ponto de sua origem histórica ser esquecida ou negligenciada e os projetos então compartilhados divergirem. É o que veremos no capítulo 2 e no terceiro interlúdio de racialização, quando conheceremos as trajetórias opostas de Manoel Inácio e sua descendência e os parentes "italianos".

## Mulheres e os interlúdios de racialização

Existem dois aspectos aos quais não me furtarei na análise realizada no presente estudo. O primeiro diz respeito às relações de gênero, e o segundo, às experiências de racialização. Hierarquias raciais ou aquelas que opuseram homens e mulheres estão presentes, o tempo todo, na trajetória da "*gente* da Felisberta", e assinalo a importância fundamental de ambos os aspectos nos caminhos e descaminhos tomados. Ambas temáticas são *transversais* ao estudo realizado e têm presença constante nas memórias que os entrevistados compartilharam comigo. Porém, adotei estratégias expositivas diferentes para me aproximar das duas questões.

No que toca ao debate de gênero, procurei, como Davis (1997), mais do que assinalar a assimetria social entre homens e mulheres, demonstrar também as maneiras como elas procuraram subverter tais relações e tomar para si o protagonismo sobre sua história. Dessa maneira, assinalo tais questões nos momentos em que a narrativa tornou evidente a existência de situações desvantajosas para as mulheres, mas também as maneiras pelas quais elas procuraram tirar o melhor partido possível, em uma situação hierárquica, não se contentando com um lugar subalterno.

Uma chave interpretativa interessante acerca das relações entre homens e mulheres consiste em explorar a oposição apresentada por Gilberto Freyre (2006 [original de 1936]) entre o ambiente doméstico — a *casa* — e o público — a *rua*. Ainda que essa possibilidade de leitura da sociedade brasileira deva ser matizada pelo fato de ter sido formulada em relação ao espaço urbano, e não rural, e ainda para o período imperial, creio que esse universo simbólico deve ser levado em conta na definição dos espaços prescritos ao masculino e ao feminino no caso por mim estudado. O sociólogo pernambucano assinalou o ambiente da *casa* como um espaço de resguardo, no qual o poderio patriarcal assegurava o domínio sobre escravos, dependentes, esposa, filhos e filhas. Em contraponto a esse espaço hierarquizado, a *rua* aparece como um espaço de perigo e desordem, no qual aquela autoridade não mais se impunha de forma assegurada. Sendo assim, nada mais lógico do que o espaço da *rua* ser vedado, o máximo possível, às mulheres (Freyre, 2006: 145 e 269 [original de 1936]).

Essa dicotomia pode ser fértil para pensar a sociedade brasileira em outros períodos. Roberto DaMatta propôs-se a uma antropologia do Brasil contemporâneo, na qual recuperou o mesmo par antinômico identificado por Freyre. Em uma primeira interpretação, o autor recuperou essa oposição nos mesmos termos freyrianos: a *rua* seria o espaço de descontrole e massificação, ao passo que a *casa* representaria o controle e o autoritarismo; portanto, o ambiente doméstico cumpriria o papel de comando dos homens sobre as mulheres (DaMatta, 1981:70-71). Em estudo posterior, porém, o antropólogo fluminense qualificou esse argumento, ao assinalar que no Brasil contemporâneo a *rua* representa o ambiente da impessoalidade e caracterizado pela linguagem da lei, ao contrário do ambiente da *casa*, caracterizado pelas relações pessoalizadas e afetivas. Curiosamente, o lugar do autoritarismo é deslocado para o ambiente da *rua*, já que para DaMatta, a linguagem da lei iguala, e ao igualar, subordina. Algumas estudiosas — mulheres — trouxeram novos elementos que apontam nuances e, ao mesmo tempo, substancializam esse argumento.

Sandra Graham (1992) está de acordo com o fato de que o domínio da *casa* e da *rua* constituem categorias centrais do "mapa cultural" brasileiro, atribuindo a cada espaço as mesmas características ressaltadas por Freyre e DaMatta. No entanto, a historiadora demonstra ao longo de todo seu livro como atores sociais femininos, livres e escravas, transitaram no espaço da rua no final do século XIX e início do XX. Eram criadas, lavadeiras, carregadoras de água, mulheres encarregadas de fazer compras no mercado. Estavam sujeitas, contudo, a todo tipo de suspeição em relação a sua virtude por transitarem no espaço público; também se relegava tais tarefas a serviçais idosas e experientes, a quem se julgava capazes de defender-se, por sua experiência, e menos atrativas sexualmente. Havia também amas de leite, criadas domésticas, cozinheiras. Elas eram encarregadas dos serviços da casa e, ao contrário das demais, deviam ser conservadas puras do ambiente contaminado das ruas.

Martha Abreu (1989) demonstrou ainda que os parâmetros culturais da moralidade popular, na *belle époque* carioca, não coincidiam necessariamente com a normatização jurídica. Pelo contrário, diversas moças transitavam pelo espaço da *rua* e empreendiam relacionamentos tidos como legítimos, ainda que não coincidentes com a percepção de juízes, promotores e advogados. Existia, pois, uma tensão entre esses dois códigos, já que elas precisavam dialogar com as prescrições jurídicas em eventuais processos de defloramento.

A questão da racialização, central na argumentação deste trabalho, tampouco será discutida em um capítulo específico. Fundamental para a compreensão da memória da escravidão, da memória familiar e da memória do pós-Abolição, ou ainda da "consciência histórica" (ver adiante) desenvolvida pelo grupo pesquisado, tal questão perpassa todos os capítulos. É nesses termos que se dará sua análise: como questão transversal presente ao longo de todo o livro.

Ao ler *O jogo da amarelinha*, de Julio Cortázar (2009), ambicionei realizar em uma pesquisa histórica a mesma coisa que o escritor argentino ousou fazer em sua obra: um livro que pudesse ser lido de maneiras diferentes. Bem-sucedido ou não, incluí em cada capítulo "Interlúdios de racialização", devidamente numerados, que poderão, assim, ser lidos como parte integrante desses capítulos ou, ainda, em sequência, formando um único capítulo dedicado integralmente à temática da racialização. Ao gosto dos leitores. Advirto que a proposta, aqui, não é analisar os processos de racialização no âmbito das teorias raciais/racistas. Mais do que a dimensão ideológica, interessa-me investigar como a segregação operou no plano do *vivido* (ver Albuquerque, 2009). O delineamento de barreiras condicionou as possibilidades de atuação social dos sujeitos pesquisados.

Contraponho a maneira como Manoel Inácio e Felisberta foram apontados na documentação escravista diante do modo como foram lembrados por seus netos. Analiso o registro policial e judicial das "cores" e também sua inscrição nos registros civis. Estudo o papel dos bailes na realização da segregação racial e a percepção dos entrevistados de seu papel como significado — ou metáfora —, por excelência, do *racismo*. Por fim, verifico o significado das "cores" na identificação pessoal e a transição de uma identidade "morena" para outra "negra". Creio que, ao acompanhar as temáticas dos capítulos, tais problemas oferecerão um belo panorama das experiências de racialização dos sujeitos pesquisados.

Talvez fosse mais prudente designar o segmento populacional estudado como um campesinato preto, pardo, moreno e misto, sendo fiel à designação de época que aparece em fontes como censos populacionais e registros civis. No entanto, assumo o risco do anacronismo em prol da economia verbal: efetivamente, o texto tornar-se-ia pesado e, possivelmente, pedante, se desfilássemos um rol de terminologias de "cor" de época a cada vez que tivéssemos que nos referir a um grupo social de camponeses diferenciados etnicamente e que passou pela experiência da discriminação racial.[15] Além disso, eleger os registros civis como fonte "legítima" a retratar as designações de natureza racial do período, como veremos, pode ser restritivo.

No entanto, estou ciente de que o termo "negro" historicamente politizou-se durante a década de 1930, com os clubes negros, a Frente Negra Brasileira e a Legião Negra, culminando em um processo de positivação décadas mais tarde, com o Movimento Negro Unificado (Silva, 2011; Gomes, 2005;

---

[15] Larissa Viana (2007) dispensou o uso de aspas a cada vez que se referisse termos como preto, crioulo, pardo, mulato, branco, pessoa de "cor" etc. a fim de evitar o pedantismo. No entanto, ela sublinha os conteúdos mutantes de tais distinções. Assim como a autora, não pretendo naturalizar categorias, e se os menciono eventual e genericamente como negros ou não brancos, dedico os interlúdios de racialização para a discussão adequada de como tais termos aparecem na documentação e nas entrevistas. No meu caso utilizarei aspas quando me referir de forma substantivada às categorias de racialização — o termo "negro", o termo "pardo" etc. Porém, ao referir-me a sujeitos coletivos — "os negros fizeram isto", "o negro conquistou tais direitos" ou quando eles cumprirem função adjetiva — "campesinato negro", "testemunha mencionada como moreno" etc. as dispensarei. Jamais irei inserir aspas no meio de citações de entrevistas ou fontes documentais. Quando me referir à família de meio-irmãos de Manoel Inácio, utilizarei aspas para "italianos" a fim de despertar estranhamento.

Domingues, 2007). Além disso, reservo um interlúdio de racialização exclusivamente para a discussão de como a ressignificação desses termos operou na comunidade em questão. Por ora, adianto que, se "negro" não era uma categoria presente na documentação do registro civil, era utilizada na vida cotidiana dos sujeitos pesquisados.

Ao realizar a opção por utilizar "negro" como conceito analítico (recurso válido, desde que explicitado como tal, pois analistas não são obrigados a utilizar necessariamente conceitos êmicos),[16] estou plenamente consciente dos riscos de essencialização e até mesmo de uniformização decorrentes do uso indiscriminado do termo. Não é à toa que se está atento, por exemplo, à condição de Manoel Inácio e seus familiares como pardos, e que outras nuances de "cor" aparecerão ao longo dos interlúdios de racialização. Trata-se, em suma, explícito aqui, de um uso deliberadamente *instrumental* do termo, e assumo as implicações dessa opção. Nesse sentido, sigo os passos de Mello (2012:87), que realizou a opção de genericamente utilizar o termo "negro" sem, contudo, descuidar das categorias êmicas de classificação racial, aqui discutidas nos "interlúdios de racialização".

## Fontes: contando histórias

Para a análise dos corpos documentais, utilizo o método onomástico proposto por Ginzburg e Poni (1991:169-178), seguindo o nome na documentação primária de forma a acompanhar itinerários individuais e coletivos. Para tanto, o cruzamento de diversos tipos documentais é fundamental, para perceber a atuação dos indivíduos em diferentes instâncias do tecido social; no entanto, ao dizer "corpos documentais" refiro-me tanto aos escritos quanto às entrevistas de história oral. No encontro entre escrito e oral, a leitura em voz alta de partes desse corpo documental para seus portadores, além de dar um retorno da pesquisa aos pesquisados, permitiu fomentar relatos e perceber a relação estabelecida por eles com papéis (ver Weimer, 2015.).

Um conjunto documental certamente merecedor de análise específica e mais aprofundada é o conjunto de fotografias de familiares guardado pelos integrantes da família em questão. No entanto, infelizmente, limitei-me a utili-

---

[16] Para a distinção entre conceitos analíticos e "nativos" — e a legitimidade de utilização dos primeiros —, ver Guimarães (2003).

zá-lo de forma ilustrativa de minha narrativa principal, embora saiba que elas constituem um sistema sígnico não verbal passível de análise e interpretação, tanto quanto os textos escritos (Cardoso e Mauad, 1997). Não realizei esse tipo de abordagem por ele exigir um escopo teórico e conceitual diferente do que aquele de que disponho, e não havia condições de dele apropriar-me de forma adequada, dadas a dimensão do estudo e a quantidade de aspectos de que deveria dar conta. O privilégio dado aos textos escritos e orais foi, não há dúvidas, uma escolha metodológica, e a fiz por ter maior familiaridade com eles.

Voltando às entrevistas, parto do entendimento de Portelli (1996), segundo o qual as fontes orais não são dados brutos à espera da interpretação do pesquisador, mas já contêm interpretações dos próprios entrevistados. Sendo assim, não busco narrativas mais ou menos "verdadeiras", mas compreender em que medida os relatos apresentados tornam-se verdadeiros e adquirem sentido para os narradores nos variados contextos de locução. Pretendo estabelecer uma relação dialógica com fontes escritas, para que os relatos orais possam oferecer indícios para a pesquisa documental e a leitura de documentos escritos possa instigar relatos orais. Não acredito que isso tenha representado indução das entrevistas, pois, conforme constatei, a oralidade é irredutível a possíveis direcionamentos dados por fontes escritas.

Percebo, pelo contrário, uma negociação entre a memória e fontes documentais. Nesse sentido, compartilho das observações de Arruti (2006:37-38): "nos propomos a abordar a memória sem recorrer nem ao subjetivismo que a postula apenas como mito ou como justificação, nem ao objetivismo que vê nela apenas uma fonte alternativa de reconstituição do passado"; e de Mello (2012:156): "tomando o cuidado de não cristalizar os relatos sobre o território e não tratá-lo somente em sua dimensão 'simbólica'". Cabe sublinhar também a observação de Mattos (2004): "A ênfase nos depoimentos orais como eixo de análise não impede, porém, que sejam tomados como fonte de informações objetivas para o tema tratado, especialmente quando confrontados com outras fontes ou com outros depoimentos de contemporâneos". Assumir a possibilidade de dar *crédito* aos depoentes foi, na situação de pesquisa em questão, um compromisso político e ético do analista. Realizei um banco de dados temático e nominal para verificar como diferentes episódios e personagens apareceram na memória dos diferentes entrevistados.

Creio não ter aberto mão de parâmetros éticos ao não ter-me contentado em ouvir apenas os "informantes autorizados". Pelo contrário, familiares considerados "menos habilitados" até mesmo me interpelaram para saber o motivo pelo qual, até então, não me havia interessado em ouvi-los. Sentiam-se preteridos. Mesmo nos casos em que houve oposição para tal, os principais informantes não se sentiram desautorizados ou ofendidos por minha "desobediência". Por outro lado, conforme os faccionalismos comunitários, outros segmentos poderiam não considerar aqueles meus "informantes autorizados" os mais indicados. Parece-me ser esse jogo extremamente relacional, negociado e situacional. Jamais é absoluto. Se Pollak (1989), em uma exposição mais breve de seus pensamentos acerca da memória, sublinhou que a escolha de testemunhas obedece a um "enquadramento da memória", em outro trabalho (2000) assinalou um quadro muito mais dinâmico e sutil. Se a memória é enquadrada, ela passa por subenquadramentos e reenquadramentos, sobretudo em uma conjuntura tão dinâmica e efervescente quanto aquela da emergência de etnicidades em Morro Alto.

Cabe, ainda, discutir as condições de minha inserção em campo. Se, por um lado, eu já era conhecido por boa parte dos entrevistados e tinha, inclusive, certo prestígio em função da pesquisa anteriormente realizada para o relatório de reconhecimento de Morro Alto como "remanescente de quilombos", foi um tanto quanto difícil desvincular as finalidades de ambas as pesquisas e esclarecer que a presente pesquisa resume-se a um estudo de História, que apenas indiretamente poderá incidir favoravelmente sobre sua luta — isto é, divulgando uma trajetória familiar.

Tal situação também foi percebida em 2003 pela antropóloga Miriam Chagas, que, ao realizar sua tese de doutorado, não esperava "que essa condição [a de partícipe da pesquisa que resultou no relatório de Morro Alto e antropóloga do Ministério Público] fosse como em um passe de mágica descartada por eles" (Chagas, 2005a:39-40). O fato é que não o foi mesmo entre 2008 e 2010, quando realizei o trabalho de campo. A associação como alguém que fez parte da pesquisa anteriormente realizada abriu-me portas; todavia criou também não negativas, mas resistências da parte dos céticos ou desgostosos com a morosidade do trâmite da titulação de Morro Alto.

Citei os nomes dos entrevistados nos casos em que obtive autorização escrita para fazê-lo. As entrevistas estão no LABHOI — UFF; considerei o fato de tratar-se de uma comunidade que luta pela titularização de suas terras como "remanescentes de quilombos", sendo desejável, portanto, sua *visibilidade*. Nos poucos casos em que estas autorizações não me foram dadas, conservei seu anonimato, referindo-os através de um vínculo de parentesco que não permitisse a identificação: "um neto de Pulquéria Felisberta"; "um filho de Ercília Marques da Rosa" etc.

Com o objetivo de não maximizar o preconceito linguístico tão presente em nossa sociedade, optei por grafar corretamente as falas dos entrevistados. Não interferi na sintaxe, na fluidez e na estrutura de seu discurso, mas achei conveniente grafar *dizer*, em lugar de *dizê*, *conosco*, em lugar de *com nós*, por exemplo, e outras adequações similares — mesmo porque o presente autor *também* possui vícios de linguagem. Todavia, a utilização da segunda pessoa do singular com a conjugação verbal da terceira pessoa — *tu foi*, *tu é*, *tu queria*, em lugar de *tu foste*, *tu és*, *tu querias* — é característico do linguajar rio-grandense — e não apenas do popular — e foi mantida como signo da gauchidade evidente nessa família negra.

Foram realizadas 36 entrevistas com netos, bisnetos, sobrinhos-netos e parentes afins de Felisberta e Manoel Inácio. Oito delas foram apontadas em diário de campo, quer por condições inadequadas de acústica, quer por qualquer outro motivo técnico ou prático que impedisse de gravá-las, 25 foram gravadas em áudio e três em vídeo, totalizando aproximadamente 24 horas e 45 minutos. Todas elas foram processadas e indexadas em um banco de dados no programa *Access*, com 991 registros temáticos e nominais. As entrevistas em que o nome do entrevistador não está mencionado foram realizadas por mim. Nem todas foram citadas em texto, porém, através da confecção do banco, todas elas contribuíram para me dar um panorama dos cenários sociais do meio rural rio-grandense, das movimentações populacionais rumo à cidade no pós-Abolição e da memória sobre tais aspectos.

\* \* \*

Foi realizada a coleta de inventários e testamentos da família senhorial Marques, Osório e Nunes da Silveira, buscando reconstruir a trajetória de seus cativos, bem como consultado o catálogo de inventários on-line disponibilizado pelo Arquivo Público do Estado do Rio Grande do Sul. Localizei também os inventários de Manoel Inácio Marques e de Francisco Pastorino (padrasto de Manoel Inácio), e através de sua análise procurei dar conta da permanência de um campesinato negro na região e dos mecanismos de transmissão de terras de pai para filho.

Além da análise qualitativa da carta de alforria de Manoel Inácio Marques (não foi possível localizar a de Felisberta Inácia Marques), quantificaram-se as 260 cartas de alforria de Conceição do Arroio visando obter um padrão dos tipos de manumissão registrados em cartório. Foi realizada consulta ao catálogo on-line de cartas de liberdade disponibilizado pelo Arquivo Público do Estado do Rio Grande do Sul (Scherer e Rocha, 2006). Foram analisados os registros de batismo dos escravos de Conceição do Arroio e, especificamente, da "*gente* da Felisberta" e outras famílias aparentadas durante a escravidão e no pós-Abolição, coletando elementos para recomposição de histórias individuais e familiares.

Inventários, testamentos e cartas de alforria foram devidamente fotografados ou digitados e restituídos à família a que se referem. Os registros civis guardados no tabelionato de Maquiné, acessados mediante autorização judicial, foram pesquisados em intervalos de cinco em cinco anos, no sentido de verificar registros e variações da categoria "cor" dos indivíduos.

## Mnemosine e Clio, Clitemnestra e Electra

Segundo a mitologia grega, a deusa da memória, Mnemosine, era mãe das nove musas, divindades inspiradoras de poetas e literatos, músicos e dançarinos, astrônomos e filósofos. Sua dança trazia graciosidade aos banquetes olímpicos. Essas entidades, porém, podiam ser vingativas e cruéis, ao punir os mortais que ousavam desafiá-las. Na época romana, conferiu-se a cada uma delas um domínio específico, e coube a Clio ficar encarregada da história — que, então, não era encarada como disciplina científica (Kury, 1990:87, 270, 274).

Clitemnestra, por sua vez, em um famoso episódio trágico, era esposa do rei Agamêmnon, e por ele teria nutrido ódio mortal após o sacrifício de sua filha Ifigênia, a fim de propiciar bons ventos às naus gregas que partiam para Troia. Junto a seu amante Egisto, tramou o assassinato de seu marido. Não satisfeita, Clitemnestra estendeu seu ódio aos filhos que tivera com sua vítima, inclusive Electra, que foi salva pela mãe de ser morta junto com o rei, mas passou a ser tratada como escrava. Como sangue é vingado com sangue, Electra jurou fazer justiça ao pai e ao tratamento por ela recebido, o que efetivamente realizou quando matou sua mãe com o auxílio de seu irmão, Orestes (Kury, 1990:87 e 119).

A perspectiva deste trabalho é a de que a relação entre a "mãe-memória" e a "filha-história" deve ser tratada como a relação entre a deusa Mnemosine e a musa Clio, e não como a relação entre Clitemnestra e a heroína Electra. Não cabe à memória escravizar a história, e tampouco à história assassinar a memória. Que a musa Clio continue a dançar para os deuses, inspirada por sua mãe Mnemosine. Como fazê-lo? Uma revisão bibliográfica pode apontar algumas diretrizes interessantes para uma perspectiva harmoniosa de memória e história.

\* \* \*

Diversos autores procuraram contrapor memória e história como pares antinômicos. Não interessa se a prioridade foi concedida à memória (Péguy, apud Bédarida, 2002; Halbwachs, 2006 [original de 1950]) ou à história (Yerushalmi, 1984; Nora, 1997; Pomian, 1999; Le Goff, 2003; Sarlo, 2007). Tanto aqueles que consideraram a primeira mais digna de interesse, por ser mais viva, rica e fecunda, quanto os que a condenaram por ser arcaica, carecer de criticismo, distância e meditação — propondo-se, pois, a tornar a memória uma "província" do território do historiador —, coincidem em um ponto fundamental: haveria uma oposição irredutível entre memória e história.

Segundo a interpretação de François Hartog (2003:136), o autor de *Les lieux de mémoire* (Nora, 1997) não opôs [sic] história e memória, nem as confundiu, mas propôs que uma se servisse da outra. Talvez. Todavia, palavras textuais de Nora insistem nessa oposição, que Hartog minimiza:

> Memória, história: longe de serem sinônimos, tomamos consciência que [sic] *tudo opõe uma à outra*. A memória é a vida, sempre carregada por grupos vivos e, nesse sentido, ela está em permanente evolução, aberta à dialética da lembrança e do esquecimento, inconsciente de suas deformações sucessivas, vulnerável a todos os usos e manipulações, susceptível de longas latências e de repentinas revitalizações. A história é a reconstrução sempre problemática e incompleta do que não existe mais. A memória é um fenômeno sempre atual, um elo vivido no eterno presente; a história, uma representação do passado. Porque é afetiva e mágica, a memória não se acomoda a detalhes que a conformam: ela se alimenta de lembranças vagas, telescópicas, globais ou flutuantes, particulares ou simbólicas, sensível a todas as transferências, cenas, censura

ou projeções. A história, porque operação intelectual e laicizante, demanda análise e discurso crítico. A memória instala a lembrança no sagrado, a história a liberta, e a torna sempre prosaica [Nora, 1993:9. Grifos meus].

Quando Nora propôs esta oposição, ele na verdade era tributário de discussões presentes entre estudiosos que o precederam. Yerushalmi (1984), como historiador do povo judeu, assinalou que a historiografia judaica nasce em ruptura com sua memória. O autor intrigou-se com as dificuldades de escrever a história justamente entre uma população tão afeita à memória e que traz no texto escrito — sagrado — a referência básica de sua identidade religiosa. Pomian (1999), por sua vez, descreveu longamente como a história autonomizou-se da memória, tomando-a, por fim, como seu objeto de estudo, reflexão e análise. Hartog (2003:136) sublinha que Nora também propôs um novo campo: a "história da memória" — e, talvez por isso, não perceba as oposições suscitadas pelo autor em questão.

Na perspectiva de Hartog, a memória torna-se um território do historiador e, como tal, a ele subordinada. No entanto, como Ricœur (2007:397-400) criticou em Le Goff (2003) e Pomian (1999), transformar a memória em "matéria-prima", "território" do campo de análise do historiador constitui uma oposição hierárquica entre história e memória: subordina a segunda à primeira.

Não obstante os prognósticos de Nora (1997 [original de 1984]) de que a memória passava por um rápido processo de desaparecimento — o que seria justificativo do inventário representado por seus *Lieux de mémoire* — o mesmo autor viu-se surpreso pela sucessão de discursos, comemorações e monumentalizações da memória francesa durante a década de 1980. Hartog (2003:137) enfrentou o paradoxo de a memória ser evocada quando em vias de extinção. O autor propôs que a memória que hoje se manifesta é de natureza distinta da memória tradicional. Concordo com esse aspecto, e a ele tornarei (ver nota 19), embora julgue precipitado — e desnecessário — qualquer prognóstico relativo a um eventual — para mim impossível — desaparecimento da memória social.

Considerações à parte, o fato é que alguns intelectuais viram-se incomodados por aquilo que entenderam como "abusos da memória" (Todorov, 1995). Uma série de leis, na França, que procuraram arbitrar legalmente interpretações do passado histórico — relativas ao tráfico de escravos e ao genocídio armênio (Heymann, 2006) —, gerou desconforto e insatisfação entre os historiadores, que acreditaram ver ameaçado seu livre pensar. Robin (2003:19) trabalhou com o conceito de *memória saturada*, observando, não desprovida de razão, que o excesso de memória é a outra face do esquecimento. De qualquer maneira, o que pretendo assinalar é que o discurso dos intelectuais francófonos oscilou de uma forma muito rápida entre o "declínio" da memória e o seu "excesso". Em ambos os casos, porém, a memória aparece como uma visitante indesejada, uma invasora nos domínios de sua filha.[17]

Hoje, todavia, é patente o desconforto de muitos historiadores com uma separação estrita entre memória e história (Seixas, 2004). Certos autores ofereceram outras respostas à profusão de manifestações da memória a partir dos anos 1980, trazendo desafios e questionamentos que levam a repensar as oposições entre memória e história usualmente defendidas. Para Rousso (1998), assim como para Hartog, a história da memória levaria à superação da dicotomia entre história e memória. Para o autor, não faz sentido opor as reconstruções do passado realizadas por historiadores profissionais daquelas operadas por indivíduos ou grupos. Nesse sentido, a memória tem uma história que cabe também ao historiador reconstruir. Em que pese, porém, à manifestação de Rousso contrária a essa oposição, creio que sua proposta ressente-se de uma discussão mais profunda da inter-relação entre memória e história. Existe ainda o risco de se cair na perspectiva de Pomian (1999), Nora (1997) e Le Goff (2003) de uma memória a ser contemplada como um objeto inerte e passivo, sujeito ao olhar crítico do historiador. Wolikow (1998:16) considerou exagerado estabelecer uma oposição entre memória e história, embora reconheça as diferenças entre ambas. Tais relativizações da oposição foram brandas. Todavia, existiram questionamentos mais radicais e que foram a fundo nessa discussão.

Fernando Catroga leva além o questionamento da separação entre memória e história, qualificando-a como cientificista e propondo, alternativamente, a admissão de seu caráter "ambíguo e indeciso". O autor discute que a história engendra memória tanto quanto o contrário (ver Weimer, 2015) e observa que "a *história-ciência* só será socialmente útil se radicar na *história viva* tecida pela

---

[17] É curioso que, embora a reflexão sobre a memória tenha vindo à tona de forma muito vigorosa durante a década de 1980 na França, o discurso dos historiadores geralmente tinha um tom virulento, ao sublinhar as limitações heurísticas da memória e ao separá-la de forma radical da historiografia. Por vezes algumas palavras de certos autores levam a crer em um menosprezo em relação à memória. Em seus *Lieux de mémoire*, Nora (1997:24) utiliza o adjetivo *éradicatrice* para se referir à postura triunfante da história face à memória. Ora, esse adjetivo deriva do verbo *éradiquer* — fazer desaparecer um mal. Para Le Goff (2003:29), a memória é *mítica, deformada, anacrônica*. Creio que essa postura oculte uma postura agressiva/defensiva de tais historiadores diante do vigor daquela durante os anos 1980 na França.

tensão entre memória, esquecimento e expectativa". O autor chega mesmo a assinalar operações similares da memória e do trabalho historiográfico:

> outras características, apresentadas como típicas da memória (selecção, finalismo, presentismo, verossimilhança, representação), também se encontram no trabalho historiográfico, dado que, hoje, este não se cinge à busca de explicações por causalidade eficiente, e a visão linear, acumulativa, homogênea e universalista do próprio progresso dos conhecimentos sobre o passado é contestada. Afinal, a historiografia contemporânea também opera com uma perspectiva não contínua de tempo e reconhece a impossibilidade de se aceitar o vazio entre o sujeito-historiador e o seu objecto, o que matiza as pretensões à verdade total e definitiva, meta ilusoriamente defendida por paradigmas ainda imbuídos de positivismo [Catroga, 2001:40].

Paul Ricœur, por sua vez, assinala que a querela de prioridade entre história e memória é indecidível (2007:363), propõe o exorcismo da desconfiança de que a história possa ser "remédio ou veneno" para a memória e ainda sugere a necessidade de superação de "uma aporia paralisante em que deve desembocar o debate incessantemente retomado entre as pretensões rivais da história e da memória de cobrir a totalidade do campo aberto, por trás do presente, pela representação do passado" (2007:403). Interpretando o autor, Loriga observa:

> De início, para Ricœur, o historiador deve deixar de tratar os vestígios da memória como resíduos arcaicos ou como uma ficção da qual se deve desconfiar. Mais do que isso, *deve deixar de reduzir a memória a um objeto entre outros — como fez às vezes a história das representações*. Em compensação, deve reconhecer sua profunda dependência da memória, aceitar que ela seja sua matriz, seu solo de enraizamento [Loriga, 2009:25. Grifos meus].

Devo confessar que após anos trabalhando com memória, as provocações e propostas de Catroga e Ricœur soam-me particularmente interessantes e instigantes. Sou simpático a elas. Todavia, também me pergunto até que ponto elas — especialmente as de Catroga — instrumentalizam, em termos práticos, o ofício do historiador. Se servem para uma reflexão acerca de nossas competências e habilidades, de nossos métodos e teorias, no limite podem levar à dissolução de nossa especificidade disciplinar.

Catroga e Ricœur são "bons para pensar", mas talvez não tão "bons para fazer". Como levar a cabo o projeto denominado por Ricœur como história cultural da memória e do esquecimento (2007:400) e especificado, alternativamente, por Catroga (2001:55), como história social da memória e do esquecimento? Com efeito, se história e memória se assemelham tanto, para que serve um jardineiro no horto de Clio? Se a memória deve ser a matriz da história, como deve proceder o historiador para nela estar enraizado?

Felizmente, existem outros autores que apontam diretrizes para um "caminho do meio": preservando a especificidade do trabalho do historiador, sem dissolvê-lo em uma memória matricial, mas também sem trabalhar com uma oposição absoluta entre história e memória. Vou elencar aqueles historiadores que trazem contribuições nesse sentido, que são particularmente relevantes para a pesquisa deste livro.

Enzo Traverso (2005) é bastante criterioso ao assinalar as distinções entre a memória e a história. No entanto, sublinha também a influência desempenhada pela história sobre a memória que, assim, não constitui mera matéria-prima. Segundo o autor, inexiste memória literal, originária e "não contaminada". Para o autor, mais do que um simples campo de estudos, a interação entre memória e história cria "um campo de tensões no interior do qual se escreve a história" (Traverso, 2005:32).[18] Portanto, a tarefa do historiador consiste não em evacuar a memória, e sim inscrevê-la em um conjunto histórico mais vasto. Foi por compartilhar dessa preocupação que historicizei — utilizando, sim, fontes orais — a trajetória da "*gente* da Felisberta" ao longo dos séculos XIX e XX: com a preocupação de inscrever a memória por mim analisada em tal conjunto histórico.

O autor tem ainda o mérito de problematizar aquilo de que falamos quando se pensa em memória, aspecto frequentemente secundarizado pelos intelectuais supracitados. Recuperando Walter Benjamin (apud Traverso, 2005:12), o autor diferencia a memória denominada pela palavra alemã *Erfahrung*, que remete à experiência transmitida de geração em geração, forjando identidades grupais na longa duração — e é essa que se encontra nas três primeiras gerações analisadas neste trabalho — e aquela designada como *Erlebnis*, que remete à experiência vivida. Enquanto a primeira é característica de sociedades tradicionais, a última caracteriza a modernidade. Ela é individual, frágil,

---

[18] Tradução minha.

volátil, efêmera. Possui o ritmo e as metamorfoses da vida urbana, da sociedade de mercado, do liberalismo e do individualismo possessivo.[19]

Adiantando a argumentação do capítulo 4, os leitores deverão estar preparados para encontrar um declínio da memória *Erfahrung* e a surpreendente afirmação de uma memória *Erlebnis* que, contudo, revisita narrativas tradicionais e delas se apropria. Em certos casos, *Erlebnis apresenta-se como Erfahrung*. Isso se torna possível pelo fato de a fronteira entre a memória individual e a memória coletiva do passado histórico não ser tão nítida quanto parece. Com efeito, para Ricœur (1985), há um limite poroso entre um tempo público e um tempo privado, designado como tempo anônimo. Se o avô pode ter contado, nos tempos de juventude, fatos referentes a pessoas que não se pôde conhecer, a narrativa colhida da boca dos ancestrais encontra-se em interseção parcial com a memória dos descendentes, interseção produzida em um presente comum.

Alessandro Portelli, por sua vez, sublinha que, se correta, a distinção entre fatos e representações só pode ser percebida se os contemplamos de forma *conjunta*. Conforme o autor:

> Representações e "fatos" não existem em esferas isoladas. As representações se utilizam dos fatos e alegam que *são* fatos; os fatos são reconhecidos e organizados de acordo com as representações; tanto fatos quanto representações convergem na subjetividade de seres humanos e são envoltos em sua linguagem. Talvez essa interação seja o campo específico da história oral, que é contabilizada como *história* com fatos reconstruídos, mas também aprende, em sua prática de trabalho de campo dialógico e na confrontação crítica com a alteridade dos narradores, a entender representações [Portelli, 1998:111. Grifos originais].

Se substituirmos as palavras "representações" por memória e "fatos" por história, encontraremos um texto exemplar de como tal relação se dá para o autor de "O massacre de Civitella Val di Chiana". Em sua pesquisa junto aos habitantes desse vilarejo, vitimado por fuzilamentos dos nazistas durante a II Guerra Mundial, Portelli foi extremamente respeitoso e sensível à dor dos sobreviventes e à sua percepção do ocorrido sem, no entanto, ceder um milí-

---

[19] Correndo o risco de ser demasiado ousado, acredito que boa parte das críticas usualmente dirigidas à memória se aplica muito mais à memória *Erlebnis* do que à memória *Erfahrung*. Suponho ser o declínio da última que Nora constatou, e o vigor da primeira que o surpreendeu.

metro sequer no rigor da prática histórica. O autor demonstra praticamente como a memória pode ser mais do que um problema a ser enfrentado pelo historiador ou, ainda, uma matéria-bruta a ser explorada como "fonte", mas tomada de forma dialogicamente enriquecedora para ambas.

Finalmente, Amos Funkenstein (1989) procurou superar a oposição entre história e memória através de um conceito intermédio, o de "consciência histórica". Para Funkenstein, uma vez que o historiador nunca se desvencilha totalmente da memória coletiva, trata-se de evitar o conflito entre ambas sem embaçar suas diferenças. Para tanto, reconhece que uma postura investigativa perante o passado não é privilégio da disciplina histórica: "Eu proponho o conceito de consciência histórica no sentido preciso de tal construção heurística dinâmica — o grau de liberdade criativa no uso e interpretação dos conteúdos da memória coletiva".[20] Seu campo de estudos é o povo judaico, e diverge de Yerushalmi ao afirmar que o ato de rememorar não apenas retoma o passado, mas lhe dá sentido.

Para Funkenstein — são os exemplos por ele tomados — os povos de Israel e da Grécia possuíam uma consciência histórica que, em todo caso, passava pela liturgia, pela poesia e pela lei, e não necessariamente por uma disciplina histórica com pretensões científicas. Isso não significa que a consciência histórica se assemelhe à história tal como hoje a praticamos. Pelo contrário, não está isenta de mitos, ficções históricas, por vezes deliberadas, anacronismos e distorções. No entanto, trata-se de uma postura problematizadora, investigativa e questionadora face ao passado, ainda que não conforme as ferramentas críticas do historiador.

Embora os exemplos apontados pelo autor digam respeito a sociedades letradas, ouso lançar como hipótese que o grupo por mim estudado possuía, embora analfabeto, também, uma consciência histórica.[21] Após ter observado, muitas vezes, pessoas de idade reunidas para falar sobre coisas antigas, percebi que seu olhar não as estava apenas *rememorando*, mas também *indagando* e colocando *problemas*, nas convergências, divergências e lacunas de suas narrativas. O contato com o texto escrito do testamento de Rosa Osório

---

[20] Tradução minha.
[21] Peter Seixas propôs em seu livro a teorização acerca da noção de "consciência histórica". Admitindo-o, como Funkenstein, como um conceito intermédio entre a história e a memória, da mesma forma assinala que não existe "aquisição" de "consciência histórica" por parte de povos dela desprovidos. Ao propor uma leitura "inclusiva" dessa noção, rejeita sua especificidade como atributo da modernidade (Seixas, 2004:9).

Marques, a partir dos anos 1960 (ver capítulo 3), representou uma oportunidade a mais para o exercício de tal "consciência histórica", maximizando-a.

## Mapa de capítulos

Por fim, resta apresentar o plano de capítulos aqui seguido.

No primeiro capítulo, apresento a experiência de Felisberta e Manoel Inácio, discutindo sua especificidade entre os cativos da família Marques, especificidades essas que marcaram a trajetória familiar de uma forma mais genérica. Além de discutir como o cativeiro "foi" na região, procuro apresentar como meus entrevistados "lembram que ele foi".

No segundo capítulo, discuto o estabelecimento de um campesinato negro em Morro Alto, discutindo relação com a terra, sua propriedade legal e herança, e relações com antigos senhores. Esse capítulo possui um tamanho desproporcional em relação aos demais, por ser demasiado recente em relação à memória da escravidão (as histórias que os avós contavam) e demasiado distante para o relato da experiência vivida pelos entrevistados. Além disso, em comparação com o período escravista, os documentos escritos são mais escassos.

No terceiro capítulo, apresento os movimentos migratórios tomados pelo grupo em meados do século XX, verificando as motivações de partida e permanência e desconstruindo a ideia de que eles se verificaram apenas no sentido rural-urbano. Analiso ainda as relações raciais estabelecidas no meio urbano em meados do século.

No quarto capítulo, aprofundo a discussão sobre memória da escravidão quando comparo a memória da escravidão presente entre netos e bisnetos de escravos, relacionando um interesse renovado pelo passado escravocrata, à demanda contemporânea pelo reconhecimento como comunidade "remanescente de quilombos".

Como exposto anteriormente, por fim, os capítulos contarão com interlúdios nos quais os processos de racialização serão discutidos de forma concomitante aos aspectos analisados ao longo dos capítulos.

# Capítulo 1

## GERAÇÃO DE ESCRAVOS

> Úrsula conversaba con sus antepasados sobre acontecimientos anteriores a su propia existencia, gozaba con las noticias que le daban y lloraba con ellos por muertos mucho más recientes que los mismos contertulios [Márquez, 2006:390-391].

Este capítulo dedicar-se-á à investigação das representações do passado escravista por parte dos descendentes de cativos. Embora tenha estudado diversos documentos escritos, não esperem os leitores uma apreciação da estrutura agrária ou uma história social da escravidão em Conceição do Arroio ou na Fazenda do Morro Alto. As páginas que dedico à avaliação desses aspectos não têm como objetivo esgotá-los, mas melhor localizar os sujeitos investigados e substancializar a posterior análise da memória daqueles processos, assunto ao qual dedicarei a segunda metade do capítulo.

Partindo de Durkheim e Mauss (2002 [original de 1903]), Chartier (2002:72-73) discutiu o conceito de representações, contrapondo-o ao de mentalidade. Segundo o autor, aquela noção permitia averiguar: a) trabalhos de classificação e recorte em uma sociedade contraditoriamente construída; b) práticas que levam ao reconhecimento de identidades e disposições próprias perante o mundo; e c) a institucionalização dessas formas em grupos, comunidades ou classes. Dessa maneira, o conceito de representação traz novamente a contradição e a diversidade social — os conflitos — para a apreciação de cultura e identidades. O conceito de mentalidade tende a achatar e homogeneizar tais nuances. Nesse sentido, não se pretende verificar uma suposta avaliação socialmente difundida do passado escravista. Pelo contrário, circunscreveu-se um grupo bastante específico e pretende-se avaliar as implicações de suas representações do tempo do cativeiro na identidade familiar.

## O pardo Manoel Inácio, também chamado de Manoel Inácio Osório Marques

A escrava Angélica deveria estar feliz no dia 30 de novembro de 1847. Naquela terça-feira de meia-lua, nasceu seu primeiro filho, o pardo Manoel,[22] patriarca do grupo familiar por mim analisado. A jovem mãe pertencia à senhora Isabel Maria Osório, casada com Pascoal Marques da Rosa. Esta última era grande proprietária de terras, gado e canaviais na Fazenda do Morro Alto, no atual município de Osório — inclusive na localidade de nome Espraiado. Além disso, era terratenente na Fazenda do Arroio, em Capivari,[23] e em São Francisco de Paula de Cima da Serra, segundo atesta seu inventário de 1867.[24]

Não se sabe se foi um parto complicado ou não, mas infere-se que, após as lancinantes dores, mãe e avó, Inácia, deleitaram-se com a vista do bebê. Segundo a memória familiar, Manoel era filho de um senhor, provavelmente Pascoal Osório Marques. Segundo seus descendentes, Manoel Inácio era "*gente* dos Marques", isto é, pertencente àquela família, embora escravo, e agarram-se, para sustentar sua versão, ao fato de ele ter chamado seus possíveis meio-irmãos para batizar seu primogênito e de ter possuído, em liberdade, o sobrenome senhorial.[25] Filho de Pascoal ou não, é fato que as filhas de Manoel Inácio Filho se remetem a esse compadrio como índice do parentesco com a família senhorial. Em uma fala, Diva aponta a possibilidade da madrinha de seu pai ser, precisamente, irmã do avô.

---

[22] IJCSUD — CHF, Mcf. 1391101, It. 4, livro 2 de batismos de escravos de Conceição do Arroio, f. 23r.
[23] Atualizei a grafia de Capivary. Contudo, não empreguei o nome do município que veio se a tornar — Capivari *do Sul* — pela mesma razão pela qual utilizo as denominações correntes no período a que se referem: Conceição do Arroio e São Francisco de Paula de Cima da Serra, e não Osório e São Francisco de Paula.
[24] APERS, COA — CA, estante 159, caixa 026.0306, auto n. 99, inventário de Isabel Maria Osório, ano de 1867.
[25] Trata-se de uma interpretação dos próprios pesquisados. Não a assumo como minha, apenas me proponho a apresentar e discutir os seus significados para eles. Contudo, estou ciente de que o termo *gente* e o uso do sobrenome senhorial eram mais difundidos do que meus entrevistados gostariam de admitir. De toda forma, os filhos de Pascoal, Marcelino e Isabel Osório Marques, realmente foram padrinhos do primogênito de Manoel Inácio. IJCSUD — CHF, Mcf. 1391101, It. 1, livro 16 de batismos de Conceição do Arroio, f. 83, ano de 1894.

Diva — A madrinha dele era dessa gente do Romário Machado, essa gente dele, do meu avô, Rodrigo, a madrinha do meu pai era dessa gente do meu avô, não sei se era irmã do meu avô, uma coisa assim. Era, só gente...[26]

Todavia, a prática de integrantes da família senhorial apadrinharem os filhos de seus cativos não foi rara no Brasil escravista (Machado, 2008). O próprio Manoel Inácio teve como padrinhos Thomaz Osório Marques e Rosa Osório Marques, filhos de sua senhora Isabel Maria Osório — e irmãos de seu suposto pai.[27] *Sui generis*, porém, foi o fato de ter sido herdado por seu padrinho após a morte de sua senhora.[28] Com efeito, Manoel Inácio figura entre os cativos de Thomaz no inventário de 1885.[29] Estudos importantes da historiografia brasileira sublinham a contradição entre a instituição do compadrio e a condição senhorial (Schwartz, 1988). Seu caráter de *exceção* evidencia, antes de tudo, o trânsito daquela família escrava frente à casa-grande.[30]

Como possível neto da *sinhá* e como afilhado de seu filho, Manoel Inácio não foi para o eito. No inventário de Isabel Maria Osório, em 1867, ele tinha 19 anos e trabalhava como campeiro.[31] Segundo Hebe Mattos, a mobilidade espacial, os laços familiares e o acesso costumeiro à terra eram vivenciados pelos escravos como uma aproximação de experiências de liberdade (Mattos,

---

[26] Entrevista com a senhora Diva Inácia Marques Terra no dia 23 de janeiro de 2009 em Osório (LABHOI — UFF).
[27] Dentre os cativos (1841-1868) e ingênuos (1871-1888) batizados em Conceição do Arroio, nove, 4% foram batizados por padrinhos e 12, 57% por madrinhas pertencentes à família senhorial. Se nos restringirmos apenas às famílias terratenentes no Morro Alto, essa proporção eleva-se, respectivamente, para 16, 62% e 22, 25%. Tal diferença pode representar uma política paternalista mais relevante entre os Marques da Rosa, Osório Marques ou Nunes da Silveira. Não obstante, também é possível que eu tenha podido identificar melhor os laços de parentesco entre os senhores por possuir um domínio maior sobre a genealogia das referidas famílias. Fonte: IJCSUD — CHF, Mcf. 1391101, It. 4, livro 2 de batismos de escravos de Conceição do Arroio; IJCSUD — CHF, Mcf. 1391101, It. 5, livro 3 de batismos de escravos de Conceição do Arroio; IJCSUD — CHF, Mcf. 1391101, It. 6, livro de filhos livres de mães escravas de Conceição do Arroio.
[28] APERS, COA — CA, estante 159, caixa 026.0306, auto n. 99, inventário de Isabel Maria Osório, ano de 1867.
[29] APERS, COA — CA, estante 159, caixa 027.0338, auto n. 883, inventário de Thomaz Osório Marques, ano de 1883.
[30] Os livros de registros permitem antever raros casos em que cativos foram apadrinhados por seus senhores, e os mesmos parecem específicos da política paternalista adotada pelos Osório Marques, na medida em que apenas essa família assim procedeu. Foi o caso do mulato Luciano, nascido em 20 de abril de 1844, filho da escrava Florinda. Seu padrinho era Pascoal Osório Marques, marido da *sinhá* Ana Maria Nunes, também sua madrinha (IJCSUD — CHF, Mcf. 1391101, It. 4, livro 2 de batismos de escravos de Conceição do Arroio, f. 5v); da mesma forma, a parda Clementina, filha da escrava Angélica e meia-irmã de Manoel Inácio, teve como madrinha sua senhora Isabel Maria Osório (IJCSUD — CHF, Mcf. 1391101, It. 5, livro 3 de batismos de escravos de Conceição do Arroio, f. 8r).
[31] Diz-se, na documentação coeva, do cativo que trabalhava no campo em lides pecuárias. APERS, COA — CA, estante 159, caixa 026.0306, auto n. 99, inventário de Isabel Maria Osório, ano de 1867.

1998:89). A conjunção de indícios disponíveis — sua "cor", as evidências de ter sido filho de um senhor, a maior especialização, o fato de ter constituído família e pertencer a uma família de crioulos que estavam com o Marques havia gerações (ver adiante) — faziam de Manoel Inácio um cativo diferenciado ante a homogeneidade que o sistema escravista pretendia imprimir (Mattos, 1998:124). Não apenas, pois, a condição de campeiro, embora ela também. No entanto, há de se levar em conta, conforme sublinhou Rocha (2004:135), que "essa proximidade com a casa-grande não implicou necessariamente um afastamento ou conflito com relação à senzala". Filho de senhor ou não, Manoel Inácio era, antes de tudo, um cativo, e com cativos relacionou-se ao casar e apadrinhar.

Poucos anos após o inventário de sua senhora, apareceu como carpinteiro, a mais especializada entre as profissões dos cativos de Thomaz Osório Marques.[32] Guedes (2008) assinalou a grande importância dos serviços de carpintaria em regiões de produção canavieira, para confecção e conserto de benfeitorias. Embora o autor mencione pretos forros, talvez suas observações possam ser válidas, também, para o então escravo Manoel: "carpinteiros e músicos desfrutavam de estima social por causa de seus ofícios, não só entre forros e descendentes de escravos, mas também perante membros da elite local [...] o trabalho proporcionava dignidade e reputação social" (Guedes, 2008:121).[33] Certamente, a especialização conquistada por Manoel Inácio nos trânsitos com a casa-grande representou um capital social que lhe permitiu, posteriormente, na vida em liberdade, adquirir um terreno para os seus (ver capítulo 2).

O prestígio de que Manoel Inácio gozava com os outros cativos levou-o a ser convidado quatro vezes para ser padrinho de escravos ou ingênuos da família Marques: nos anos 1862, 1871, 1877 e 1883. Nas duas primeiras ocasiões, foram registrados os nomes de Isabel Maria Osório e Thomaz Osório Marques como seus senhores, respectivamente.[34] Após 1877, contudo, essa informação não consta. Ele foi referido, ainda, como pardo na primeira oca-

---

[32] APERS, COA — CA, estante 159, caixa 027.0338, auto n. 883, inventário de Thomaz Osório Marques, ano de 1883. A lista de escravos anexada é da década de 1870.
[33] O autor desenvolve algumas considerações de Mattos de Castro (1987:106), para quem era o trabalho para outrem, e não o trabalho manual em si, que estigmatizava os trabalhadores cativos.
[34] IJCSUD — CHF, Mcf. 1391101, It. 5, livro 3 de batismos de escravos de Conceição do Arroio, f. 11r; IJCSUD — CHF, Mcf. 1391101, It. 6, livro de filhos livres de mães escravas de Conceição do Arroio, f. 1r. Na segunda ocasião, a madrinha era a liberta Inácia, muito provavelmente a avó materna do padrinho.

sião, na qual a batizada era a escrava Filomena, filha de Severina. Segundo a memória familiar, Filomena era sua prima e irmã de Felisberta, aquela que veio a tornar-se sua esposa. Estamos, pois, face a solidariedades familiares que extrapolavam os tensos jogos de poder da hierarquia do cativeiro.

Em 1877 e 1883, contudo, ele figura com o nome senhorial — Manoel Inácio Osório Marques ou Manoel Inácio Marques Osório, conforme a ocasião.[35] Embora não possa identificar nenhum vínculo de parentesco entre o padrinho e seus afilhados, alguns laços solidários podem ser apontados: as crianças chamavam-se, respectivamente, Manoel e Angélica. Ou seja, foram nomeadas como seu padrinho e a mãe do mesmo. A carta de alforria de Manoel data, apenas, de 30 de outubro de 1884, quando Thomaz Osório Marques o libertou sem ônus ou condição (Scherer e Rocha, 2006:242). Portanto, nosso personagem já possuía um sobrenome ainda antes de usufruir da vida em liberdade.

O que pensar disso? Talvez sua condição entre a escravaria dos Marques fosse tão considerável que se considerasse autorizado à utilização do nome senhorial. Talvez gozasse, mesmo, de certa liberdade informal que o permitisse exercer algumas prerrogativas da vida em liberdade — como um sobrenome. Ou ainda podia haver um reconhecimento social de seu parentesco com o senhor. Tais considerações, porém, são exercício especulativo — fértil, mas meramente especulativo.

## Criações, lavouras, canaviais, engenhos e atafonas

Antes de analisar as atividades produtivas da fazenda do Morro Alto, realizarei um breve histórico da ocupação daquelas terras pelas aparentadas famílias Marques e Nunes da Silveira, embasado na pesquisa realizada por Barcellos e colaboradores (2004, cap. 1) por ocasião da elaboração de laudo de reconhecimento da comunidade de Morro Alto como "remanescente de quilombos". Originários de Santa Catarina, Manoel Nunes da Silveira e os irmãos Bernardo e José Marques da Rosa (filhos do açoriano Pascoal Marques da Rosa) adquiriram em sociedade, nos primeiros anos do século XIX, datas no Morro Alto concedidas em fins do XVIII à família Paim de Andrade.

---

[35] IJCSUD — CHF, Mcf. 1391101, It. 6, livro de filhos livres de mães escravas de Conceição do Arroio, f. 62 v e 97v.

Outros Marques depois estabeleceram-se na região, sendo também beneficiários de datas de terras. José Marques da Rosa desposou Isabel Maria Osório. Entre os grupos familiares presentes no conjunto de senhores da fazenda do Morro Alto, iremos nos interessar particularmente pelos Osório Marques, proprietários de Angélica, Manoel Inácio e sua esposa Felisberta.

Após estabelecer-se ali, expandiram suas terras, sendo através da concessão de novas datas, através de alianças matrimoniais com outros proprietários da região ou ainda por meio de privilégios decorrentes de seu engajamento militar, ou, simplesmente, expansão definida pelos autores como "não tão mansa e tampouco pacífica". Os autores relativizam denominação da figura jurídica definidora da propriedade fundiária entre 1822 e 1850, na esteira de obras historiográficas pertinentes.[36] De qualquer forma, nos inventários analisados, figuram terras no Morro Alto, mas também em suas circunvizinhanças — Ribeirão, Borba, Espraiado, Aguapés — ou além — Cangalha, Pedra Branca, Capivari, São Francisco de Paula de Cima da Serra. O conjunto formado pelas primeiras localidades configurou um conglomerado fundiário apropriado coletivamente. Suas fronteiras eram difusas e sua administração, familiar.[37] Não havia nos registros paroquiais de terras de meados do século XIX uma preocupação de delimitar de forma estrita as propriedades familiares. Atribui-se isso a dois fatores determinantes:

> Isto expressa, por um lado, a realidade de uma unidade produtiva cujos donos pertenciam a uma mesma família. Não existia, nesse momento, por parte dos mesmos, a necessidade, a preocupação — ou mesmo o conhecimento — da delimitação exata da extensão e da localização do quinhão de cada um neste território. Por outro lado, a família Marques não tinha interesse em demarcar com exatidão suas terras — a imprecisão dava margem ao uso da força e do poderio político para resolver eventuais conflitos territoriais [Barcellos et al., 2004:50].

Encontrei outro exemplo, em que a testadora, no ano de 1876, admitia explicitamente que seu irmão criara seus escravos, de onde concluí: "mais do que a formalidade do nome do dono de cada um, o importante para as famí-

---

[36] Para uma apreciação da violência intrínseca à apropriação de terras no século XIX, ver Motta (2008).
[37] Sobre o caráter impreciso dos limites fundiários setecentistas e oitocentistas, ver Osório (1990) e Motta (2008).

lias de escravos era onde morariam, trabalhariam, se poderiam conviver uns com os outros" (Weimer, 2008a:58). O caráter familiar do empreendimento escravista dessa fazenda era potencializado pelo fato de que a fragmentação das terras decorrente do passar de gerações foi evitada pela prática corrente de realizar casamentos entre si.

Embora não tenha pesquisado diretamente em inventários, uma publicação do Arquivo Público do Estado do Rio Grande do Sul apresenta um levantamento exaustivo dos dados referentes à escravidão nesse tipo documental (Pessi, 2010). Nesse catálogo, estão arrolados os escravos inventariados no Rio Grande do Sul, divididos por municípios. Constam informações como os nomes, valores de avaliação, "cor", "nação", idade ou outras eventuais peculiaridades. No que toca a Conceição do Arroio, foram reunidos 164 documentos, constando 1.040 cativos cuja concentração familiar entre os Marques da Rosa, Osório e Nunes da Silveira pode ser acompanhada na tabela seguinte:

**Tabela 1.** Concentração da propriedade escrava da família Marques Conceição do Arroio (1858-1878)

|  | Escravos | % | Proprietários | % | Tamanho médio da escravaria |
|---|---|---|---|---|---|
| Não Marques | 827 | 79, 52 | 155 | 94, 51 | 5, 34 |
| Marques[38] | 213 | 20, 48 | 9 | 5, 49 | 23, 67 |
| Total | 1.040 | 100, 00 | 164 | 100, 00 | 6, 34 |

Aquele empreendimento familiar escravocrata, não obstante representasse apenas 5,49% dos inventariados levantados por Pessi, detinha a propriedade sobre a quinta parte dos cativos da freguesia. E, o que é mais significativo, o tamanho médio de suas escravarias era mais do que quatro vezes superior ao dos demais proprietários.

Para que queriam os Osório Marques tantos cativos? À parte o status decorrente de possuir muitos escravos em uma sociedade escravista, encontrava-se a acumulação de bens simbólicos e materiais que reiterassem as diferenças entre os possuidores de escravos e os demais homens livres.[39] Na

---
[38] Incluídos Osório, Marques da Rosa, Nunes da Silveira e combinações desses sobrenomes.
[39] Amparados em Moses Finley, João Luiz Fragoso e Manolo Florentino sublinharam que "o alto grau de concentração da propriedade escrava nos coloca não apenas diante de uma sociedade possuidora de escravos, mas, sobretudo, diante de uma sociedade escravista, definida como aquela na qual o principal objetivo da renda extraída ao escravo é a reiteração da diferença

produção dessas desigualdades socioeconômicas, claro está o papel dos cativos como força de trabalho nas lavouras e criações de seus senhores.

Acompanhei os inventários de Isabel Maria Osório (1867) e seus cinco filhos — Maria (1858), Ana (1859),[40] Pascoal (1884), Thomaz (1885) e Rosa (1888).[41] Não levantei os documentos referentes aos esposos e esposas dos filhos de sua proprietária, na medida em que os inventários não são uniformes: temos de seus genros, mas não de suas noras. Sendo assim, esses instantâneos das atividades produtivas familiares — em fins dos anos 1850, fins dos anos 1860 e segunda metade dos anos 1880 — permitirão apreciar as atividades em que se empregaram Felisberta e outros cativos.

Isabel Maria Osório possuía um monte-mor[42] de 25 contos, 68 mil e 600 réis. Os filhos que faleceram depois dela lograram expandir esse patrimônio. Apenas Thomaz Osório Marques tinha um patrimônio assemelhado ao de sua mãe: 29 contos, 117 mil e 831 réis. Pascoal e Rosa, todavia, possuíam ao fim da vida, respectivamente, 46 contos, 209 mil e 595 réis e 51 contos, 583 mil e 64 réis. A última mais do que dobrou o patrimônio recebido da mãe por herança. Tal se deu, em parte, pela aliança matrimonial com Ponciano, um Nunes da Silveira.

No entanto, o crescimento dos bens familiares procedido por ela e seus irmãos deu-se através da expansão das propriedades para além de Morro Alto. Se a irmã falecida em 1858 já possuía bens em São Francisco de Paula de Cima da Serra, nas décadas posteriores a diversificação da localização das fazendas tornou-se uma regra. Barcellos e colaboradores (2004:126-127) já observaram uma desvalorização relativa das terras de Morro Alto no conjunto do patrimônio da família Marques ao longo do século XIX. As propriedades em Morro Alto e arredores, praticamente as únicas no inventário de Isabel Maria Osório, foram cedendo importância àquelas em outras regiões.

---

socioeconômica entre a elite escravocrata e todos os outros homens livres" (Fragoso e Florentino, 2001:88).

[40] O inventário de Ana Osório Marques consiste, tão somente, no requerimento de sua abertura, não constando, todavia, título de herdeiros, declaração de bens, avaliação ou partilha.

[41] APERS, COA — CA, estante 159, caixa 026.0306, auto n. 99, inventário de Isabel Maria Osório, ano de 1867; APERS, COA — CA, estante 159, caixa 026.0304, auto n. 45, inventário de Maria Osório Marques, ano de 1858; APERS, COA — CA, estante 159, caixa 026.0264, auto n. 20, inventário de Ana Osório Marques, ano de 1859; APERS, COA — CA, estante 159, caixa 026.0360, auto n. 839, inventário de Pascoal Osório Marques, ano de 1884; APERS, COA — CA, estante 159, caixa 027.0338, auto n. 883, inventário de Thomaz Osório Marques, ano de 1885; APERS, COA — Viamão, estante 24 e/c, caixa 030.0125, auto n. 108, inventário de Rosa Osório Marques, ano de 1888.

[42] Define-se *monte-mor* como o agregado bruto do valor monetário dos bens do falecido, prévio à realização da partilha e ao desconto de dívidas passivas, custas processuais e testamentárias.

Com efeito, na década de 1880, Rosa Osório Marques possuía muitas terras em Capivari e um quinhão na fazenda do Potreiro Velho, em Cima da Serra; Thomaz Osório Marques expandira as propriedades familiares para Capivari, Torres e São Francisco de Paula de Cima da Serra; e Pascoal Osório Marques tornara-se latifundiário no último município. O abandono da fazenda do Morro Alto evidencia-se pela descrição dada da casa naquela propriedade. O inventário de dona Isabel a qualifica como "casa de moradia"; os de seus filhos Pascoal e Rosa como "velha" e "em mau estado". Levanta-se, como hipótese, o fato do intercâmbio de açúcar e aguardente ter decaído após o cessar do tráfico negreiro, já que essas mercadorias podiam ser intercambiadas com os comerciantes atlânticos. Tal possibilidade coincide com a decadência da fazenda do Morro Alto na segunda metade do século XIX, o que levou os Marques a diversificar seus investimentos produtivos. Barcellos e colaboradores (2004) atribuem a essa secundarização do território original da família Marques o fato de Rosa, que não tinha filhos, ter doado uma extensão de terras naquela fazenda para ex-cativos, entre os quais Felisberta:

> Ao deixar parcela da Fazenda de Morro Alto para seus escravos, Rosa estava se desfazendo de uma fração de seu patrimônio que havia deixado de ter lucratividade econômica, mantendo o território ocupado por famílias de seus ex-escravos [Barcellos et al., 2004:128].

À exceção dos faxinais do Morro Alto e do Borba — diversas vezes descritos nos inventários como pantanosos — aquelas terras eram propícias à agricultura nas encostas dos morros, o que ainda hoje fazem os descendentes de escravos que ali se estabeleceram. Os inventários da década de 1880 evidenciam grandes rebanhos de gado vacum,[43] mas também a presença importante em Conceição do Arroio de animais possivelmente utilizados em práticas agrícolas, como bois mansos.[44]

A década de 1880 representa um momento específico da trajetória dos Osório Marques, quando eles lograram ultrapassar o poderio em âmbito lo-

---

[43] Entre 900 e 1.320 cabeças.
[44] Entre 22 e 78 animais; Thomaz tinha três qualificados como tafonários. APERS, COA — CA, estante 159, caixa 026.0360, auto n. 839, inventário de Pascoal Osório Marques, ano de 1884; APERS, COA — CA, estante 159, caixa 027.0338, auto n. 883, inventário de Thomaz Osório Marques, ano de 1885; APERS, COA — Viamão, estante 24 e/c, caixa 030.0125, auto n. 108, inventário de Rosa Osório Marques, ano de 1888.

cal e adquirir expressão na elite provincial.⁴⁵ Embora possuíssem reses, os inventários das décadas de 1850 e 1860, de Maria Osório Marques⁴⁶ e sua mãe Isabel Maria Osório, não adquirem o vulto da propriedade pecuária de seus irmãos/filhos. Aparentemente, portanto, temos a ascensão sociopolítica dessa família em paralelo a uma maior especialização pecuária e a secundarização das terras de Morro Alto como empreendimento escravista. Em 2001, a equipe de Daisy Barcellos entrevistou o então nonagenário senhor Ramão Maria Inácio. Sobrinho de Felisberta, ele foi criado por seu avô Romão⁴⁷ até os 15 anos, e guardava na ocasião da entrevista uma memória riquíssima e detalhada das atividades campeiras que lhe foram relatadas:

> Ramão — Era escravo... era campeiro, era domador de cavalo... [...] ...ele quase não tropeava... o gado pouco pra... a vida do meu avô foi braba mesmo... laçando os bois brabo, que só o laço esticava e já voltava pra pegá [sic] o negô [sic]... já voltava pra pegar a pessoa, o boi... já laço um boi ali na barra, isso ele contava sempre, toda vida... pastando, de noite ele saía pros campo o gado brabo, né... então diz ele que foi indo, que foi indo e os cavalo... nem ruiam pra ele. Quando o gado gira ele teve no meio desse gado e laço [sic] um boi... o boi era brabo, o boi esticou o laço lá... vortô [sic] e veio, ele abriu o cavalo pra fora, porque o boi vinha atrás do cavalo aí no campo, no laço... abriu o cavalo pra fora e cruzô [sic] a cerca. Recebe o golpe lá e volta de novo, ele diz que esse boi brigo [sic] tanto, brigô tanto... ele tava sozinho, os outros tavam campeando, uns companheiro, mais uns três, parece que é dois ou três, pros lado e ele abriu a boca a gritar... quando os companheiro chegaram que botaram o laço no boi, o cavalo caiu e morreu... É verdade, por nada que o boi não matava o meu avô... [Barcellos et al., 2004:64-65].

Aos inventários de Thomaz e Pascoal Osório Marques foram juntadas cópias das listas de matrículas de seus escravos residentes em Conceição do Arroio, realizadas por ocasião da Lei do Ventre Livre.⁴⁸ Ao inventário do

---
⁴⁵ Alguns Marques desempenharam papel importante na política imperial e, mais tarde, nas convulsões da Revolução Federalista de 1893-1895. Ver Stenzel Filho, 1980 [1924]; Ramos, 1990; Barcellos et al., 2004; Weimer 2008a.
⁴⁶ APERS, COA — CA, estante 159, caixa 026.0304, auto n. 45, inventário de Maria Osório Marques, ano de 1858.
⁴⁷ Por vezes mencionado como Ramão, por vezes como Romão.
⁴⁸ APERS, COA — CA, estante 159, caixa 026.0360, auto n. 839, inventário de Pascoal Osório Marques, ano de 1884; APERS, COA — CA, estante 159, caixa 027.0338, auto n. 883, inventário de Thomaz Osório Marques, ano de 1885, f. 25-28.

primeiro, por razão que ignoro, juntou-se aquela de seu tio Firmiano José Luiz Osório. As listas permitem apreciar as profissões dos cativos no início dos anos 1870, na medida em que especificam aquilo em que trabalhavam; dentro de cada categoria (em negrito), foi assinalada a quantidade de cativos cuja mãe foi especificada e os identificados como pardos.

**Tabela 2.** Escravos do sexo masculino — profissões. Início da década de 1870

| | **Lavradores** | Mãe conhecida | Pardos | **Campeiros** | Mãe conhecida | Pardos | **Outras profissões** | Mãe conhecida | Pardos | **Nenhuma profissão** | Mãe conhecida | Pardos |
|---|---|---|---|---|---|---|---|---|---|---|---|---|
| Pascoal Osório Marques | 5 | 3 60% | 1 20% | 1 | 1 100% | 0 | 0 | 0 | 0 | 0 | 0 | 0 |
| Firmiano José Luiz Osório | 13 | 1 7,69% | 1 7,69% | 3 | 3 100% | 3 100% | 0 | 0 | 0 | 1 | 1 100% | 0 |
| Thomaz Osório Marques | 8[49] | 5 62,5% | 3 60% | 6[50] | 4 66,66% | 1 25% | 1[51] | 1 100% | 1 100% | 0 | 0 | 0 |

[49] Três deles em sociedade com seu irmão Pascoal Osório Marques.
[50] Cinco deles em sociedade com seu irmão Pascoal Osório Marques.
[51] O carpinteiro Manoel Inácio.

Embora a amostra seja pequena, percebe-se, por um lado, uma presença considerável de famílias entre a escravaria desses senhores e mais, uma incidência ainda maior no caso dos campeiros do que dos lavradores. No que toca aos familiares de Manoel Inácio, dos seis campeiros de seu senhor, um (Ramão) era seu tio e outro (Israel) seu primo. O último tornar-se-ia, também, seu cunhado. Se por um lado a família senhorial procurou prestigiar um conjunto de cativos em detrimento de outros, há que avaliar que eles também procuraram valer-se de tais prerrogativas. Dito de outra maneira, uma conquista através da labuta na carpintaria e no trato do gado só aparentemente pode ser considerada uma concessão senhorial.

O trabalho nos campos era sofisticado, tinha uma sazonalidade específica (Farinatti, 2010:376-383) e exigia uma série de competências e habilidades. Embora prestigiado, envolvia riscos também, como demonstra o relato do senhor Ramão sobre seu avô *domador*. No entanto, os dados parecem apontar um acesso comparativamente mais fácil à família escrava, quer por estímulo senhorial, quer por um maior prestígio e atração daquelas moças por esses homens de melhor status, quer por uma preferência dos senhores em recrutá-los entre as famílias já constituídas — e conhecidas.

Vimos que os Marques possuíam significativas posses fundiárias e pecuárias.[52] No entanto, o número de escravos empregados na agricultura sempre foi superior ao dos que se dedicaram às lides campeiras. Tal constatação contrasta com os dados encontrados por Helen Osório (2007:146-153) e Luiz Augusto Farinatti (2010:354), que encontraram maior número de campeiros. Poder-se-ia argumentar que se trata de uma especificidade da região por mim abordada, já que Conceição do Arroio era freguesia mais agrícola do que o conjunto do atual Rio Grande do Sul, estudado pela primeira autora, ou do que o Alegrete, investigado pelo segundo.

No entanto, tendo a concordar com Araújo (2008), que sugeriu que parcela dos escravos constantes nas pesquisas daqueles autores com ocupação não identificada pudesse ser de lavradores. Aparentemente, a agricultura demandava um emprego mais intensivo de mão de obra. As estimativas apontam que um escravo campeiro poderia cuidar de entre 500 e 700 reses (Araújo, 2008:66). Ora, considerando o tamanho dos rebanhos dos Osório Marques

---

[52] Essas não se comparam, é evidente, às de regiões mais propriamente *ganadeiras*, como Cruz Alta, pesquisada por Araújo (2008), Alegrete (Farinatti, 2010) ou mesmo São Francisco de Paula de Cima da Serra (Teixeira, 2008), onde, contudo, os Marques concentraram seus rebanhos na década de 1880.

— segundo seus inventários, os irmãos Thomaz, Rosa e Pascoal possuíam, respectivamente, 900, 1.025 e 1.320 reses, concentradas em Capivari e São Francisco, e não nas propriedades de Conceição do Arroio[53] —, de fato um limitado número de cativos dariam conta das demandas campeiras. Os demais dedicaram-se, pois, à agricultura.

Osório (2007:160-161) e Farinatti (2010:126) aproximaram-se da produção agrícola nas unidades produtivas analisadas verificando a frequência de equipamentos e instrumentos agrícolas presentes nos inventários *post-mortem*. Farei o mesmo, muito embora de uma forma qualitativa e não serial, considerando quer a amostragem, quer a abordagem da presente pesquisa. Trata-se, pois, de reunir os indícios que demonstram que os escravos dos Marques tinham lides agrícolas em suas fazendas, e não apenas cuidavam de animais.

A evidência mais óbvia é a alta presença de escravos lavradores nas relações anexas aos inventários dos irmãos Thomaz e Pascoal Osório Marques. Todavia, cabe especificar o que se plantava e o que se colhia e, mais do que isso, quais eram os produtos dessas culturas. No inventário de Isabel Maria Osório arrolou-se "Uma roça de mandioca".[54]

Todos os inventariados estudados possuíam bois, oscilando entre 24 e 40. Em alguns casos, estavam concentrados em Conceição do Arroio. Trata-se de fator de produção associado por Osório (2007:160-161) à agricultura. Se ainda houver alguma dúvida sobre a finalidade agrícola desse animal, o arrolamento dos bens de Thomaz Osório Marques é esclarecedor: alguns deles são definidos como tafonários — animais utilizados como força motriz em atafonas, benfeitorias destinadas à produção de farinha.

O inventário de Isabel Maria Osório em 1867[55] indicava três casas de engenho: duas no Maquiné e outra sem especificação de localização. A indicação de dois alambiques, "aparelho próprio para realizar a destilação" (Houaiss e Villar, 2001:134), um forno e dois tachos, "vasilha grande, de cobre ou ferro, usada nos engenhos para cozimento e transformação do caldo de

---

[53] APERS, COA — CA, estante 159, caixa 027.0338, auto n. 883, inventário de Thomaz Osório Marques, ano de 1885; APERS, COA — Viamão, estante 24 e/c, caixa 030.0125, auto n. 108, inventário de Rosa Osório Marques, ano de 1888; APERS, COA — CA, estante 159, caixa 026.0360, auto n. 839, inventário de Pascoal Osório Marques, ano de 1884.
[54] APERS, COA — CA, estante 159, caixa 026.0306, auto n. 99, inventário de Isabel Maria Osório, ano de 1867.
[55] APERS, COA — CA, estante 159, caixa 026.0306, auto n. 99, inventário de Isabel Maria Osório, ano de 1867.

cana em açúcar" (Houaiss e Villar, 2001:2.656), leva-me a acreditar que tais engenhos fossem dedicados à produção de açúcar e aguardente. Até os dias de hoje a cana é uma das culturas preferenciais entre os camponeses negros da região. No fim da década de 1850, também Maria, filha de Isabel, figurou como proprietária de "Uma casa coberta de palhas com engenhos de fabricar aguardente e seus pertences".[56]

Desde a década de 1820, a plantação canavieira na região impressionou os viajantes (Laytano, 1945:17; Saint-Hilaire, 1974 [manuscrito de 1853 de viagem realizada em 1821-1822]:20). Essa pode ter sido, não obstante a limitação dos rebanhos possuídos pela família estudada, a razão do fundamental emprego da mão de obra escrava. Barcellos e colaboradores (2004:59) identificaram na bibliografia pertinente (Schwartz, 1988:280-334) a correlação positiva entre lavoura de cana-de-açúcar e emprego do trabalho cativo.

É provável que, tal como no Rio de Janeiro, a produção de aguardente tenha servido como moeda de troca no tráfico atlântico (Alencastro, 2000:307-314; Cantarino, Mattos e Abreu, 2009:13; Ferreira, 2001, apud Cantarino, Mattos e Abreu, 2009:18; Pessoa, no prelo:6; Abreu e Mattos, no prelo:139), quer na primeira metade do século XIX, quer no período do tráfico ilegal, quando diversos navios negreiros aportaram no litoral fluminense (Abreu e Mattos, 2007). Tal afirmação adquire maior expressividade se levarmos em conta que, conforme os leitores lembrarão, a economia açucareira de Morro Alto decaiu na segunda metade do século XIX — não exatamente pelo fim do abastecimento de mão de obra, mas, sobretudo, por cerrar-se o mercado atlântico para cana e derivados —, cedendo espaço a outras propriedades da família Marques.

Sabe-se que Capão da Canoa, então pertencente à Conceição do Arroio — mais especificamente a praia do Barco, também denominada como Capão Alto ou Capão da Negrada —, é um lugar de memória do tráfico atlântico por ali ter sido realizado desembarque ilegal de cativos em 1852 (Moreira, 2000; Oliveira, 2006; Moreira, Oliveira e Weimer, 2013). As narrativas da história oral, porém, sustentam que o dito navio naufragou, e que os escravos que escaparam se estabeleceram de forma independente e livre (Barcellos et al., 2004).

---

[56] APERS, COA — CA, estante 159, caixa 026.0304, auto n. 45, inventário de Maria Osório Marques, ano de 1858.

A produção de açúcar e aguardente prosseguiu ao longo do século XIX. Pascoal Osório Marques, por exemplo, tinha engenhos nos lugares denominados Sertão e no Espraiado, o último compartilhado com seu irmão Thomaz.[57] O segundo era possuidor, ainda, de um alambique. O Espraiado é, ainda hoje, conhecido por sua produção de açúcar e derivados.

Se havia bois tafonários, havia, portanto, atafonas, "engenho de moer grãos, manual ou movido por animais; moinho, azenha" (Houaiss e Villar, 2001:330). Ao que tudo indica, enquanto as benfeitorias especificadas nos inventários como "engenhos" eram destinadas à moagem de cana-de-açúcar, as "atafonas" eram voltadas à produção de farinha. Um exemplo é dado pelo inventário de Maria Osório Marques. Datado de 1858, arrola "Uma atafona e todos os pertences de fazer farinha".[58] Trinta anos mais tarde, sua irmã Rosa também figura como proprietária de atafona, porém em Capivari.[59]

O caso mais eloquente, porém, é de uma atafona — denominada, é verdade, nos inventários como "engenho", porém "engenho de fabricar farinha" — que pertencia metade ao senhor Pascoal, e metade ao seu irmão Thomaz.[60] O mesmo situava-se em localidade próxima ao Morro Alto, denominada Ramalhete. A história dessa atafona terá desdobramentos no capítulo posterior. Por ora, basta dizer que há um indício nada desprezível de que a atafona de que Manoel Inácio veio a cuidar pertencesse àquele que se supõe ser seu pai.

Criações, lavouras, canaviais, engenhos e atafonas: tais eram as atividades de uma escravaria diversificada e plural; hierarquizada e também com solidariedades familiares e horizontais. Não há dúvidas de que um dos fatores de estratificação era a origem. Quem eram os africanos? Quem eram os crioulos?

---

[57] APERS, COA — CA, estante 159, caixa 026.0360, auto n. 839, inventário de Pascoal Osório Marques, ano de 1884; APERS, COA — CA, estante 159, caixa 027.0338, auto n. 883, inventário de Thomaz Osório Marques, ano de 1885.

[58] APERS, COA — CA, estante 159, caixa 026.0304, auto n. 45, inventário de Maria Osório Marques, ano de 1858. Entre seus bens móveis encontravam-se também um jogo de pedras de moer, que provavelmente pertencia à atafona, e uma carreta em mau estado, que pode ter sido empregada em atividades agrícolas.

[59] APERS, COA — Viamão, estante 24 e/c, caixa 030.0125, auto n. 108, inventário de Rosa Osório Marques, ano de 1888. A senhora Rosa era possuidora, ainda, de uma carretilha, uma carreta soldada, uma carreta pequena e uma carroça pequena, que talvez tenham sido utilizadas para o transporte de produtos agrícolas.

[60] APERS, COA — CA, estante 159, caixa 026.0360, auto n. 839, inventário de Pascoal Osório Marques, ano de 1884; APERS, COA — CA, estante 159, caixa 027.0338, auto n. 883, inventário de Thomaz Osório Marques, ano de 1885.

## Inácias crioulas, Terezas africanas

Entre os cativos de Morro Alto, estava Inácia. Ela deve ter nascido em princípios do século XIX, pertenceu a José Marques da Rosa e à sua esposa Isabel Maria Osório, e teve numerosa prole que enriqueceu a escravaria de seus senhores.[61] Talvez pela fertilidade de seu ventre, tenha sido agraciada com a liberdade em algum momento entre o nascimento de sua filha Inês (1841) e o de seu neto Herculano (1855),[62] quando seu estatuto foi registrado como "ex-escrava".

Para além da renda política advinda dos cativos com que alimentou a escravaria dos Osório Marques, Inácia era uma escrava nascida em Santa Catarina.[63] Assim, acompanhara seus senhores em sua migração (Barcellos et al., 2004:40). Não apenas por ter nascido no Brasil, o que por si só conferia-lhe um estatuto vantajoso em relação aos africanos, mas principalmente por ser uma cativa que convivia há mais tempo com os senhores e criada junto à casa-grande — e Mattos (1998:127) assinala que uma antiguidade maior das escravarias favorecia processos de integração —, Inácia possuía um relativo capital simbólico que procurou manejar em busca da alforria.

Dos filhos de Inácia interessam-me particularmente dois: Angélica e Ramão. A primeira, como visto, foi mãe de Manoel Inácio. O segundo teve uma filha com Severina, filha de uma africana de nome Tereza. Não consegui localizar o registro de batismo da menina que então nasceu, e se chamava Felisberta, mas estimo em fins da década de 1850, aproximadamente 10 anos após seu primo. Esse casal de primos constituiu família entre 1881 e 1883 e teve oito filhos, cuja trajetória será mais bem analisada no capítulo posterior.

---

[61] Em 1822, nasceu Severino (IJCSUD — CHF, Mcf. 1391101, It. 3, livro 1 de batismos de escravos de Conceição do Arroio, f. 40-40v); em 1825, Angélica (IJCSUD — CHF, Mcf. 1391101, It. 3, livro 1 de batismos de escravos de Conceição do Arroio, f. 54v); em 1827, Reginalda (IJCSUD — CHF, Mcf. 1391101, It. 3, livro 1 de batismos de escravos de Conceição do Arroio, f. 66v); em 1829, Ramão (IJCSUD — CHF, Mcf. 1391101, It. 3, livro 1 de batismos de escravos de Conceição do Arroio, f. 81v); em 1838, Marinha (IJCSUD — CHF, Mcf. 1391101, It. 4, livro 2 de batismos de escravos de Conceição do Arroio, f. 1) e em 1841, Inês (IJCSUD — CHF, Mcf. 1391101, It. 4, livro 2 de batismos de escravos de Conceição do Arroio, f. 1). Não se sabe se todas essas crianças sobreviveram, considerando os altos índices de mortalidade infantil, porém há notícias posteriores — entre as parentelas de Morro Alto — sobre Angélica, Reginalda, Ramão e Marinha.
[62] IJCSUD — CHF, Mcf. 1391101, It. 4, livro 2 de batismos de escravos de Conceição do Arroio, f. 51, ano de 1855.
[63] Essa informação consta no batismo de sua neta Inácia, IJCSUD — CHF, Mcf. 1391101, It. 4, livro 2 de batismos de escravos de Conceição do Arroio, f. 48, nascida em 1854.

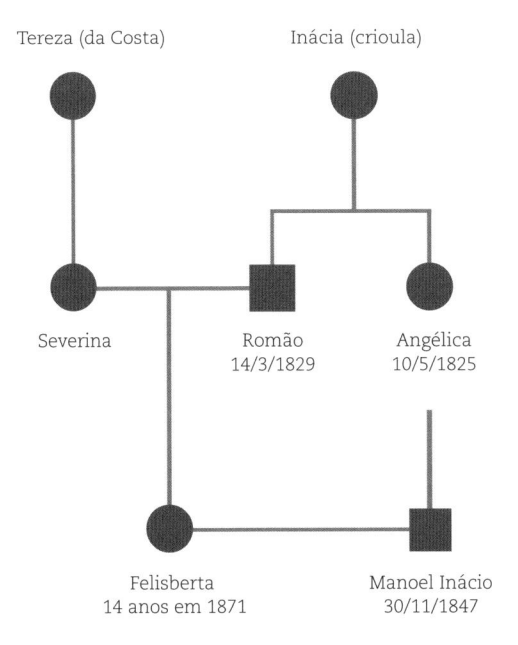

**Gráfico genealógico 1.** Descendência de Inácia[64]

```
     Tereza (da Costa)        Inácia (crioula)
            ●                        ●
            │                        │
            │              ┌─────────┴─────────┐
            │              │                   │
            ●──────────────■                   ●
        Severina         Romão             Angélica
                       14/3/1829           10/5/1825
                           │
                   ┌───────┴───────┐
                   │               │
                   ●───────────────■
               Felisberta      Manoel Inácio
             14 anos em 1871    30/11/1847
```

Terezas africanas e Inácias crioulas encontravam-se entre os escravos da família Marques, de forma mais específica, e podem ser tomadas de forma metonímica à presença desses grupos de escravos em Conceição do Arroio. Neste subcapítulo, proponho-me a avaliar a incidência de africanos e crioulos na freguesia, como inferência do legado do continente-mãe entre os escravos daquela região e na "*gente* da Felisberta".

Os registros de batismo podem fornecer dados preciosos para a avaliação da presença de africanos na freguesia e entre os cativos da família Marques, na medida em que às vezes registravam a procedência das mães e avós das crianças batizadas. Em que pese à imensa maioria dos sacramentos realizados tal informação não constar, podemos pôr as mãos à obra e lidar com os dados disponíveis:

---

[64] Fonte: IJCSUD — CHF, Mcf. 1391101, relatos orais e APERS, COA — CA, caixa 027.0338, Auto 883, Estante 159, inventário de Thomaz Osório Marques, Ano 1885, que apresenta a idade de Felisberta em uma lista de matrícula de escravos de 1871.

**Tabela 3.** Procedência das mães e avós escravas em Conceição do Arroio (1841-1886)[65]

| Procedência das mães | | | | | | | |
|---|---|---|---|---|---|---|---|
| | SEM ESPECIFICAÇÕES | AFRICANAS | BRASIL[66] | CA[67] | RG[68] | OUTRAS PROCEDÊNCIAS[69] | TOTAL |
| Escravos Conceição do Arroio (1841-1868) | 583 | 52 | 239 | 25 | 5 | 10 | 914 |
| % | 63,79 | 5,69 | 26,15 | 2,74 | 0,55 | 1,09 | 100,00 |
| Escravos Marques[70] (1841-1868) | 136 | 23 | 55 | 8 | 3 | 1 | 226 |
| % | 60,18 | 10,18 | 24,34 | 3,54 | 1,33 | 0,44 | 100,00 |
| Ingênuos Conceição do Arroio (1871-1886) | 561 | 2 | 82 | 0 | 0 | 0 | 645 |
| % | 86,98 | 0,31 | 12,71 | 0,00 | 0,00 | 0,00 | 100,00 |
| Ingênuos Marques (1871-1886) | 133 | 1 | 15 | 0 | 0 | 0 | 149 |
| % | 89,26 | 0,67 | 10,07 | 0,00 | 0,00 | 0,00 | 100,00 |
| **Procedência das avós** | | | | | | | |
| | SEM ESPECIFICAÇÕES | AFRICANAS | BRASIL | CA | RG | OUTRAS PROCEDÊNCIAS | TOTAL |
| Escravos Conceição do Arroio (1841-1868) | 785 | 55 | 40 | 7 | 6 | 21 | 914 |
| % | 85,89 | 6,02 | 4,38 | 0,77 | 0,66 | 2,30 | 100,00 |
| Escravos Marques (1841-1868) | 192 | 19 | 10 | 2 | 0 | 3 | 226 |
| % | 84,96 | 8,41 | 4,42 | 0,88 | 0,00 | 1,33 | 100,00 |
| Ingênuos Conceição do Arroio (1871-1886) | 643 | 1 | 1 | 0 | 0 | 0 | 645 |
| % | 99,69 | 0,16 | 0,16 | 0,00 | 0,00 | 0,00 | 100,00 |
| Ingênuos Marques (1871-1886) | 148 | 1 | 0 | 0 | 0 | 0 | 149 |
| % | 99,33 | 0,67 | 0,00 | 0,00 | 0,00 | 0,00 | 100,00 |

[65] IJCSUD — CHF, Mcf. 1391101, It. 4 e 5, livros 2 e 3 de batismos de escravos de Conceição do Arroio; IJCSUD — CHF, Mcf. 1391101, It. 6, livro de filhos livres de mães escravas de Conceição do Arroio.
[66] Trata-se de uma origem brasileira não especificada quanto ao local de nascimento.
[67] Conceição do Arroio.
[68] Província do Rio Grande de São Pedro.
[69] Santo Antônio da Patrulha, São Francisco de Paula de Cima da Serra, Santa Catarina, Bahia, Minas Gerais.
[70] Mais precisamente, Marques da Rosa, Osório, Nunes da Silveira e variações.

As informações sistematizadas no quadro parecem indicar um progressivo distanciamento da escravaria da freguesia de suas origens africanas.[71] Na geração nascida após 1871, há uma quantidade muito pequena de africanas entre as mães e as avós. Tais dados indicam que a criulização da escravaria da região estudada ocorreu antes do Sudeste. Para realizar um cruzamento de fontes documentais, podemos apelar às preciosas listas de escravos de Pascoal e Thomaz Osório Marques e Firmiano José Luiz Osório, já trabalhadas anteriormente. Dos 14 escravos e escravas do primeiro, apenas quatro nasceram na África, e eles já tinham 49, 50, 56 e 58 anos; dos 16 constantes no inventário de seu irmão, apenas três eram africanos, com idades de 48, 56 e 60 anos; o tio, finalmente, era proprietário de sete africanos, porém em um conjunto de 25 cativos e cativas.

Apesar do já mencionado desembarque de 1852 — e do fato de que cerca de duas dezenas de africanos foram batizados em Conceição do Arroio após a Lei Eusébio de Queiroz até 1860[72] —, a freguesia de Nossa Senhora da Conceição do Arroio evidentemente não possuía a pujança e o dinamismo da economia cafeeira do Sudeste. Aqueles africanos aportados — da Costa, da Costa da África, de "nação" Congo, Cabinda, Benguela — parecem constituir exceção, e não a regra, na escravaria da freguesia.[73] Estudos recentes relativizam a percepção de que o Rio Grande do Sul foi demasiadamente prejudicado pelo tráfico interno de escravos (no que toca a Rio Pardo, ver Perussatto, 2010:70 e 97, e no que tange a Cruz Alta, ver Araújo, 2008:110). No entanto, reconhecer que a Província não perdeu tantos escravos assim não faz dela um foco receptor de africanos de forma massiva.

Assim, o envelhecimento do contingente africano e a criulização da escravaria parece resultar de uma menor capacidade de competir pela mão de obra de jovens recém-chegados da África com áreas mais abastadas. Independentemente de conclusões mais audaciosas, parece evidente que a família de Manoel Inácio acompanhara seus senhores e era nascida no Brasil havia pelo menos três gerações. Nesse sentido, o "matrimônio"[74] de Felisberta

---

[71] Perussatto (2010:58) também assinala uma progressiva diminuição do contingente africano no município de Rio Pardo ao longo das três décadas por ela estudadas (1860-1870-1880).
[72] Dois pelas famílias estudadas. Apenas no dia 10/9/1851, batizaram-se quatro, e entre 13 e 17/11/1855, seis. Fonte: IJCSUD — CHF, Mcf. 1391101, It. 4, livro 2 de batismos de escravos de Conceição do Arroio.
[73] De 914 escravos batizados nos livros 2 e 3 (1841-1868) de registros paroquiais, apenas 26 foram identificados como africanos. Além disso, 29 foram batizados adultos ou adolescentes. Fonte: IJCSUD — CHF, Mcf. 1391101, It. 4 e 5, livros 2 e 3 de batismos de escravos de Conceição do Arroio.
[74] Veremos no capítulo 2 que não eram casados perante a lei ou a igreja.

com ele foi uma aliança ascendente, entre uma cativa lembrada como "bem pretinha", neta de africana, com o neto de uma escrava crioula estabelecida que, ademais, gozava de uma situação menos desfavorável no seio da escravaria dos Marques. No entanto, para ele também fazia sentido desposá-la, na medida em que era filha de seu tio. Reforçavam-se, assim, solidariedades familiares, e poder-se-ia contar com uma esposa conhecida e respeitável.

Na memória das pessoas entrevistadas, a referência à África é bastante mais difusa do que aquela encontrada nos relatos analisados por Rios e Mattos (2005). Não podemos relacionar, em absoluto, a experiência dos cativos do Morro Alto a uma geração de africanos chegada na primeira metade do século XIX, como é a realidade do Sudeste cafeeiro (Rios e Mattos, 2005:63). Apenas uma mãe de criança de ventre livre, entre as escravas dos Marques, foi identificada como africana; e duas na amostra geral. Mesmo estando os números, provavelmente, invisibilizados e sub-representados, não é possível que sua presença passasse tão despercebida assim, caso fosse muito mais expressiva.

Igualmente, não há uma memória dolorosa de famílias separadas pelo tráfico interno, como estudos pertinentes apontam para o Sudeste (Rios e Mattos, 2005; Abreu e Mattos, 2005). Tais narrativas, simplesmente, inexistem. Nos dados contabilizados acerca da origem de mães, temos sete originárias de Santa Catarina, e nove avós da mesma procedência, além de duas baianas e duas mineiras. Isso é ínfimo diante do agregado analisado. Não há dúvidas de que a eventual separação dessas famílias deve ter gerado muito sofrimento, porém o mesmo não repercutiu na memória coletiva do grupo analisado. Tratava-se de uma experiência histórica bastante distante para Manoel Inácio, Felisberta e os seus.

## Aqueles que não eram mais escravos

Conforme mencionado no início deste capítulo, Manoel Inácio foi alforriado em 30 de outubro de 1884 (Scherer e Rocha, 2006:242). Seria tentador interpretar esse fato como decorrência de sua situação como afilhado de seu senhor e seu possível sobrinho. No entanto, seria possível questionar essa linha de raciocínio indagando o motivo pelo qual, não obstante tais laços afetivos, foi mantido em situação de cativeiro até o ocaso do sistema escravista. Como não se pode deixar de sublinhar, por melhor que fosse a situação de Manoel Inácio face ao conjunto da escravaria — casado, com uma especialização e um ofício que instrumentalizaria sua vida em liberdade — era, antes de tudo, um *escravo*. Pode-se pensar ainda que seu lugar de interlocução entre a senzala e a casa-grande fosse estratégico para os Marques, e dele não se quisessem desfazer.

O ano de 1884 é reconhecido como aquele em que, por pressão dos cativos, a manutenção do escravismo no Rio Grande do Sul tornou-se insustentável e concederam-se manumissões de forma massiva, como tentativa desesperada de tentar conservar alguma ascendência sobre os cativos:[75]

> No final da década de 1880, a resistência dos escravos aos contratos de prestação de serviços, a sua negação em participar dos planos das elites forçaram a radicalização do discurso dos republicanos, provocando o que podemos chamar de "ruptura na representação". O programa gradualista defendido por todos os grupos políticos partidários foi colocado abaixo pela ação de resistência dos agentes que eram considerados atores coadjuvantes. Esperava-se deles um comportamento de público passivo, e a entrada turbulenta dos mesmos em cena levou a uma reelaboração dos posicionamentos das elites, que várias vezes adotaram a verborragia fácil do "despreparo dos escravos" para a vida em liberdade. O pacto entre os vários órgãos funcionou em 1884, mas se desorganizou com a oposição dos cativos que queriam a libertação imediata e acabaram com isso impulsionando os republicanos rio-grandenses a radicalizarem o seu posicionamento [Moreira, 2003:184].

Tais esforços, no entanto, resultaram malogrados, tendo em vista que os ex-cativos, no pós-Abolição, recusaram-se em geral a cumprir as cláusulas de prestação de serviço e dívidas de lealdade com a casa senhorial (Weimer, 2008a:90-99). Eram comuns, no Brasil, os lamentos referentes à *ingratidão* dos libertos. Não era o caso, todavia, de Manoel Inácio, que, conforme veremos no capítulo posterior, seguiu transitando no círculo de relações da família Marques.

Retornemos, porém, às alforrias de Conceição do Arroio. Tal como no restante da província, aquelas registradas em cartório concentraram-se nos

---

[75] Fraga Filho (2006:109, 118, 348) observou tal situação para o caso baiano.

anos de 1880: 87 no lapso 1859-1871, com uma média de 6,69 cartas anuais; 25 entre 1871 e 1880, totalizando 3,13 alforrias ao ano; e, finalmente, 134 entre 1880 e 1888, com uma média anual de 14,89 manumissões (Scherer e Rocha, 2006).

Há ainda uma modificação no perfil dessas cartas. Com efeito, totalizando os dois primeiros períodos, 70,53% das manumissões estavam condicionadas à morte do senhor, 5,35% de condição desconhecida, 12,5% compradas e 11,6% sem ônus ou condição. A figura do contrato de prestação de serviços era desconhecida, ao passo que, no período de 1880-1888, representa nada menos que 82,09%. As alforrias condicionadas à morte do senhor decaem para 2,23%, aquelas de condição desconhecida para 2,98%, as compradas na mesma proporção e aquelas sem ônus ou condição para 9,7%. Diante da iminente queda do regime escravocrata, da qual todos estavam conscientes, não estava mais em jogo colocar a liberdade em função da duração da vida do senhor, mas, tão somente, prolongar as relações servis em alguns anos.

Seria tentador avaliar que Manoel Inácio foi alforriado sem ônus ou condição devido aos vínculos explicitados com a família senhorial. Soares (2009) assinalou que as alforrias eram mais facilmente acessíveis a crioulos estabelecidos em famílias que conviviam com senhores há gerações. Da mesma forma, em seu estudo sobre Porto Alegre, Moreira observou que as:

> [...] libertações sem ônus ou condição atingiam cativos de todas as idades, mas não deixavam de premiar principalmente aqueles que estavam há anos com seus senhores e já haviam — por si ou por seus pais — merecido a confiança dos mesmos, o que possibilitava usarem as cartas de alforria até mesmo como garantias de bom comportamento, a serem apresentadas às autoridades e aos novos patrões [Moreira, 2003:204].

Contudo, as mesmas não atingiam apenas "Manoéis Inácios", e tampouco eram isentas de constrangimentos.

> [...] no ritual de passagem ao mundo dos livres, cabia aos senhores a posse da chave que livraria os escravos do cativeiro; eram eles que concediam a liberdade, que deveria ser vista como uma dádiva que, ao mesmo tempo em que enaltecia as atitudes senhoriais (seja frente à sociedade, à Coroa Impe-

rial ou seus representantes ou à esfera divina), prendia os libertos a laços de obrigação e obediência [Moreira, 2003:200].

Tais expectativas senhoriais, como visto, nem sempre encontravam repercussão entre os cativos. Mesmo quando encontravam, como no caso de Manoel Inácio, podia-se manipulá-las no sentido de atingir seus próprios objetivos, em um clássico exemplo da "resistência por meio da negociação" discutida por Reis e Silva (1989) e do paternalismo como campo de disputas sociais, propugnado por Genovese (1988). Existe farta discussão historiográfica sobre se a alforria representava uma dádiva senhorial (Soares, 2009) ou um ato de resistência, através da manipulação de códigos paternalistas a favor dos cativos (Moreira, 2003).

Sem querer esmiuçar esse importante debate, explicito que me inclino mais pela segunda posição, na medida em que a primeira parece-me demasiado tributária do discurso senhorial, sem levar em conta eventuais leituras alternativas por parte dos escravos e ex-escravos. Ao menos para o período que analiso, como visto, foram inúmeros os queixumes, no pós-Abolição, de que os forros não estavam sendo *gratos*. Não se pode tomar a expectativa de gratidão como explicativa de um processo no qual os cativos também foram sujeitos ativos.

A carta de alforria de Felisberta não consta no catálogo consultado. Os leitores, justificadamente, acharão que eu a estou invisibilizando, ou até mesmo que sou machista. Não a estou e não o sou: em breve fartar-se-ão de Felisberta. Por ora, contento-me em justificar que a invisibilização não se deve a mim, mas às fontes que não encontrei. Lamentavelmente, o historiador trabalha com a documentação disponível.

Pode-se problematizar, contudo, os motivos pelos quais ela se encontra invisibilizada na documentação. Não parece haver, no caso de seu batismo, qualquer motivo além de algum tipo de extravio documental, já que localizei diversos registros de filhas e filhos de sua mãe, a escrava Severina. Contudo, como não me interessa nem um pouco ver Felisberta invisibilizada, vou empregar todos os meus esforços no sentido de tirar leite de pedra e extrair o máximo possível dos indícios deixados por outros documentos.

Esta escrava aparece, tal como Manoel Inácio, na lista de cativos de 1871 de Thomaz Osório Marques:[76] preta, 14 anos, solteira, natural de São P. do

---

[76] APERS, COA — CA, estante 159, caixa 027.0338, auto n. 883, inventário de Thomaz Osório Marques, ano de 1883.

Sul, filha natural de Severina, já falecida, capaz para qualquer trabalho, costureira. Nessa profissão era acompanhada por suas irmãs Tereza e Filomena. Inclusive Inocência, de oito anos, trabalhava com as irmãs. Apenas a pequena Maria, de seis anos — parda, ao contrário das demais —, era poupada da dita atividade. Seu irmão Israel, por sua vez, era campeiro. Temos, pois, um núcleo familiar que correspondia a seis dos 16 cativos de Thomaz. Se considerarmos ainda Romão e Manoel Inácio, pai e primo das irmãs, metade daquela escravaria pertencia à família.

O patrimônio de Thomaz Osório Marques foi inventariado em meio às convulsões do movimento abolicionista em Conceição do Arroio, e a avaliação dos bens a elas não passou alheia. Existem informações contraditórias no documento, provavelmente decorrentes de marchas e contramarchas na descrição e avaliação das posses. Em um primeiro momento, Felisberta foi descrita como cativa, enquanto suas irmãs Tereza e Filomena apareceram como libertas condicionadas à prestação de serviços, tendo sido inventariadas as estimativas do valor do trabalho devido. Dessa forma, elas possuíam estatutos jurídicos diferentes. A primeira era propriedade da família senhorial, e as demais deviam apenas serviços cujos valores eram estipulados e podiam ser herdados. A diferença, nesse caso, era, no entanto, retórica. O valor com que Felisberta foi avaliada foi de 150$000, a mesma quantia correspondente ao trabalho de suas irmãs. Embora a liberdade fosse uma conquista extremamente importante para os escravos, aos olhos dos Marques a avaliação monetária de seus serviços não diferia do valor de um cativo.

Contudo, ao longo do processo de inventário, diversos escravos foram alforriados: Antônio, Sebastião, Isidoro, João, Tereza (já não era Tereza forra?), Maria e *Felisberta*. Possivelmente não se lavrou em cartório suas cartas de liberdade em função de a nova condição jurídica já se encontrar registrada em inventário. A redação do documento é confusa: menciona-se a "importância [de 850$000] por que libertou sem condição os [sete] escravos". Afinal, a alforria era incondicional ou dependia do pagamento daquela quantia? Uma possibilidade é que, para os libertos, tenha se dado sem ônus pecuniário. No entanto, para não desfalcar a herança de sua irmã, sobrinhos e sobrinhos-netos (o inventariado não tinha filhos), Thomaz Osório Marques pode ter bancado de sua terça — parcela do patrimônio do inventariado da qual ele podia dispor como bem entendesse ao fazer seu testamento — o valor pecuniário por que se estimava a libertação daqueles cativos.

Aqueles 850$000 foram herdados por sua irmã Rosa, e, junto com eles, veio a tutela — seria tutela uma palavra forte demais? —, a ascendência sobre aqueles sete cativos. Lembrando uma vez mais que a fazenda do Morro Alto era um empreendimento familiar administrado de forma fraterna pelos Osório Marques, pode-se pensar que a distribuição dos cativos nos inventários era bastante formal, já que nas lides cotidianas, mesmo pertencendo a Thomaz, aqueles tinham contato com Rosa, *sinhá* a quem deviam respeito e deferência.

Rosa Osório Marques também não teve filhos, e por essa razão, além de seus sobrinhos, nomeou como herdeiros 24 ex-escravos.[77] A eles coube uma dimensão de terras em Morro Alto, que na atualidade seus descendentes lutam para recuperar.

> Deixo para todos meus escravos, digo, ex-escravos e ex-escravas cento e oitenta e quatro braças de terras de matos que possuo na fazenda do "Morro Alto", separadamente entre eles para derem uso e fruto passando o [15r] destes a seus filhos e daqueles pela mesma forma sem que possam vender ou permutar.[78]

No entanto, há que destacar que o art. 68, que regula os direitos das comunidades "remanescentes de quilombos", não reproduz os critérios do direito civil sucessório, mas aponta como sujeitos de direito atores sociais cuja emergência étnica leva em conta territorialidades, memórias e sentimentos de justiça. Sendo assim, os quilombolas têm a percepção de que lhes foi legado o conjunto da fazenda do Morro Alto, e mesmo além. Esse território da memória não pôde ser desprezado, na medida em que encontra fundamento objetivo em um histórico de ocupação territorial durante o século XX por camponeses negros ao longo da extensão reivindicada. Em verdade, a comunidade ampara-se no testamento porque em diversas ocasiões ele foi um instrumento de defesa de seu território em face de investidas de expropriação (Barcellos et al., 2004; Chagas, 2005a).

Voltemos, no entanto, ao fim do século XIX. Entre os 24 ex-escravos beneficiários daquele legado — Theodoro, Nazário, Manuel, Puluca, Jacintha,

---

[77] Estudos recentes demonstram que a doações de terras a escravos não foram uma prática incomum no sistema escravista brasileiro. Ver Machado (1994), Slenes (1996) e Leite (2002).
[78] APERS, COA — Viamão, estante 24 e/c, caixa 030.0125, auto n. 108, inventário de Rosa Osório Marques, ano de 1888. Testamento anexo, f. 14v-15r.

Esperança, Eufrásia, Laura, Henriqueta, Romeu, Idalina, Carlota, *Maria*, Merêncio, Felício, Ambrósio, *Sebastião*, Fortunato, *Antônio*, *Isidoro*, *João*, *Tereza*, *Felisberta* e Maria Puluca —, os sete grifados em itálico foram "herdados" do irmão Thomaz.[79] Os demais foram herdados por dona Rosa Osório Marques por ocasião da elaboração do inventário de seu marido, Ponciano Nunes da Silveira, entre 1867 e 1868,[80] à exceção de Nazário e Carlota, possivelmente adquiridos ou nascidos depois.

Entre os ex-escravos legatários, 11 ainda se encontravam presos, pelo prazo de 18 meses, a cláusulas de prestação de serviços: Merêncio, Felício, Ambrósio, Romeu, Sebastião, Eufrásia, Esperança, Laura, Idalina, Maria e Carlota. Os valores por que se estimaram seus serviços foram, no caso dos homens, 50 mil-réis; e 30 mil-réis, no que toca às mulheres. Como bem assinalaram Barcellos e colaboradores (2004:91), tinha-se uma situação *sui generis*: os mesmos indivíduos constavam no título de herdeiros e tinham seus serviços avaliados no rol de bens da inventariada. Todavia, talvez percebendo o absurdo da situação, na realização da partilha os serviços dos ex-escravos — e herdeiros — não foram distribuídos entre os sobrinhos e sobrinhos-netos de Rosa Osório Marques.[81]

Não se pode atribuir de forma simplória, porém, à má-fé o fato de Tereza ter aparecido como forra na declaração dos bens de Thomaz Osório Marques, e posteriormente ter sido, novamente, libertada. Ou à estranha sobreposição da condição de herdeiros e contratados cujo trabalho foi avaliado no inventário de Rosa Osório Marques. Ou, ainda, ao ato falho presente no testamento desta última: "todos meus escravos, digo, ex-escravos e ex-escravas". Impossível saber se se trata de uma hesitação da testadora ou um erro do escrivão. Certo, contudo, é atribuir essa rasura à ambiguidade através da qual, de uma forma geral, aquela sociedade percebia o estatuto social daqueles que não eram mais escravos. Os estatutos sociais encontravam-se mesclados ou ambíguos diante da diversidade de situações decorrentes das leis abolicionistas (para alguns exemplos, ver Chalhoub, 1990 e 2003; Alaniz, 1997; Mendonça, 1999 e 2001; Papali, 2003; Mamigonian, 2005 e 2006; Grin-

---

[79] Não se sabe se a Maria que ele lhe legou é aquela designada apenas por esse nome ou Maria Puluca (por vezes mencionada como Maria Polucena, assim como Puluca por vezes aparece como Polucena).
[80] APERS, COA — Viamão, estante 24 e/c, caixa 030.0125, auto n. 108, inventário de Rosa Osório Marques, ano de 1888. Certidão do inventário de Ponciano Nunes da Silveira anexada aos autos.
[81] APERS, COA — Viamão, estante 24 e/c, caixa 030.0125, auto n. 108, inventário de Rosa Osório Marques, ano de 1888. Partilha — 89r-110r.

berg, 2006; Oliveira, 2006). Existiam "zonas amplas de incerteza social sobre as fronteiras entre escravidão e liberdade na sociedade brasileira oitocentista", como diz Sidney Chalhoub (2012:233). Liberdade e escravidão mesclam-se ainda na memória familiar.

## Felisberta, a "escrava livre"

Conforme explicou a senhora Diva Inácia Marques Terra, sua avó Felisberta era uma "escrava livre".[82] Esta categoria parece-me central na compreensão da autopercepção dessa família e de sua representação do cativeiro. Por outro lado, o oximoro desafia a interpretação historiográfica, pois os termos são antinômicos e não passíveis de síntese ou conciliação. Pode uma escrava ser livre? Como se dá tal possibilidade? A depoente não se estava referindo à Lei do Ventre Livre, haja vista que sua avó nasceu muito antes.

Os leitores, espertos, deverão sugerir-me *perguntar* à entrevistada o que ela quis dizer com uma expressão capaz de causar tanto estranhamento a um historiador e aos leitores. Efetivamente, eu o fiz. Quando as categorias nativas não se fazem suficientemente claras, nada mais recomendável do que buscar explicações entre os próprios entrevistados. A condição de "escravo livre" era, antes de tudo, decorrente de uma escolha por parte dos senhores. Era característica também do período final da escravidão. Sua avó foi selecionada entre os escravos para aprender afazeres domésticos com a senhora:

> Diva Inácia Marques — Tinham. Aquelas que elas escolhiam. Porque era escolhido. A minha vó, ela já tava uma escrava livre, ela ficava mais junto com a senhora, como diziam eles, conversando, fazendo tricô, fazendo crochê, aprendendo a conversar. A minha vó. A minha vó já era escrava livre, [...] Ela fazia crochê muito bem, e tudo muito bem feito, tricô, e costurava na máquina, que elas tinham máquina de costura, então ela já era escrava livre. Chegava uma visita, ela já vinha pra cá pra rece... ela já chamava pra receber a visita, já era diferente. O meu avô também já tava escravo livre, então pra

---

[82] Entrevista filmada com a senhora Diva Inácia Marques Terra, no dia 12 de março de 2010, em Osório (LABHOI — UFF).

eles quando terminou a escravidão foi que ele, tava terminando a escravidão foi quando eles nasceram.[83]

A condição de "escravo livre" significava, então, o aprendizado de uma especialização, a comunicação com a senhora, a possibilidade de "apresentar-se" diante de visitas. Dizia respeito, ainda, à isenção de punições físicas e ao acesso à mesa senhorial: "Aí eles tratariam melhor, botavam a mesa, sentava lá pra comer, comia, bebia, do que tinha, enchia o estômago e ia trabalhar".[84] A prima de Diva, a falecida senhora Ercília Marques da Rosa, não utilizou a categoria de "escrava livre", porém teve uma percepção similar da vida levada por sua avó.[85] Em contraste com outros escravos que apenas padeciam dos maus-tratos do cativeiro, sua avó usufruía do aprendizado de serviços domésticos, como bordar, tear, fazer crochê e tinha a possibilidade de lazer e de brincar.[86] Trata-se de subtrair aos seus ancestrais os estereótipos associados ao escravismo: falta de laços, castigos físicos, trabalho coletivo (Mattos, 1998:127). Trata-se de isentar a identidade familiar de estigmas e da desumanização do escravismo (ver adiante). Livre ou não, no entanto, uma escrava sempre era uma escrava. Barcellos e colaboradores (2004:94) registraram um relato segundo o qual a mesma avó, quando errava pontos de crochê, recebia da *sinhá* picadas no dedo com a agulha.[87]

Dedicar-se às atividades domésticas em contraste com aquelas do *eito* reproduz no meio rural a divisão constatada por Graham (1992) entre as criadas que se dedicavam às lides do interior da *casa* e àquelas que estavam empregadas nas *vis* atividades da *rua*. No entanto, da mesma maneira que nem todos os campeiros eram Manoel Inácio, não bastava ser costureira para ser uma "escrava livre". Das oito escravas presentes no inventário de Pascoal

---

[83] Entrevista filmada com a senhora Diva Inácia Marques Terra, no dia 12 de março de 2010, em Osório (LABHOI — UFF).
[84] Entrevista filmada com a senhora Diva Inácia Marques Terra, no dia 12 de março de 2010, em Osório (LABHOI — UFF).
[85] Ainda que apenas dona Diva Inácia tenha utilizado tal termo — ela o fez, porém, em diversas ocasiões —, ele parece traduzir uma concepção familiar de sua participação no ambiente do escravismo.
[86] Entrevista com a senhora Ercília Marques da Rosa e Wilson Marques da Rosa no dia 26 de agosto de 2001, na Prainha. Entrevista realizada por Cíntia Müller, Mariana Fernandes, Alessandro Gomes e Cíntia Rizzi.
[87] Essa narrativa é claramente contraditória com a avaliação de Rosa Osório Marques como uma senhora *boa*. Possivelmente tendo lido no livro de Morro Alto (Barcellos et al., 2004:94) a passagem que apresentava tal narrativa — relatada por sua prima -, dona Ercília, em certa ocasião (anterior ao campo realizado para o presente livro, quando já era falecida), disse-me algo do tipo: "se as boas eram assim, quem dirá as más…".

Osório Marques,[88] três tinham essa ocupação e uma fiava.[89] Já entre aquelas cinco arroladas no documento de Thomaz Osório Marques,[90] quatro costuravam, e a outra era criança. Finalmente, na relação referente a Firmiano José Luiz Osório havia oito escravas.[91] Delas, três costuravam, uma cozinhava, uma engomava, uma lavava, havendo ainda duas crianças. A costura não era, pois, uma atividade tão excepcional assim na fazenda do Morro Alto.

Segundo a senhora Diva, a condição de "escrava livre" resultava de uma *escolha senhorial*. Essa escolha, no entanto, não parece ter sido arbitrária. Se ser costureira não era necessário nem suficiente para a condição descrita pela entrevistada, certamente outros fatores estavam em jogo. Felisberta era filha de Ramão e neta de Inácia, dois cativos (depois, ex-cativos) bastante prestigiados na escravaria de Morro Alto. Além de ser prima, constituíra casal com Manoel Inácio — descrito, ele também, como "escravo livre".

A categoria de "escravo livre" parece aplicar, ao período da escravidão, uma percepção subjacente a todas as narrativas familiares. Os descendentes de Felisberta parecem entender sua família como *especial*, como *diferenciada* perante as demais. Em nenhum momento a distintividade pretendida ofusca a identidade negra. Pelo contrário, é de um lugar de negros que se fala, e é a partir dessa negritude que se constroem diferenciações.

São comuns falas como a de que seu "avô era um marceneiro fino, daqueles que faziam uma mesa, fazia tudo sem pregado, só no encaixe".[92] "Ele era o mais velho da família. Ele era o mais velho dos escravos".[93] Manoel Inácio Marques trabalhava em Cima da Serra, onde possuía gado.[94] Manoel Inácio Marques tinha muito dinheiro, era rico, expressam por sua vez seus irmãos, Aurora Inácia Marques da Silva e Manoel Inácio Marques Neto.[95]

---

[88] APERS, COA — CA, estante 159, caixa 026.0360, auto n. 839, inventário de Pascoal Osório Marques, ano de 1884.
[89] As demais eram engomadeiras ou lavadeiras, além de uma menina.
[90] APERS, COA — CA, estante 159, caixa 027.0338, auto n. 883, inventário de Thomaz Osório Marques, ano de 1885.
[91] APERS, COA — CA, estante 159, caixa 027.0338, auto n. 883, inventário de Thomaz Osório Marques, ano de 1885.
[92] Entrevista com a senhora Diva Inácia Marques Terra, no dia 23 de janeiro de 2009, em Osório (LABHOI — UFF).
[93] Entrevista com a senhora Diva Inácia Marques Terra, no dia 16 de janeiro de 2010, em Osório (LABHOI — UFF).
[94] Entrevista filmada com a senhora Diva Inácia Marques Terra, no dia 12 de março de 2010, em Osório (LABHOI — UFF).
[95] Entrevista com a senhora Aurora Inácia Marques da Silva no dia 9 de janeiro de 2009 em Osório (LABHOI — UFF). Entrevista com o senhor Manoel Inácio Marques Neto, no dia 9 de janeiro de 2009, em Osório (LABHOI — UFF).

Através dessas afirmativas, apresenta-se o caráter diferenciado que se procura construir, através da trama de alianças com a família senhorial e a recordação de um estatuto socioeconômico digno de consideração.

## O que significa ser escravo para os descendentes de escravos?

Manoel Inácio é lembrado como alguém que tinha dinheiro e era bem de vida. Provavelmente essa é uma situação específica da vida que seguiu após a alforria. De uma forma geral, a condição escrava é associada pelos entrevistados à ausência de posses, mais do que a critérios racializados (como veremos no primeiro interlúdio de racialização, é frequente entre os entrevistados a percepção de que brancos podiam ser escravos) ou ao estatuto sociojurídico. Boa parte das características associadas à escravidão apareceu repetidas vezes em entrevistas diferentes, mesmo com o passar do tempo. Algumas perpassam a percepção de diversos informantes, demonstrando tratar-se de uma representação recorrente e coletiva do grupo estudado. Em entrevistas realizadas com diversas pessoas ao mesmo tempo, tais camadas profundas de memória sobrepuseram-se e/ou dialogaram.

Se a "raça" e o estatuto sociojurídico não foram sublinhados como característicos da condição escrava, a classe social — entendida como um lugar específico em uma relação socioprodutiva — eventualmente o foi, posto que de forma parcial. Para me aproximar das suas concepções a respeito daquilo que fazia de alguém um escravo, adotei como estratégia perguntar às senhoras Aurora, Diva e Eva o que diferenciava os ancestrais que viveram o cativeiro daqueles que não o fizeram.

É sintomático que em nenhum momento tenha sido lembrado que os escravos eram propriedade de seus senhores, mercadorias, homens pertencentes a outros homens. A ausência de posses e bens, todavia, foi sublinhada de forma enfática por Eva Marques Correia. A consequência? A consequência era o trabalho para os senhores: "Pois eu acho que era trabalhar pra eles, né. E que eles não tinham nada".[96] Sua prima, Aurora, tinha uma avó, Amélia,

---

[96] Entrevista filmada com a senhora Eva Marques Correia, no dia 12 de março de 2010, no Caconde (LABHOI — UFF).

que, ao contrário de Felisberta, não foi cativa.[97] A condição livre é associada a um pequeno conforto, diferencial em relação à ausência do mesmo por parte dos escravos: "Porque eu não sei como é que a minha vó foi criada com a mãe dela, né. Já a... a... A mãe da minha vó tinha algum confortinho, né. E deu pra... pra criar a família".[98]

Essas categorias, contudo, remetem à propriedade e à renda, e não exatamente a um lugar estrutural nas relações produtivas. Algumas falas, no entanto, são surpreendentemente convergentes com conclusões da bibliografia mais recente a respeito da escravidão. Os estudos de Rios (1990), Machado (1994), Wissenbach (1998), Mattos (1998) e Andrews (1998) procuraram demonstrar que não existia uma aversão ao trabalho *em si*. Mattos de Castro (1987:106), Scott (1991), Holt (1992 e 2005) e Guedes (2008) qualificaram essa constatação ao destacar que o que era considerado verdadeiramente degradante era o *trabalho para outrem*. Tais observações convergem com a análise de Machado (1994) e Mattos (1998), para quem o conceito de liberdade para aquele grupo social era contrastante com o cativeiro.

Em entrevista que filmei com a falecida senhora Eva Marques Correia, no dia 12 de março de 2010,[99] essa percepção é bastante presente. Como veremos no capítulo 3, sua narrativa da própria vida é de alguém que, junto com seu marido, nada possuía no momento do casamento e, graças ao esforço, logrou adquirir terras e estabelecer-se como produtora de farinha, e é desse lugar que ela fala e avalia a condição de seus ancestrais escravos.

O progresso familiar é sempre associado ao valor do trabalho *para si*. Ela afirma, com orgulho, que *não trabalhou* após se casar. Esse *não trabalho*, contudo, é o trabalho *para outras pessoas*, o trabalho *empregado*. Dedicou-se apenas à roça e ao lar. "Não, eu *nunca trabalhei depois que me casei*, não. Nunca. Criei meus filhos tudo, minha mãe parava comigo. Ainda criei três adotivos.

---

[97] Segundo as fontes eclesiásticas, Amélia nasceu em 5 de setembro de 1875, filha da escrava Vitalina, pertencente a Manoel Antônio Marques. Era, portanto, uma *cria de ventre livre*. IJCSUD — CHF, Mcf. 1391101, It. 6, livro de filhos livres de mães escravas de Conceição do Arroio. Para a análise da memória de Aurora Inácia Marques da Silva, contudo, tal informação é irrelevante: essas condições do nascimento da avó materna são-lhe desconhecidas — perderam-se no mar da memória familiar — e não influenciam na comparação por ela desenvolvida entre Amélia e Felisberta, que aqui pretendo averiguar.
[98] Entrevista filmada com a senhora Aurora Inácia Marques da Silva, no dia 13 de março de 2010, em Osório (LABHOI — UFF).
[99] Entrevista filmada com a senhora Eva Marques Correia, no dia 12 de março de 2010, no Caconde (LABHOI — UFF).

Graças a Deus. *Trabalhava, a gente trabalhava, tá certo, em casa, na roça, fazia, ajudava na farinhada e tudo, mas empregado, não*"[100] (grifos meus). O fato de nunca ter trabalhado para os fazendeiros é um fator de orgulho familiar, como se depreende da entrevista de Edite Maria da Rosa, prima de Eva.[101]

Para a última, o trabalho que os escravos desempenhavam *para outrem* é umbilicalmente associado à ausência de posses. "[Eleva tom de voz] Ah, na vida, na vida deles quando eles foram escravos não tinham nada. Pois eles faziam só pros patrões".[102] Existe, hoje, vasta discussão sobre o fato de que parte dos escravos cultivava roças próprias dentro das fazendas escravistas (Cardoso, 1987; Machado, 1987; Schwartz, 1988; Reis e Silva, 1989; Guimarães, 2009). Existem frutíferos debates acerca de se tal fenômeno tratava-se de uma "brecha", se ocupava um lugar estrutural no regime escravista ou se fazia parte da resistência escrava. Esses aspectos, entretanto, não se encontram presentes na memória das pessoas que entrevistei acerca do passado escravista. Esse tempo é lembrado, fundamentalmente, como um período em que se trabalhava para outros, em contraste com o presente.

Para além da discussão de relações de trabalho, vemos, em segundo lugar, uma miríade de outros aspectos lembrados como definidores da condição cativa. A necessidade de obedecer a ordens senhoriais, a ausência do governo de si, a submissão às determinações de outrem aparecem nos seus discursos. A essa situação estão associadas limitações para o deslocamento espacial autônomo:

> Aurora — A diferença é que ser escravo é mesmo de que... a pessoa ser mandada que nem criança. [...] Que nem criança. Agora tu vai fazer isso, agora tu vai fazer aquilo, agora tu vai fazer aquele outro. Todos os dias era aquela lição. [...] Não [balança a cabeça negativamente], não tem governo. Pois se eu vou sair agora, eu vou a Porto Alegre, eu vou a Osório, não tem saída pra lugar nenhum. É ali.[103]

---

[100] Entrevista filmada com a senhora Eva Marques Correia, no dia 12 de março de 2010, no Caconde (LABHOI — UFF).
[101] Entrevista com a senhora Edite Maria da Rosa, no dia 10 de junho de 2010, no Ribeirão do Morro Alto (LABHOI — UFF).
[102] Entrevista filmada com a senhora Eva Marques Correia, no dia 12 de março de 2010, no Caconde (LABHOI — UFF).
[103] Entrevista filmada com a senhora Aurora Inácia Marques da Silva, no dia 13 de março de 2010, em Osório (LABHOI — UFF).

Finalmente, a experiência do cativeiro é percebida como uma situação de degradação humana. Barcellos e colaboradores (2004:359-370) e Chagas (2005a:171-180) já haviam sublinhado que o *"tempo do cativeiro"* era definido em Morro Alto pela ausência de direitos, submissão aos castigos físicos, humilhações e mesmo à percepção de *animalização* daqueles que o padeciam. Algumas entrevistas realizadas sustentam aquelas apreciações. As senhoras Diva, Eva e os filhos da última associam claramente a realidade escravista às punições físicas.[104] Diva também relata que, à exceção dos *escravos livres*, os cativos não podiam se sentar à mesa, devendo comer em gamelas.[105] O casamento seria ainda um direito inacessível aos cativos, o que seria explicativo do fato de Manoel Inácio e Felisberta nunca terem realizado tal sacramento.[106] Para concluir, a fala de Diva é impactante no sentido de verificar até que ponto a experiência cativa representou, para aqueles que a viveram e seus descendentes, uma realidade de brutalização e um tratamento redutor à condição animal.

Diva — Ah, porque o que é escravo, o que não é escravo é gente. E o que é escravo não é gente.

Rodrigo — Quem é escravo não é gente?

Diva — [balança a cabeça negativamente]

Rodrigo — É o que?

Diva — [sacode os ombros] É corpo de gente, figura de bicho.

Rodrigo — Corpo de gente, figura de bicho.

Diva — [balança a cabeça, concordando]

Rodrigo — Por que, dona Diva? Dá um exemplo.

Diva — Porque assim. Eles tratam os escravos que nem bicho. Por isso aquele corpo de gente, figura de gente. De bicho.[107]

Como os descendentes de escravos, portanto, gerem a lembrança de uma situação histórica assim radicalmente brutal e desumanizadora?

---
[104] Entrevista filmada com a senhora Diva Inácia Marques Terra, no dia 12 de março de 2010, em Osório (LABHOI — UFF). Entrevista com Arli Marques Correia e Maria Marques Correia Mendes, no dia 19 de novembro de 2010, no Caconde (LABHOI — UFF).
[105] Entrevista filmada com a senhora Diva Inácia Marques Terra, no dia 12 de março de 2010, em Osório (LABHOI — UFF).
[106] Entrevista realizada com a senhora Aurora Inácia Marques da Silva, senhor Celso Rodrigues Terra e a senhora Diva Inácia Marques, no dia 28 de novembro de 2001, em Osório. Entrevista filmada com dona Diva Inácia Marques Terra, no dia 12 de março de 2010, em Osório.
[107] Entrevista filmada com a senhora Diva Inácia Marques Terra, no dia 12 de março de 2010, em Osório (LABHOI — UFF).

## Prenomes e pronomes: o nominável e o inominável na experiência escrava

Em sua análise de entrevistas realizadas com sobreviventes da experiência extrema dos campos de concentração, Michael Pollak (2000:238-244) realizou frutífero exame dos pronomes pessoais empregados nas narrativas, uma vez que "A análise dos pronomes pessoais nos permite constatar o grau de distância e/ou de alienação que sente a pessoa em uma dada situação"[108] (Pollak, 2000:243). Resumidamente, o autor observou o emprego da primeira pessoa do singular — *je* — como uma forma de autoidentificação pessoal presente em todas narrativas biográficas; a primeira pessoa do plural — *nous* — aparece nas suas entrevistas como signo de um pertencimento coletivo (nacional, familiar etc.), mas ao qual se conferia uma capacidade coletiva (presumida ou real) de ação e controle sobre a realidade.

A terceira pessoa do singular — *on*[109] —, por seu turno, foi empregada em contextos que denotam a *impotência* por parte de uma coletividade. Segundo assinala o autor, a terceira pessoa é considerada uma não pessoa pelos linguistas (Benveniste, apud Pollak, 2000:239). Remete a situações e estruturas, e não a indivíduos identificáveis. Finalmente, o emprego da terceira pessoa do plural — *ils* ou *elles* — representa um afastamento suplementar do coletivo designado. Em suma, a análise pronominal representa um papel-chave no estudo do autor acerca da gestão do *indizível*, da experiência concentracionária por parte dos entrevistados.

Realizando alguns cuidados na transposição de metodologia referente à análise de experiências *vividas* àquelas *lembradas* por meio da oralidade e da tradição familiar, creio que a abordagem empregada por Pollak na análise de suas entrevistas pode ser inspiradora, desde que devidamente adaptada ao estudo das representações do passado escravista por parte de descendentes de cativos. Em comum, ambas as experiências históricas foram vividas e lembradas como tendo implicado em um sofrimento extremo, em uma desumanização dos sujeitos, com aspectos também *indizí-*

---

[108] Tradução minha.
[109] O *on* francês expressa, na terceira pessoa do singular, uma ideia de pluralidade — algo como o "a gente" em português — mas também um signo de impessoalidade: *on sait* pode significar *sabe-se*; *on a fait*, *fez-se* etc.

veis.[110] Como gerir, portanto, o *indizível* do cativeiro? Obviamente, por não terem sido vividas pelos narradores, as histórias do cativeiro nunca aparecem na primeira pessoa, quer do plural, quer do singular. Sempre são narradas na terceira pessoa, mas o grau de distanciamento é estabelecido pela nomeação ou não dos sujeitos que a viveram. Em outros termos, algumas experiências são narradas com *prenomes*; outras, com *pronomes*.

O insuportável contido nos castigos físicos nunca é esquecido; porém, não é associado diretamente a algum familiar do locutor, ou mesmo a algum sujeito nomeado. É realmente muito raro que se diga "meu avô apanhou, a fulana foi pro tronco": quer por desejar afastar tal experiência negativa da memória familiar, quer por procurar erigir o caráter de sua família para além de uma realidade de vitimização, ou ainda por associar a existência subjetiva a aspectos positivos. Segundo Hebe Mattos: "são a força e a importância das relações primárias (pai, mãe, filhos) que mais se evidenciam nas narrativas, marcando a originalidade e a humanização dos antepassados do entrevistado face à animalização genérica que estrutura a memória coletiva sobre os significados da escravidão" (Mattos, 2005a:89). O castigo físico, portanto, é um aspecto *inominável* da realidade escravista:

Eva — É, diziam que *eles* apanhavam muito.
Maria — É, surravam e ainda botavam sentado no formigueiro.
Rodrigo — Isso contaram pra ti?
Maria — É, o pai contava, ele que contava.
Eva — É, *eles* tinha *os negos*, aí eles diz que chegou, aí tinha um, me perdoe Deus, diz que era muito malvado. Bernardino Coelho era tio da minha mãe. Aí diz que um dia ele foi na casa dos outros, "vai lá, pega *aquele nego* e sova bastante, dá uma sova, depois bota no tronco e sova mais". Aí diz que chegavam aqueles [lanho?] assim e aí ele disse "vai lá e vê um formigueiro daquele miudinho e bota *ele* sentado nele".
Rodrigo — Que horror.
Eva — Bota *ele* sentado no formigueiro, aí o tio Bernardino, ele sempre andava com um bastãozinho... ele tinha uma [?] numa perna, andava assim. Aí

---

[110] Tais reflexões inspiram-se no trabalho de Gilroy (2001), que assinala que o terror representado pela experiência do cativeiro faz dela um aspecto difícil de ser lembrado e impossível de ser esquecido. Para seguir essa discussão, ver capítulo 4.

ele disse que andava com aquele bastão e disse assim, eles disseram, o patrão velho disse "bota lá no formigueiro", ele disse "puta diabo!", levantou, diz que levantou o bastão assim "puta diabo!", com o perdão da palavra. "Não mesmo. Então mata *o nego* de uma vez. Se é pra botar no formigueiro assim mata *o nego* de uma vez. Mata!" Aí diz que ele ficou [?] e aí mandaram soltar.

Maria — É, porque não obedeciam ninguém os que mandavam, né.

Eva — Sim, não podia dizer que não. *Aqueles* que eram escravos também já estavam arriscando a vida, né. Tinha que ir. Mas era uma judiaria aquilo, né. *Eles* passavam muito trabalho no tempo dos escravos, né[111] [grifos meus].

Ercília — É, minha avó Felisberta, Severina Felisberta. Então a minha avó contava... Tinham lazer, podiam brincar. A sinhá não se importava. Tem outros que não, que *o negro* só apanhava, ia pro castigo[112] [grifo meu].

Quando se contava com possibilidades de existência humana, de experiências mais positivas dentro da cruel realidade do cativeiro, trata-se da avó — Felisberta, como visto, representada como *escrava livre*. Os demais, que padeciam das piores agruras do cativeiro, são genericamente denominados de "eles" ou "o negro". Com isso, não pretendo postular que alguns necessariamente tenham sido poupados de punições físicas. Pelo contrário, meu argumento é que tais experiências não são admissíveis, não são dizíveis a não ser através de uma referência genérica e pronominal à terceira pessoa.

Quando solicitados a enumerar quais moradores de Morro Alto, que os narradores conheceram durante a infância, haviam sido escravos, novamente há uma referência genérica. A nomeação específica é de grande dificuldade:

Rodrigo — E quem mais que era escravo lá no Morro Alto?

Eva — Ah, mas lá tinha muito. Você nunca foi lá no dia da reunião dos escravos?

Rodrigo — Eu já fui.

---

[111] Entrevista com Arli Marques Correia e Maria Marques Correia Mendes, no dia 19 de novembro de 2010, no Caconde (LABHOI — UFF).
[112] Entrevista com a senhora Ercília Marques da Rosa e Wilson Marques da Rosa, no dia 26 de agosto de 2001, na Prainha. Entrevista realizada por Cíntia Müller, Mariana Fernandes, Alessandro Gomes e Cíntia Rizzi.

Eva — É, tinha gente né. Aquilo tudo é filho, filho, neto. É, filho eu acho que nem tinha, era neto, neto, bisneto. Eu fui umas quatro vezes, depois não fui mais.[113]

Não é a condição de descendentes de determinados escravos que explica a participação em uma mobilização comunitária étnica. Pelo contrário, é a remissão ao período do cativeiro que decorre desse movimento. Os nomes dos cativos, contudo, raramente são mencionados. Fui persistente, contudo, e consegui arrancar de Eva algumas especificações.

Eva — Eu só sei do meu avô, e a minha vó, e o, e ali os Romão, que eram primos da mãe, a gente da tia Tereza. É, os mais velhos, que a gente sabia. Agora o resto... A tia Olina, a tia Eufrásia. O resto a gente não sabe, né.[114]

O avô Merêncio, a avó Felisberta, a tia Tereza, a tia Eufrásia, a tia Olina, o velho Ramão. Se os leitores consultarem a listagem dos escravos legatários do testamento de Rosa Osório Marques, perceberão que os quatro primeiros constam como seus herdeiros. Os demais eram seus familiares: Olina era filha de Eufrásia, e Ramão — já mencionado neste capítulo — pai de Tereza e Felisberta, conforme recorrentes narrativas entre os moradores da região. Embora Ramão não conste no testamento, alguns moradores da região tinham a impressão de que sim.[115]

Efetivamente, há uma associação muito direta por parte dos entrevistados entre a condição cativa e a condição de herdeiro de Rosa. Em outras palavras, no discurso dessa família, há uma sobreposição entre "ser herdeiro de Rosa", "ser escravo" e "ter direito a terras": "Aí eles ganharam tudo. Aí eles já ganharam aquilo tudo ali. E o que ali onde o Manoel Alípio[116] tá, aquilo ali

---

[113] Entrevista filmada com a senhora Eva Marques Correia, no dia 12 de março de 2010, no Caconde (LABHOI — UFF).
[114] Entrevista filmada com a senhora Eva Marques Correia, no dia 12 de março de 2010, no Caconde (LABHOI — UFF).
[115] É o caso da falecida senhora Aurora Conceição da Silveira, filha do ex-escravo Merêncio — e tia-avó da Aurora que entrevistei. Entrevista com Manuel Francisco Antônio, Guilherme Francisco Antônio, Aurora Conceição da Silveira, Manoel Conceição da Silveira e Maria Conceição da Silveira, no dia 13 de setembro de 2001. Entrevista realizada por Paulo Moreira e Miriam de Fátima Chagas.
[116] Manoel Alípio é um neto do ex-escravo Merêncio, também legatário de Rosa. Filho da senhora Aurora mencionada na nota anterior, Manoel Alípio é proprietário de uma borracharia no entroncamento das estradas BR-101 e RS-407.

é tudo *dos escravos*".[117] Em quase todas as ocasiões em que escravos foram nomeados, tratam-se de herdeiros do testamento de Rosa ou seus familiares.

Ao longo do século XX, as famílias descendentes de escravos do testamento de Rosa Osório Marques foram aquelas que conservaram de forma mais presente a memória do cativeiro. Da mesma maneira, são aquelas que foram identificadas por seus netos como cativos. Isso não é gratuito: diante dos horrores associados ao cativeiro, as famílias mencionadas puderam encontrar, ao menos, um referencial positivo: a condição de herdeiras de terras. Em outros termos, encontraram possibilidades de vivenciar a memória da escravidão através de *prenomes*, e não apenas de *pronomes*. O testamento de Rosa representa uma possibilidade *nominável* de lembrança da realidade escravista.

Não pretendo postular que as demais famílias da região não tivessem memórias sobre o cativeiro. Não as entrevistei para o presente estudo, mas participei da pesquisa de Morro Alto e posso afirmar que elas também têm suas representações acerca da realidade escravista. Através da história oral, das intrincadas inter-relações entre as famílias da região, e ainda por meio de registros paroquiais de batismo, foi possível remontar seus vínculos genealógicos até o século XIX, até os tempos do cativeiro (Barcellos et al., 2004:424-452). Todavia, na maior parte dos casos, carecem do colorido, da precisão, da nitidez das descrições dos "herdeiros". Além disso, parecem ter sido recuperadas e acionadas em um momento mais recente, a partir da mobilização étnica de Morro Alto. "Nós somos descendentes de escravos, nós vamos recuperar muita coisa..." (Barcellos et al., 2004:5), dizia o falecido senhor Ildo Fortes dos Santos.[118]

Tais nuances da memória sobre a escravidão entre as famílias da região tem a ver ainda com as representações sobre a bondade e a maldade senhoriais. Rosa Osório Marques é percebida como uma senhora boa, que não desamparou seus cativos e procurou prepará-los para a vida em liberdade. Se as terras não lhes foram entregues, tal se deu em virtude da maldade de seus familiares (Barcellos et al., 2004; Chagas, 2005a). Proponho a hipótese de que tal percepção binária do caráter dos senhores repercutiu entre as demais famílias, netas e bisnetas de cativos de proprietários que não legaram terras

---

[117] Entrevista filmada com a senhora Diva Inácia Marques Terra, no dia 12 de março de 2010, em Osório (LABHOI — UFF).
[118] O senhor Ildo foi o primeiro vice-presidente da Associação de Moradores de Morro Alto.

aos escravos e que, portanto, seriam *maus*, não restando boas experiências do cativeiro a serem lembradas.

## Interlúdios de racialização I: Manoel branco, Manoel pardo, Felisberta preta

Manoel Inácio aparece, de uma forma geral, como *pardo* na documentação escravista do século XIX — registros de batismo, lista de matrículas, inventários. Existe sólida discussão historiográfica sobre os significados sociais dessa designação. Não cabe aqui realizar uma exaustiva revisão da bibliografia a respeito, apenas recorrer a alguns livros que possam nos oferecer balizas fundamentais para avaliar a experiência de racialização, tal como vivida por Manoel Inácio e Felisberta, tal como lembrada por seus descendentes.

Embora a discussão proposta por Gilberto Freyre em *Sobrados e Mocambos* careça de precisão — ele emprega indistintamente "mulatos", "mestiços", "pardos claros", "semibrancos", "quase brancos" —, o autor, na década de 1930, propugnou uma ideia de permeabilidade da sociedade brasileira face à ascensão desses sujeitos sociais. Para Freyre, as fronteiras raciais amenizar-se-iam perante o critério de classe. Isso permitiu-lhe afirmar que a mobilidade social "favoreceu entre nós *a ascensão* de mestiços, de mulatos, de homens de cor, à condição sociológica de brancos", ou ainda em qualidades e recursos plásticos dos mulatos "*em ascensão para branco*" (Freyre, 2006: 398 e 793. [original de 1936]. Grifos meus). Embora faça a ressalva de que tais transferências não se aplicavam para "pretos" (Freyre, 2006 [original de 1936]:498), sua abordagem foi posteriormente problematizada.

Muita tinta foi gasta na crítica a Freyre e seu excessivo otimismo em relação às relações raciais no Brasil. No entanto, a discussão por ele proposta foi seminal para os debates posteriores. Freyre intuiu uma passagem do cromático ao sociológico na avaliação de categorias de "cor", embora não tenha levado isso às últimas consequências, talvez pela imprecisão conceitual anteriormente apontada. Estudos recentes debruçaram-se sobre a denominação "pardo", procurando definir o seu lugar na sociedade colonial e imperial.

Viana (2007) dedicou um estudo às irmandades de pardos, dedicando-se à investigação do significado dessa categoria. A autora constatou que o termo se prestava a preencher espaços de indefinição nas hierarquias sociais da sociedade escravista, particularmente no que se refere aos homens livres de cor. Ele referia-se quer à mestiçagem, quer aos aspectos de ascensão social sublinhados por Freyre. Contudo, a autora destacou também a situacionalidade e a multiplicidade de significados assumidos pela categoria em questão.

Dialogando com vasta bibliografia, Roberto Guedes (2008:93-108) procurou sublinhar a "cor" como um lugar social, cujas categorias são historicamente construídas. Demonstrando com variadas fontes documentais que as mesmas pessoas "mudavam de cor", deduziu o seu papel como definidor de hierarquias, porém hierarquias fluidas. Tais mudanças resultaram de negociações entre os sujeitos sociais envolvidos no regime escravocrata. O autor esteve atento aos usos das categorias, evitando reificá-las. Retomando os argumentos de Mattos, que em breve apresentarei, a categoria "pardos" implicava em um distanciamento em relação à escravidão. Sendo assim, o autor substancializou empírica e teoricamente o argumento freyriano.

Silvia Lara assinalou a "flutuação de significados para palavras que apontam critérios classificatórios baseados na cor e na mestiçagem". Para a autora, que também encontrou situações de ambiguidade em que uma mesma pessoa era qualificada com "cores" distintas, as categorias eram operacionalizadas no sentido de estabelecer fronteiras entre o cativeiro e a liberdade no século XVIII (Lara, 2007:143-144).

Hebe Maria Mattos, por sua vez, questionou o uso sem problematizações da noção de "pardo". Em consonância com a argumentação central de seu livro, esse qualificativo foi visto como uma forma de aproximar-se de experiências de liberdade. À medida que essa categoria registrava "uma diferenciação social, variável conforme o caso, na condição mais geral de não branco", era um significante que "sintetizava, como nenhum outro, a conjunção entre classificação racial e social no mundo escravista" (Mattos, 1998:30).

Em estudos posteriores, a autora aprofundou essa discussão. Verificou-se que a categoria "pardo" possuía uma abrangência superior às de "mulato" ou "mestiço":

> "Pardo" foi inicialmente utilizado para designar a cor mais clara de alguns escravos, especialmente sinalizando para a ascendência europeia de alguns deles, mas ampliou sua significação quando se teve que dar conta de uma

crescente população para a qual não mais era cabível a classificação de "preto" ou de "crioulo", na medida em que estas tendiam a congelar socialmente a condição de escravo ou ex-escravo. A emergência de uma população livre de ascendência africana — não necessariamente mestiça, mas necessariamente dissociada, já por algumas gerações, da experiência mais direta do cativeiro — consolidou a categoria "pardo livre" como condição linguística necessária para expressar a nova realidade, sem que recaísse sobre ela o estigma da escravidão, mas também sem que se perdesse a memória dela e das restrições civis que implicava [Mattos, 2000:17; ver também Mattos, 2004:100].

Se aqui Mattos dissertou acerca do duplo papel da categoria "pardo" — afastar estigmas do cativeiro e manter determinadas restrições civis —, posteriormente ela veio a inscrever a análise das categorias de "cor" no estudo dos processos históricos de construção de identidades racializadas no Brasil. A autora preferiu definir tais identidades como "racializadas" em lugar de "raciais" por entender que "da perspectiva adotada neste livro, procurei evitar trabalhar com a noção de raça enquanto construção substantiva, preferindo utilizar o conceito de racialização" (Mattos, 2004:9). Com isso, a autora conclui pela subtração — algo que está presente desde *Das cores do silêncio*, embora não explicitado dessa maneira — das experiências de racialização ao biológico e ao cultural.

> O que propomos aqui, para concluir este ensaio, é um esforço de romper com a ênfase na mestiçagem, seja biológica ou cultural, para pensar as diferenças nas linguagens e nas práticas próprias aos processos de racialização, associados à expansão da escravidão atlântica [...]. Responder quando e por que estes fenômenos geraram determinados modelos de classificação e de identificação racial, e não outros, implica em deixar o terreno da biologia e da cultura e entrar no da política, entendida em sentido amplo [Mattos, 2004:248].

De toda a discussão apresentada, podemos depreender que o uso da categoria pardo para designar Manoel Inácio não resulta de sua composição cromática ou biológica. Supondo ser filho do senhor, não era pardo devido a seus genes, e sim ao lugar de poder em que era instalado no seio da escravaria dos Marques. Independentemente de tais considerações, já vimos que o dito escravo gozava, de qualquer forma, de um estatuto diferenciado. Os vestígios documentais apontam-no insistentemente como pardo. E — ainda mais — não se tornou pardo na vida em liberdade. Já o era enquanto cativo.

Como visto, os descendentes desse escravo têm consciência do estatuto diferenciado gozado por seus avós, traduzido através da noção de *escravos livres*. Porém, em uma curiosa inversão do argumento historiográfico, tal situação é justificada pela "cor" branca. Nas narrativas familiares, Manoel Inácio quase sempre aparece como *branco*.[119] Em lugar da ascensão social cumprir um papel de modificação da "cor", é ela que é apontada como suficiente para considerá-lo, *a priori*, branco. A "cor", portanto, é acionada como forma de justificativa do estatuto a ele atribuído e do fato de ele ter sido "bem-sucedido", "bem de vida".

Disso estão convictos seus netos. Em raras e máximas concessões, admite-se que ele era *nego branco*. "Decerto era branco com negro. Era tudo misturado... Feijão com arroz, como se diz aqui". Felisberta, porém, sempre lembrada como "bem pretinha", também é imaginada como filha de brancos, porque tinha o "cabelo bom". De uma forma mais geral, porém, nos jogos da memória, a representação da origem familiar é feita por um Manoel Inácio branco e uma Felisberta preta, que legou tal condição a seus descendentes.[120]

> Ele [o fazendeiro Manoel Machado, descendente dos Marques] chamava o meu pai se ele queria carnear. Qualquer coisa ele chamava o meu pai. O meu pai ia. A gente do meu pai era parente dele. Era parente dele. Eram brancos, mas era parente deles. Só que ele era filho de branco, e a mãe era preta. E nós somos tudo, da, da, da nossa família, *o mais moreno da nossa família toda é só nós. O resto tudo, porque que a minha vó era bem pretinha e o meu avô era branco*.[121]

---

[119] Entrevista realizada com a senhora Aurora Inácia Marques da Silva, senhor Celso Rodrigues Terra e a senhora Diva Inácia Marques, no dia 28 de novembro de 2001, em Osório. Entrevista com a senhora Diva Inácia Marques Terra, no dia 16 de janeiro de 2010, em Osório (LABHOI — UFF). Entrevista filmada com a senhora Diva Inácia Marques Terra, no dia 12 de março de 2010, em Osório (LABHOI — UFF). Entrevista com o senhor Manoel Inácio Marques Neto, no dia 9 de janeiro de 2009, em Osório (LABHOI — UFF).
[120] Inexistem evidências, escritas ou orais, acerca de uma possível ancestralidade indígena do ramo de Felisberta, ao contrário de outras famílias de Morro Alto.
[121] Entrevista filmada com dona Diva Inácia Marques Terra, no dia 12 de março de 2010, em Osório. Grifos meus (LABHOI — UFF).

Um neto de Pulquéria Felisberta (que, como veremos no capítulo seguinte, não era filha de Manoel Inácio) por mim entrevistado chegou a afirmar que sua bisavó Felisberta se casara com um *gringo*.[122]

Como se justificava, porém, a condição escrava de Manoel Inácio? Segundo a maior parte dos entrevistados, a escravidão não se restringia aos negros. Brancos podiam ser escravos.[123] A única que apresentou objeção a essa perspectiva foi a senhora Eva Marques Correia, que associou a instituição escravista à questão racial e diferenciou escravos de livres a partir da "cor".[124] No mais das vezes, porém, Manoel Inácio era branco e era escravo a uma só vez. Essa situação foi explicada de duas maneiras.

Em primeiro lugar, pela pobreza, e aqui há uma tensão na memória familiar. Manoel Inácio é lembrado como "bem de vida", devido aos bens deixados aos sucessores e aos laços estabelecidos com a família Marques. Tal face do patriarca justifica a distintividade pretendida. Por outro lado, explica-se sua condição escrava por ser pobre.[125] "É branco, é pobre, é escravo. Na época. Não tinha direito de nada. Era escravo. Era igual aos negros".[126] Em sua formulação, Diva simplesmente inverte a argumentação freyriana. Em lugar da ascensão social "embranquecer" os mulatos durante o período pós-escravista, são o cativeiro e a pobreza que "enegrecem" os brancos no regime escravocrata: "Só que naquele tempo branco pobre, fosse branco e era pobre, era negro, né".[127] Negro, aqui, não representa um signo de orgulho étnico; pelo contrário, é um sinônimo de escravidão (ver quinto interlúdio de racialização).

Uma segunda explicação pode ser dada pelo ventre materno. Como afirmou Diva, "mas ele, ele foi nascido ali na senzala. Senzala do Morro Alto. Ele foi nascido de uma escrava, nem sei quem é a mãe dele. Era uma escrava. Era filho de rico. Mas os pais eram ricos, assumiam".[128]

---

[122] Entrevista com um neto de Pulquéria Felisberta, no dia 11 de fevereiro de 2009, em Porto Alegre.
[123] Entrevista com a senhora Severina Maria Francisca Dias, no dia 15 de outubro de 2010, em Osório (LABHOI — UFF).
[124] Entrevista filmada com a senhora Eva Marques Correia, no dia 12 de março de 2010, no Caconde (LABHOI — UFF).
[125] Entrevista realizada com a senhora Aurora Inácia Marques da Silva, senhor Celso Rodrigues Terra e a senhora Diva Inácia Marques, no dia 28 de novembro de 2001, em Osório. Entrevista com a senhora Diva Inácia Marques Terra, no dia 16 de janeiro de 2010, em Osório (LABHOI — UFF).
[126] Entrevista filmada com a senhora Diva Inácia Marques Terra, no dia 12 de março de 2010, em Osório (LABHOI — UFF).
[127] Entrevista com a senhora Diva Inácia Marques Terra, no dia 16 de janeiro de 2010, em Osório (LABHOI — UFF).
[128] Entrevista filmada com a senhora Diva Inácia Marques Terra, no dia 12 de março de 2010, em Osório (LABHOI — UFF).

Existe um evidente contraste entre um Manoel Inácio branco e uma Felisberta preta. Essa diferença sobrepõe racialização e gênero. O primeiro é representado como um homem ativo, cujo caráter empreendedor e alianças privilegiadas simbolizam a distintividade pretendida. É curioso que os entrevistados mais idosos falem muito mais de seu avô — que não conheceram — do que de sua avó, por quem sentiam imenso afeto. Aurora Inácia, Diva Inácia, Eva Inácia, Manoel Inácio Neto também me falaram muito mais de seu pai do que de sua mãe, Clara. Talvez acreditassem que os fatos "públicos" me interessassem mais do que os "privados". Manoel Inácio representa a inserção da família em questão nas atividades da *rua*.[129]

Por outro lado, é possível que esse destaque dado aos negócios represente uma forma de demonstrar que o grupo familiar não se reduziu à passividade e à vitimização associadas ao estereótipo do cativeiro. Nesse sentido, Manoel Inácio ocupa um lugar de "herói familiar", sendo esse um lugar marcadamente masculino. Tomo emprestada a Barcellos (1996) essa noção, constatada em seu estudo da ascensão social de famílias negras em Porto Alegre durante o século XX:

> O padrão de reconstrução da origem familiar, se de um lado preenche os vazios com hipóteses cujos indícios são vinculados à aparência, de outro lado, relega a um segundo plano o vazio de origem, passando a contar a história a partir daquilo que reproduz de forma mais aproximado o modelo genealógico, percebido por eles como uma sucessão de grupos nucleares que desemboca no seu próprio núcleo — como famílias que geram famílias.
> Quando não há essa possibilidade, *marcam* o início da trajetória com um personagem que ocupa o lugar de "herói familiar", *aquele que deu origem à família — aquela família que deu certo, aquela da qual faz parte o narrador e que é capaz de engendrar sua continuidade através de seu desdobramento nas famílias bem-sucedidas de seus filhos* [Barcellos, 1996:133. Grifos meus].

Felisberta, por sua vez, representa os vínculos familiares, a tradição, o doméstico. A *casa*. No mais das vezes foi definida como "bem pretinha".[130]

---

[129] O espaço público, representado pela *rua*, seria atualizado hoje em dia sob a forma da luta política do quilombo, ainda que a última conte também com importantes lideranças femininas.
[130] Entrevista realizada com dona Aurora Inácia Marques da Silva, senhor Celso Rodrigues Terra e dona Diva Inácia Marques, no dia 28 de novembro de 2001, em Osório; entrevista filmada com a senhora Diva Inácia Marques Terra, no dia 12 de março de 2010, em Osório (LABHOI — UFF);

Representava também, todavia, os encargos de responsabilidade assumidos na senzala dos Marques, uma vez que era responsável por cuidar dos filhos da *sinhá*.[131] Felisberta é uma "reserva de negritude" da família, e isso é indissociável da condição feminina. Ela evidencia a identidade negra que não se pretende perder de vista.

Felisberta é vista como lutadora, e isso é encarado como uma modalidade de resistência. "O valor das mulheres batalhadoras, que sem terem estudado "conseguem" o que precisam, as transforma em objeto de admiração e respeito na fala de seus filhos" (Barcellos, 1996:213). Na medida em que avança a luta comunitária étnica, na fala das lideranças, o lugar de Felisberta é realçado, em detrimento de Manoel Inácio. Tal não se deve apenas à sua situação de herdeira de Rosa Osório Marques, mas principalmente por ela representar o lugar de resistência — ter cuidado dos filhos — e a negritude do casal, em lugar das alianças verticais encarnadas em seu marido.

Wilson — A tia Bebeta [Felisberta] foi uma liderança, né.

Rodrigo –Mas se tu...

Marilda — E ela era muito forte...Eu conheci a dona Aurora, a dona Aurora do... a mãe do Manoel Alípio, né. Tu conheceu também, né?

Rodrigo — Eu conheci, conheci.

Marilda — E ela falava dela, né, da Bebeta.

Wilson — É tia Bebeta, chamava tia Bebeta.

Marilda — Tia Bebeta, ela falava da tia Bebeta.

Wilson — *Ela era muito forte. Eles fizeram muita resistência, né.*

[...]

Marilda — *Ela deve ter resistido, porque pra amparar os filhos*, né. Então tem essa história das terras que ela diz pro Wilson, entende, que ela diz pro Wilson, diz pra mãe que era a Rosalina e depois a dona Rosalina diz pro Wilson, pra ele ir atrás das terras, então quer dizer...

---

entrevista com a senhora Eva Marques Correia, no dia 14 de janeiro de 2009, no Caconde (LABHOI — UFF). Na lista de escravos anexa ao inventário de Thomaz Osório Marques, Felisberta também aparece como preta. APERS, COA — CA, estante 159, caixa 027.0338, auto n. 883, inventário de Thomaz Osório Marques, ano de 1883, f. 26.

[131] Entrevista realizada com dona Aurora Inácia Marques da Silva, senhor Celso Rodrigues Terra e dona Diva Inácia Marques, no dia 28 de novembro de 2001, em Osório; entrevista filmada com a senhora Aurora Inácia Marques da Silva, no dia 13 de março de 2010, em Osório (LABHOI — UFF); entrevista com o senhor Manoel Inácio Marques Neto, no dia 9 de janeiro de 2009, em Osório (LABHOI — UFF).

Wilson — Mas ela era escrava, né.[132]

Felisberta era autoridade em um ambiente doméstico e também era economicamente ativa, assim como as crianças, na medida em que as lides agrícolas davam-se no terreno familiar. Como veremos no capítulo seguinte, não foi secundarizada por seu filho na gestão dos negócios familiares após a morte do marido. Continuou, pois, mantendo o lembrado papel de *batalhadora*.

A união de um Manoel Inácio branco e de uma Felisberta pretinha funciona praticamente como um *mito de origem* da "*gente* da Felisberta", na conjunção entre racialização e gênero. Como qualquer mito, não apenas explica origens, mas opera até hoje, definindo e sintetizando como se pensa o grupo familiar em questão: distintividade pelo contato com brancos e orgulho negro; *rua* e *casa*; memória de laços com os senhores e memória da escravidão; alianças e tradição; vínculos verticais e solidariedades horizontais.

Convido, porém, os leitores a embarcarem comigo na análise de como as "cores" foram registradas em documentos policiais e judiciais. Se essa família rememora e constrói representações específicas das experiências de racialização, se elas remetem ao "tempo do cativeiro", se elas são, até mesmo, constituintes da memória familiar, não se pode esquecer que existia uma sociedade que a classificava, rotulava e atribuía gradações; isso dava-se, particularmente, em momentos de tensão social registrados em processos-crime. Mas isso é assunto para o próximo interlúdio.

---

[132] Entrevista com Wilson Marques da Rosa e Marilda Aparecida Souza da Rosa, no dia 20 de janeiro de 2010, em Capão da Canoa (LABHOI — UFF). Grifos meus.

# Capítulo 2

# GERAÇÃO DE CAMPONESES

> Fue esa la época en que adquirió el hábito de hablar a solas, paseándose por la casa sin hacer caso de nadie, mientras Úrsula y los niños se partían el espinazo en la huerta cuidando el plátano y la malanga, la yuca y el ñame, la ahuyama y la berenjena [Márquez, 2006:13].

O presente capítulo constitui uma análise da trajetória de Manoel Inácio, Felisberta e de seus filhos uma vez tendo sido extinto o cativeiro, no que chamo de "geração de camponeses". Verifico aspectos como o estabelecimento de um campesinato negro na região, mecanismos de sucessão, relações estabelecidas com antigos senhores e noções de justiça. Colocarei em diálogo documentos escritos, a memória de seus descendentes e a bibliografia pertinente sobre sociedades camponesas.

Como visto, a carta de alforria de Manoel Inácio Marques data de 1884, mas em registros de batismo anteriores àquele ano, figura como padrinho sem referências à condição escrava. Possivelmente tropeando gado entre os campos de Cima da Serra e o litoral e exercendo o ofício de carpinteiro, Manoel Inácio acumulou certo pecúlio.[133] Em agosto de 1890, adquiriu de Manoel Osório Marques, neto de Isabel Maria Osório, um terreno de 100 braças de extensão no lugar de nome Espraiado, pela quantia de 500 mil-réis.[134]

---

[133] Longe estamos da situação descrita por Lima (2005:308) a respeito dos libertos do Desterro, em que grande parte deles encontrou ocupações incertas, descontínuas e mal pagas, em uma situação social marcada pela precariedade. Sem generalizar tal condição ao conjunto do campesinato negro da região, a precariedade não parece ter sido, contudo, exatamente a tônica das condições de vida da "*gente* da Felisberta" no pós-Abolição, pois foram bem-sucedidos ao estabelecerem-se como camponeses.

[134] Recibo em poder de sua neta, Aurora Inácia Marques da Silva, em Osório. Ver fotografia e transcrição do documento adiante.

O *recibo*, título que formalizou a transação imobiliária pela qual Manoel Inácio comprou um terreno, é orgulhosamente guardado por sua neta. Ser dono de terras é um projeto camponês longevo, e sua conquista representava liberdade e autonomia no estabelecer modos e ritmos de trabalho, descanso, éticas familiares e soberania da unidade doméstica, além da tão desejada segurança no acesso à terra (Machado, 1994; Rios e Mattos, 2005; Rios e Mattos, 2007). Mattos de Castro observou que o trabalho para si estabelecia uma diferenciação em relação ao trabalho escravo, caracterizado pelo cultivo para outrem (Mattos de Castro, 1987:96).

Como veremos, a permanência de um campesinato negro na região longe esteve de ser atípica: o Morro Alto e arredores caracterizou-se, ao longo do século XX, por ser lembrado como uma área de territorialidade negra arraigada, apontado mesmo por Dante de Laytano, em 1945, como "habitat *com as verdadeiras características de um quilombo*" (Laytano, 1945:28. Grifos meus). A percepção pela sociedade envolvente da região do Morro Alto e da Prainha como um território etnicamente diferenciado precede, pois, em muito, a mobilização comunitária contemporânea. Conforme Paixão Côrtes: "A região é conhecida pelo nome de Morro Alto e Prainha, *tradicionais redutos de cultura afro*" (Côrtes, 1987:146. Grifos meus).

Porém, na tessitura desse território negro, não se encontram apenas as aquisições de terras — muitas vezes sem formalização escrita ou registro no cartório de imóveis —, mas também os casos de terras deixadas para se tomar conta, seja mediante autorização de fazendeiros, seja em face do abandono do território por eles, e ainda via doações de terras, formalizadas (ou não) por escrito — como é o caso do testamento de Rosa Osório Marques, filha de Isabel Maria Osório que doou terras para seus cativos (Barcellos et al., 2004:135-154). Isso também não foi uma exclusividade de Morro Alto. Mello (2012) demonstra como ex-escravos e descendentes adquiriram terras para se estabelecer no pós-Abolição na comunidade de Cambará. Em estudo anterior (Weimer, 2008a:253), cheguei até mesmo a sugerir que a devastação das terras sulinas após a Revolução Federalista tenha facilitado tais aquisições, a partir da depreciação do preço das terras.

Embora Felisberta fosse legatária do testamento de Rosa, e efetivamente outros herdeiros desse documento se tenham estabelecido no Morro Alto em terras doadas por aquela senhora escravista, a ex-escrava em questão seguiu para o Espraiado, acompanhando seu marido, segundo a prática patrilocal corrente na comunidade, através da qual a mulher estabelece-se no lugar de moradia de seu marido. Manoel Inácio, por sua vez, dirigiu-se àquela localidade porque sua mãe, junto com seu padrasto, o italiano Francisco Pastorino, e meio-irmãos já ali se haviam estabelecido.

**Gráfico genealógico 2.** Filhos de Angélica Inácia Isabel[135]

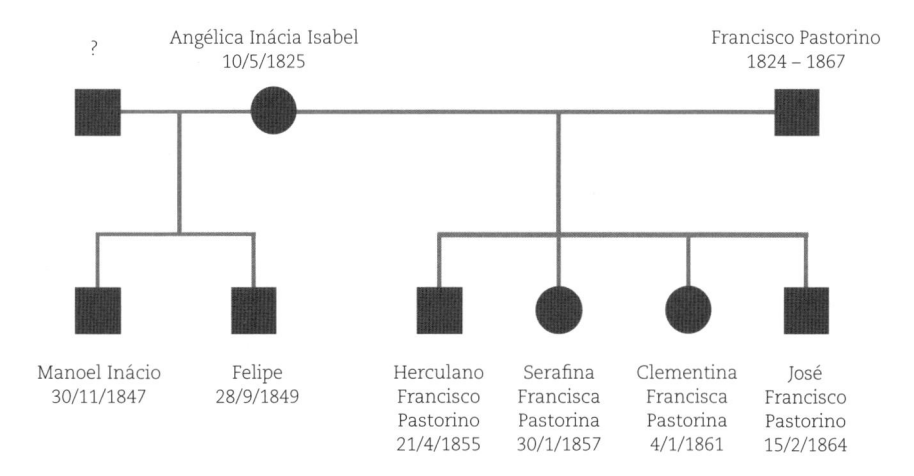

```
?                Angélica Inácia Isabel                    Francisco Pastorino
                      10/5/1825                                1824 – 1867
■────────────────────●──────────────────────────────────────────────■
        │                          │         │          │          │
        │                          │         │          │          │
       ■          ■               ■         ●          ●          ■
  Manoel Inácio  Felipe        Herculano  Serafina  Clementina    José
   30/11/1847  28/9/1849       Francisco  Francisca Francisca   Francisco
                               Pastorino  Pastorina Pastorina   Pastorino
                               21/4/1855  30/1/1857  4/1/1861   15/2/1864
```

Francisco Pastorino legou, em 1887, bens a seus filhos e a Angélica Inácia Isabel.[136] Ainda que em termos legais aquela união não se tenha formalizado, no momento de oferecer à viúva garantias jurídicas, o testador cercou-se de cuidados para lhe garantir o usufruto de seus bens. O tratamento, similar ao que seria dispensado a uma esposa legítima, indica que provavelmente a não formalização legal não impediu que funcionasse, na prática, como um casamento de fato.

No mesmo documento, o finado legitimou Herculano, Serafina, Clementina e José como filhos que tivera com Angélica.[137] O quarteto tinha, respectivamente, 29, 27, 23 e 21 anos quando faleceu seu pai; Serafina morreu em

---

[135] IJCSUD — CHF, Mcf. 1391101, It. 3, 4 e 5 (livros 1, 2 e 3 de escravos de Conceição do Arroio). Utilizou-se, bem como nos demais gráficos genealógicos deste livro, as datas de nascimento ou ano de nascimento e/ou morte conforme as informações disponíveis.
[136] APERS, CP — CA, estante 159, maço 2, auto n. 39, inventário e testamento de Francisco Pastorino, ano de 1887.
[137] Foram alforriados ainda crianças, no inventário de sua senhora, em 1867 (APERS, COA — CA, estante 159, caixa 026.0306, auto n. 99, inventário de Isabel Maria Osório, ano de 1867). Herculano tinha 10, Serafina, nove, Clementina, sete e José, três anos. Para os quatro, foram apresentadas as quantias pelas quais foram avaliados no inventário da senhora. Em se tratando de menores, provavelmente sua alforria foi bancada pelo pai biológico, que os reconheceu no momento de seu testamento. Isso é reforçado pelo fato de que seu meio-irmão Manoel Inácio não foi alforriado naquele momento. Vale lembrar que Clementina era afilhada de sua senhora.

novembro de 1887, de forma que seu quinhão coube a seu filho de nome José. Constam no rol de bens 840 metros e quatro decímetros no local denominado Espraiado, além de uma casa de palha e uma casa de engenho. Outros bens arrolados indicam que aquela família ali plantava e produzia farinha, contando com a mão de obra familiar: tinham um alambique, um forno e um tacho de cobre, um coxo, uma marquesa, uma mesa, um banco, um carro ferrado, cinco bois mansos, 20 reses de criar, dois cavalos mansos, três éguas xucras. Bens modestos, mas superiores ao que a maior parte dos ex-escravos da região conseguiu acumular.

Os familiares "italianos" de Manoel Inácio foram lembrados no que são explicativos das solidariedades familiares implicadas no estabelecimento no Espraiado. Esta família de "italianos", porém, aparecerá novamente nestas páginas somente no terceiro interlúdio de racialização, simplesmente porque os meio-irmãos de Manoel Inácio desapareceram da memória e dos circuitos sociais dos descendentes do último. Os "Pastorinos" não são lembrados como parentes. Tal afastamento define fronteiras étnicas e familiares e dá conta de critérios de pertencimento. Tratava-se, quer pela "cor", quer pela ancestralidade na península itálica, de "embranquecer", opção que, como veremos, nem sempre foi permitida.[138]

Parece-me estar aí ressaltado um aspecto que será relembrado: em determinado momento do século XX, a identidade "italiana" pela qual os Pastorinos parecem ter optado não se coadunava com a condição de elite negra da qual os descendentes de Felisberta nunca conseguiram — ou nunca quiseram — deixar de almejar. A adesão a essa identidade negra traduz-se na aceitação contemporânea do encaminhamento de suas demandas políticas através da identificação como quilombolas.

Essa recapitulação do estabelecimento da família de seu padrasto no Espraiado tem como objetivo demonstrar que a escolha daquela localidade para estabelecer-se não foi obra do acaso. Antes, obedeceu a imperativos claramente afetivos: tratava-se de permanecer próximo às terras dos irmãos

---

[138] A prole de José Francisco Pastorino tomou rumo diferente daquela de Herculano e Clementina: enquanto os últimos perderam toda forma de contato e decidiram "embranquecer", os filhos do primeiro, com uma negra de Aguapés, Guilherma, "enegreceram" (Weimer, 2008b). Ainda assim, não são lembrados através de José, e sim da parentela de sua esposa. Já os filhos de Serafina "embranqueceram", mas persistiram tendo filhos com mulheres negras, sendo o parentesco também lembrado através destas. O avô materno de Aurora e Diva era filho dela, e, portanto, sobrinho de Manoel Inácio. Esta lembrança, contudo, perdeu-se, restando a consciência de que ele era "italiano".

e da velha mãe. Manoel Inácio já estava prestes a completar 43 anos quando comprou essas terras, vindo a falecer em 26 de julho de 1906, com 58 anos. Sua neta julga que seu avô preferiu ali se estabelecer, em detrimento das terras herdadas à senhora de sua esposa devido ao caráter incerto das últimas — cuja situação até hoje é reconhecida como indefinida.

> Rodrigo — E por que que ele comprou o terreno no Despraiado se a esposa, se a Felisberta tinha herança lá no Morro Alto?
> Aurora — Porque era uma herança ou sim ou não, né. E aquela...
> Rodrigo — Como era uma herança "sim ou não"?
> Aurora — Ah, porque [balança a cabeça negativamente], não tem papel, não tem nada, né? E ele era muito esperto, meu avô. Já fez o... comprou o terreno e fez a folha de partilha no escritório pros, pros filhos.
> Rodrigo — Porque era incerto.
> Aurora — É. Ali [no Espraiado] era uma coisa certa [...].[139]

Felisberta e Manoel Inácio tiveram 10 filhos; consegui localizar o registro de sete deles. Antes de constituírem família, Felisberta e Manoel Inácio tiveram filhos com outros parceiros. Em 2 de abril de 1874 a escrava Libânea, pertencente a Clara Marques da Silveira — prima do senhor de Manoel Inácio — deu à luz um menino chamado Belizário.[140] A paternidade do garoto nascido de "ventre livre" é atribuída a Manoel Inácio. Seus descendentes reconhecem os demais filhos de seu avô como tios e vice-versa.[141] Em 1º de março de 1881, nasceu Pulquéria, filha de Felisberta e de pai ignorado.[142] O casal reuniu-se entre 1881 e 1883, pois naquele ano nasceu Angélica, em 28 de novembro, a primeira menina lembrada como filha de ambos.[143]

---

[139] Entrevista filmada com a senhora Aurora Inácia Marques da Silva, no dia 13 de março de 2010, em Osório (LABHOI — UFF).
[140] IJCSUD — CHF, Mcf. 1391101, It. 6, livro de filhos livres de mães escravas de Conceição do Arroio, f. 26v, ano de 1874.
[141] Entrevista com dona Maria de Oliveira Caetano, no dia 23 de janeiro de 2009, em Osório (LABHOI — UFF); entrevista com dona Eva Marques Correia, no dia 14 de janeiro de 2009, no Caconde (LABHOI — UFF).
[142] IJCSUD — CHF, Mcf. 1391101, It. 6, livro de filhos livres de mães escravas de Conceição do Arroio, f. 79-79v, ano de 1881.
[143] IJCSUD — CHF, Mcf. 1391101, It. 6, livro de filhos livres de mães escravas de Conceição do Arroio, f. 97, ano de 1883.

Raquel, a próxima filha, nasceu livre, a 18 de fevereiro de 1886,[144] como Rosalina, de nascimento estimado em 1885;[145] Maria, nascida no dia 15 de janeiro de 1890;[146] Manoel, de 1º de novembro de 1894;[147] Mercedes, de 8 de dezembro de 1896;[148] Ladislau, de nascimento estimado em 1898;[149] e José, nascido depois de 1898 e falecido entre 1904 e 1906.[150]

**Gráfico genealógico 3.** Filhos de Felisberta e Manoel Inácio

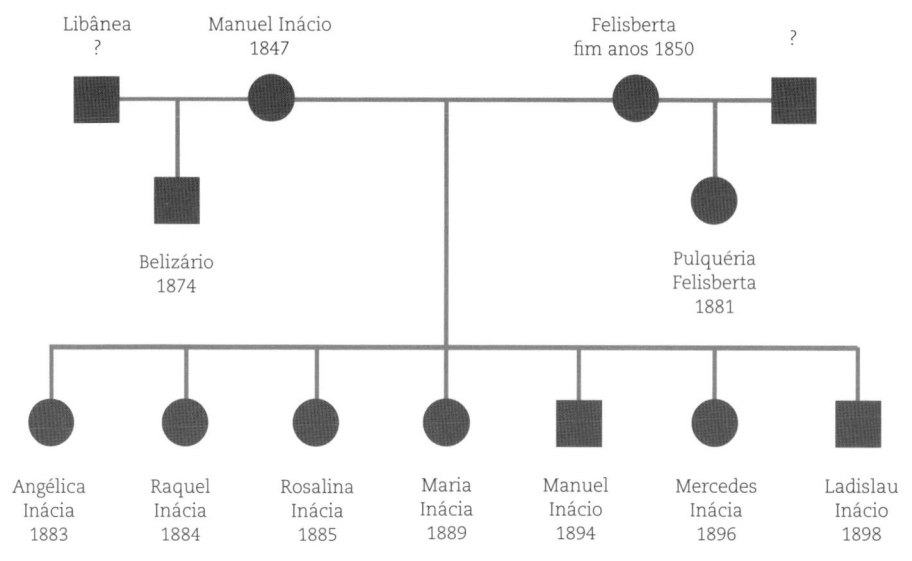

Fonte: Livros de registros de batismo de Conceição do Arroio (IJCSUD — CHF) e inventário de Manoel Inácio Marques (APERS, COA — CA, estante 159, caixa 027.0335, Auto n. 814, inventário de Manoel Inácio Osório Marques, ano de 1906).

---

[144] IJCSUD — CHF, Mcf. 1391100, It. 4, livro 13 de batismos de Conceição do Arroio, f. 88, ano de 1886. Felisberta deve-se ter emancipado por ocasião da grande leva de alforrias de meados dos anos 1880 no Rio Grande do Sul (a respeito, ver Moreira, 2003). No registro de batismo de Raquel, Felisberta é descrita como Felisberta Osório Marques.

[145] De acordo com o inventário de seu pai, nascida em 1885 (APERS, COA — CA, estante 159, caixa 027.0335, Auto n. 814, inventário de Manoel Inácio Osório Marques, ano de 1906). Embora o registro de batismo de Raquel aponte 1886 como data de nascimento e o inventário indique 1885 como nascimento de Rosalina, o título de herdeiros do inventário aponta Rosalina como *mais jovem* que Raquel. Creio que o ordenamento dos filhos no título de herdeiros seja um indicativo mais confiável que a idade estimada.

[146] IJCSUD — CHF, Mcf. 1391100, It. 6, livro 15 de batismos de Conceição do Arroio, f. 75, ano de 1890.

[147] IJCSUD — CHF, Mcf. 1391101, It. 1, livro 16 de batismos de Conceição do Arroio, f. 83, ano de 1894.

[148] IJCSUD — CHF, Mcf. 1391101, It. 2, livro 17 de batismos de Conceição do Arroio, f. 79, ano de 1896.

[149] APERS, COA — CA, estante 159, caixa 027.0335, Auto n. 814, inventário de Manoel Inácio Osório Marques, ano de 1906.

[150] APERS, COA — CA, estante 159, caixa 027.0335, Auto n. 814, inventário de Manoel Inácio Osório Marques, ano de 1906.

A família em questão nutre a convicção de que seu avô adquiriu, além do terreno no Espraiado, outro no Ramalhete, alegando carta escrita por Ana Osório Nunes, tomada como demonstrativa da posse. Manoel Inácio teria tido o intuito de partilhá-los entre os filhos arrolados — apenas aqueles a quem se reconhecia legitimidade, ou seja, os de ambos os pais —, mas sofreu um ataque cardíaco e perdeu a vida. Não teria havido, assim, possibilidade de repartir a tempo o segundo terreno, apenas o primeiro.[151] O registro documental acompanha o relato familiar no sentido de que o terreno do Espraiado efetivamente foi distribuído entre seus filhos, e o terreno do Ramalhete *perdido* porque não havia quem dele cuidasse[152] — ao menos, não foi registrado em inventário.

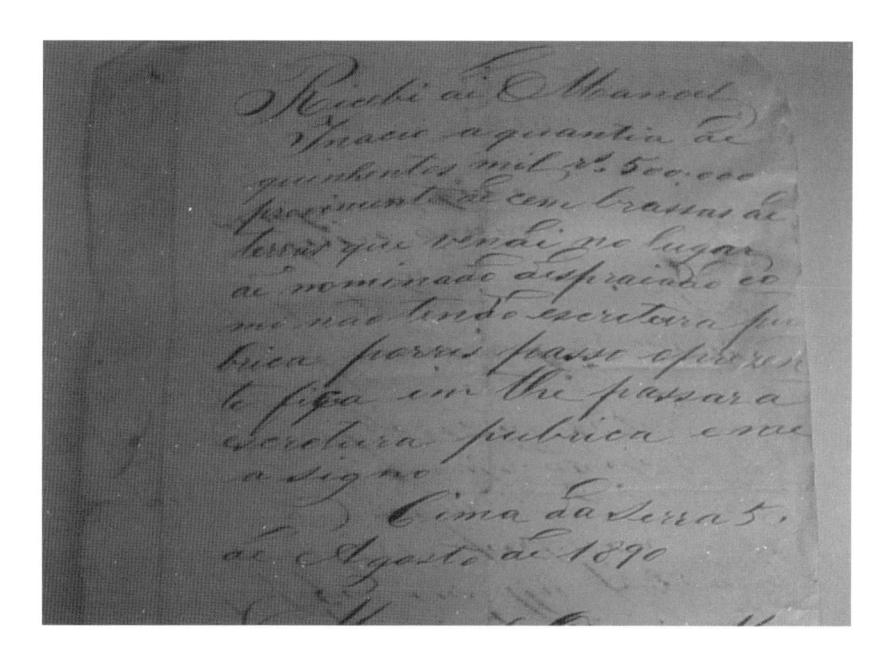

Recibo de aquisição das terras no Espraiado, em poder de Aurora Inácia Marques da Silva, neta de Manoel Inácio Osório Marques:
"Recebi de Manoel Inácio a quantia de quinhentos mil rs 500:000 proveniente de cem braças de terras que vendi no lugar denominado Despraiado como não tendo escritura pública por isso passo o presente fico em lhe passar a escritura pública e me assino. Cima da Serra, 5 de agosto de 1890. Manoel Osório Marques."

---

[151] Entrevista filmada com a senhora Aurora Inácia Marques da Silva, no dia 13 de março de 2010, em Osório (LABHOI — UFF).
[152] Entrevista com a senhora Diva Inácia Marques Terra no dia 23 de janeiro de 2009, em Osório (LABHOI — UFF).

## A herança de Manoel Inácio[153]

Pastorino deixara Angélica como usufrutuária de todos os seus bens, enquanto Manoel Inácio deixava Felisberta formalmente sem nada. Está consolidado na memória familiar que seu avô havia adquirido o terreno do Espraiado para os filhos e o do Ramalhete para sua labuta. Sendo assim, o terreno do Espraiado foi dividido igualmente entre aqueles considerados legítimos. Seu avô tinha amantes — possivelmente uma delas, a mãe de Belizário — que nada receberam.

> Manoel Inácio Marques Neto — Os filhos, as filhas, ele deixou tudo essa colônia que nós tínhamos lá, tudo cada um com o seu folha de partilha. Fez inventário em vida, que inventário em vida era um dinheirão, mas sei que era rico. Fez, deixou cada um a sua folha de partilha, mas só foi aberto que o meu pai falava, falou, foi aberto o inventário que ele fez no dia do [?] enterro dele, falar português, então foi não sei que nem nascido não era, só sei essa parte aí porque ele falava, ele dizia, que aquilo era lacrado, aquele envelope, aquelas folhas de partilha tudo ali dentro e a escritura velha ali dentro. Nós tinha escritura velha, tudo. Aí no dia do enterro dele levaram no cemitério, tinha um homem de confiança, não sei como falar isso, abriu aquele envelope e disse que que ele tinha deixado pros filhos com essa amante e pra ela não deixou nada, e nem pra outra amante, que ele tinha duas amantes, né, [?] tinha dinheiro, né, e assim, era bem de vida, né? Ricaço.[154]

Felisberta nada herdou do legado deixado por Manoel Inácio. Ele reservou a totalidade dos bens de que dispunha para os filhos, não destinando à viúva nada do que possuía. É difícil saber quais motivações o levaram a assim proceder. É possível que considerasse assegurado que seus rebentos dariam adequado sustento à sua companheira de vida. É digna de registro e, infelizmente, de difícil avaliação a hipótese a respeito apresentada por seu neto, segundo a qual seu avô objetivava que seus irmãos não se apossassem dos bens do casal:

---

[153] Uma versão preliminar deste subcapítulo foi discutida no I Seminário Caminhos da Abolição e do pós-Abolição (Niterói, 2010) e publicada em Weimer, 2011a. Uma versão ainda mais incipiente foi apresentada no XXV Simpósio Nacional de História (Fortaleza, 2009).
[154] Entrevista com o senhor Manoel Inácio Marques Neto, no dia 9 de janeiro de 2009 em Osório (LABHOI — UFF).

Rodrigo — E ela ficou sem nada?
Manoel — Deixou sem nada, porque ele fez isso por causa dos irmãos dele não deixar ela e os filhos dele sem nada.[155]

A não legitimidade do casamento, portanto, tornou a família vulnerável diante da morte súbita de Manoel Inácio. Ela teria levado à perda do terreno no Ramalhete, pois Manoel Inácio Filho era muito novo para dele cuidar, e só não implicou no mesmo, no que toca ao Espraiado, pelo previdente patriarca ter apelado ao estratagema de nomear os filhos diretamente como herdeiros, em lugar de uma viúva cuja condição pudesse ser legalmente questionada. Eles puderam manter o que passou para o nome dos filhos.

Diva — E tinham a atafona de farinha que depois ficou pro meu avô [...] Aí ela passou, ele ficou, comprou não sei de quem lá pra ele. Ele comprou. Atafona de farinha. Ele fazia farinha. Aí o meu pai era mocinho novo assim de uns 18, 19 anos, não podia comandar toda turma. Eram os irmãos dele, ele ficou sem o pai, ficou sem dirige.[156]

No relato familiar, seu avô não dedicou a Felisberta parte de sua herança como um estratagema para resguardá-la da investida de elementos externos ao núcleo familiar. O fato de sua esposa nada ter herdado (que se verifica no registro documental) é também lembrado, mas os fatos são interpretados de uma maneira não desabonadora, na qual o que prevalece são esforços protetores sobre a família. Necessário sublinhar a importância adquirida nessa narrativa pela família para a sobrevivência nos difíceis anos do pós-Abolição. Há convergência entre um relato familiar que coloca a preservação da família como chave explicativa para a herança de seu pai e as conclusões aventadas por uma bibliografia que coloca a unidade familiar como protagonista

---

[155] Ignoro se os irmãos de Manoel Inácio em questão são os meio-irmãos da família senhorial Marques ou os meio-irmãos "Pastorinos". Tendo a acreditar na primeira possibilidade, por serem tais irmãos "mais poderosos" e, portanto, em melhores condições de expropriar aquele núcleo de camponeses negros que de uma hora para outra se viu sem seu patriarca. Poder-se-ia argumentar, em contrário, que a fortuna de Manoel Inácio era insignificante em relação à dos Marques, sendo mais passível de ser objeto de interesse dos "Pastorinos". Entrevista com o senhor Manoel Inácio Marques Neto no dia 9 de janeiro de 2009 em Osório.
[156] Entrevista filmada com a senhora Diva Inácia Marques Terra, no dia 12 de março de 2010, em Osório (LABHOI — UFF). A percepção do pertencimento da atafona do Ramalhete e do terreno do Espraiado é uma constante nas entrevistas, perpassando as falas de 2001 e 2010.

das questões suscitadas pelo período posterior à Abolição da escravatura (Rios, 1990; Machado, 1994; Mattos, 1998).

A aquisição do terreno é vista como uma tentativa de impedir que seus filhos ficassem "na estrada", isto é, "sem nada",[157] legando a eles alguma coisa com que pudessem iniciar suas vidas. A condição de pequenos proprietários de terras que Manoel Inácio legava a seus rebentos representava, inclusive, a possibilidade de que eles se poupassem da possibilidade de se submeterem a contratos de trabalho desvantajosos: "Ali era uma coisa certa, pros filhos dele não ficarem rolando, trabalhando nessas fazendas aturando desaforo".[158] Tratava-se de um esforço para manter, em sua descendência, uma relação estável com a terra. Na tipificação do campesinato negro do pós-Abolição de autoria de Ana Rios (2005a:195-211), temos um estatuto de *pacto paternalista* — ainda que proprietários de terra, essa família tinha relações amigáveis com o *terrível* Machado. Este fazendeiro é sempre lembrado como o típico proprietário com uma relação de animosidade em relação à comunidade negra, por andar sempre disparando para o alto sua arma ao ver um negro, por "não gostar deles", conforme costumava dizer. Pelo contrário, adaptar-se nesse jogo de forças permitiu que eles não "rolassem na estrada", "se submetessem a desaforos", em suma, se tornassem um *campesinato itinerante*. Rios (2005b:247) observou que os contratos de trabalho no pós-Abolição encerravam uma dimensão desarmônica e violenta.

Ao contrário de suas irmãs, que puderam permanecer naquele terreno, no caso das que permaneceram solteiras, ou que tiveram oportunidade de casar-se com camponeses negros da região igualmente proprietários de terras, ou ainda que migraram, Pulquéria desposou alguém tão despossuído quanto ela, e ambos instalaram-se, como agregados, bem como seus filhos, na fazenda de Miguel Ventura, fazendeiro no Pontal, localidade no Faxinal do Morro Alto. Ela não herdara gado que pudesse servir como dote material e tampouco o prestígio simbólico de ser tida como legítima. As lembranças que um neto de Pulquéria que entrevistei possui desse fazendeiro é que ele era bom, muito embora não pagasse salário.[159]

---

[157] Entrevista com a senhora Ercília Marques da Rosa e Wilson Marques da Rosa, no dia 26 de agosto de 2001, na Prainha. Entrevista realizada por Cíntia Müller, Mariana Fernandes, Alessandro Gomes e Cíntia Rizzi; entrevista com a senhora Ercília Marques da Rosa e Wilson Marques da Rosa, no dia 13 de setembro de 2002, em Porto Alegre. Realizada por Claudia Fonseca, Miriam Chagas e Rodrigo de Azevedo Weimer.
[158] Entrevista filmada com a senhora Aurora Inácia Marques da Silva, no dia 13 de março de 2010, em Osório (LABHOI — UFF).
[159] Entrevista com um neto de Pulquéria Felisberta, no dia 12 de janeiro de 2009, em Porto Alegre.

Neto de Pulquéria Felisberta — Não. Naquela época lá nem tinha salário.

Rodrigo — Como é que pagava?

Neto de Pulquéria Felisberta — Ganhava lá uns troquinhos lá pra trabalhar nas roças dos outros lá, e mais nada. Nem sabia falar o que era salário. Era uma briga até se falasse no salário. Ninguém sabia o que era salário. Quem é que sabia o que era salário naquela época? Agora só vim saber o que era salário aqui. Salário começou muito... Começou o salário mínimo. Ganhava era uma mixaria. Derramava o suor na roça dos outros, mas não por salário.

Rodrigo — E o que que recebia então pra trabalhar? O que recebia então pra trabalhar?

Neto de Pulquéria Felisberta — Ah, nem dá pra dizer. Você nem sabe. Era 500 réis, 200 réis. Naquela época nem sei o que que era. 200 réis. 500 réis. Era o que a gente ganhava. Muito pouco.[160]

Pulquéria conseguiu certa estabilidade naquela fazenda, não tendo padecido das privações e itinerários errantes do *campesinato itinerante* de Rios (2005a). Ali ela conseguiu estabelecer *casa*, mas também é claro que ela não pôde usufruir do estatuto de camponeses independentes gozado por seus irmãos e isso resultou em um casamento menos prestigioso para ela. É possível que, embora seu neto se lembre de Ventura como um *bom fazendeiro*, a família de Pulquéria tenha "aturado o desaforo" de que Manoel Inácio queria poupar a prole. Ao menos, a isso estava sujeita. Desse ponto de vista, convém colocar em perspectiva a "bondade" de Ventura. Para além do fato de que, quando carneava, dava-lhes partes dos animais ("uma vez pegava uma ovelha, um carneiro e dava pra nós"),[161] no discurso de seu neto existe uma dimensão de gratidão em relação à *casa* concedida.

Então, se Pulquéria não conseguiu estabelecer uma territorialidade através de herança paterna ou de casamento, logrou, ainda assim, firmar-se em um terreno sujeitando-se ao trabalho para Ventura. O arranjo de concessão de terras para plantio e casa, em troca da prestação de trabalho não remunerado monetariamente, foi relativamente comum no meio rural brasileiro da primeira metade do século XX. Ao instituir esse tipo de relação, contudo, os proprietários

---

[160] Entrevista com um neto de Pulquéria Felisberta, no dia 11 de fevereiro de 2009, em Porto Alegre.
[161] Entrevista com um neto de Pulquéria Felisberta, no dia 12 de janeiro de 2009, em Porto Alegre.

de terras também acatavam e se sujeitavam a um jogo de expectativas e noções de justiça, do que é válido e do que não é válido, por parte dos agregados.

Ceder uma casa de moradia fazia parte da relação socioprodutiva denominada por Dezemone (2004) como colonato. Típica do meio rural no pós-Abolição, consistia na cessão de um lugar de moradia em troca de parcela da produção dos colonos e da prestação de trabalho em lavouras do fazendeiro. Palmeira (1976) dissertou sobre as relações sociais na "plantation" tradicional no Nordeste açucareiro. Suas conclusões são de interesse para se pensar as relações sociais em Morro Alto em inícios do século XX, especialmente a relação entre espaços de moradia e de plantio. Segundo o autor:

> [...] não é qualquer casa, no sentido que nós damos a essa palavra, que ele procura, mas sim *casa de morada*, uma casa que permita o sustento dele e de sua família e lhe assegure certas vantagens no engenho e lhe abra certas possibilidades como a do usufruto de um *sítio* [...] a casa representa mais do que a simples construção e inclui sempre um *terreiro, chão de terra* ou *fundo de casa* que lhe é coextensivo, que é uma peça da casa. Isso *va de soi* e não precisa ser explicitado no "contrato" de moradia. O proprietário não reconhecer isso significa um desrespeito intolerável às regras do jogo, como fica evidenciado nas queixas generalizadas dos trabalhadores de que os proprietários estão plantando cana "dentro da casa dos moradores" ou na formulação inversa daqueles para quem as regras da morada representam uma espécie de imperativo absoluto: "Em todo lugar que eu moro eu planto" [Palmeira, 1976:306-307. Grifos originais].

A trajetória de Pulquéria Felisberta, certamente, poderia ter sido pior, caso não tivesse conseguido acesso estável a terras alheias, mas também poderia ter sido bastante melhor se, a exemplo da maior parte de seus irmãos, tivesse atingido o acalentado "projeto camponês", isto é, o acesso a terras próprias, para a autonomia e o sustento familiar, estabelecendo e ditando condutas e ritmos de trabalho de forma independente, e aproveitando para si o conjunto da produção (Rios, 2005b:243). Mesmo que estivesse no rol dos "legítimos", todavia, o acesso à terra teria de ser regulado por parâmetros familiares da economia camponesa, que obedeciam lógicas de primogenitura.

Analisando as práticas de casamento e herança entre camponeses da Cabília, Bourdieu (2009:313) verificou que a herança do terreno familiar em partes iguais entre os herdeiros ameaçava a terra ancestral de um esfacelamento indesejado, o que colocava em pauta "o princípio de uma competição pelo poder sobre a economia e a política domésticas". Uma possível solução para esse problema encontrava-se no favorecimento mais ou menos explícito de um ou outro de seus filhos (Bourdieu, 2009:249). Essa contradição entre o perigo de esfacelamento da terra e imperativos de sua divisão igualitária não é uma exclusividade da Cabília: antes se trata de um problema recorrente em sociedades camponesas.

No caso da "*gente* da Felisberta", efetivamente percebe-se um tênue equilíbrio entre uma partilha que buscava conservar a totalidade do terreno intacta na mão do herdeiro mais velho do sexo masculino, como tática de sobrevivência e reprodução social, e a pretensão de uma herança que conservasse e compartilhasse para todos os filhos considerados legítimos o mesmo estatuto social dos pais (Thompson, 1976:346), isto é, o tão duramente conquistado patamar de produtores de alimentos independentes e com acesso próprio à terra.[162]

No momento de distribuir o terreno do Espraiado entre os legatários de Manoel Inácio Marques, certamente interferiram na lógica camponesa de divisão de bens entre os filhos as disposições legais que determinavam a partilha igualitária entre os herdeiros. Era a lei. Formalmente, no inventário de Manoel Inácio Marques esse foi o modelo seguido: cada um dos seus sete filhos recebeu bens equivalentes ao valor de 108$571 réis do monte-mor estimado em 760 mil-réis, distribuídos igualmente entre reses e terra, com uma pequena diferença na distribuição do gado: como o falecido possuía 20 animais, os seis filhos mais novos ficaram com três reses cada, enquanto a irmã mais velha, Angélica, ficou com dois, tendo essa diferença sido compensada em uma extensão um pouco superior de terra.[163]

Se o formal de partilha garantia, aos olhos da lei, uma divisão igualitária entre os sete filhos legitimados por Manoel Inácio Marques, a prática social concreta aponta para uma realidade mais complexa, tendo sido favorecido,

---

[162] Burguière (2011:60-63) assinalou que as regras de divisão desigual expressam uma necessidade, mais do que um desejo de desigualdade. O autor observa ainda, contudo, que, no jogo social da França de Antigo Regime, as regras de distribuição desigual da herança expressavam um princípio de distinção social.

[163] APERS, COA — CA, estante 159, caixa 027.0335, Auto n. 814, inventário de Manoel Inácio Osório Marques, ano de 1906. f. 18v-21r.

efetivamente, o filho mais velho do sexo masculino do casal, Manoel Inácio Marques Filho. Enquanto suas irmãs se casavam, passando a constituir os núcleos familiares de seus maridos, ou partiam para Osório em busca de novas oportunidades de vida, ele permanecia no Espraiado administrando o terreno familiar junto aos irmãos que permaneceram solteiros, no melhor exemplo de uma lógica camponesa segundo a qual o primogênito se encarrega de manter o terreno indiviso.[164] Sua filha, ao ser entrevistada, sustentou que o terreno foi dividido igualmente entre todos os herdeiros, e que não ocorreu venda entre os irmãos, porém admitiu que o pai ficou cuidando da terra das irmãs, assim que elas se casaram ou partiram para Osório a fim de trabalhar.[165] Certamente operava aqui — e não apenas nessa família — uma hierarquização de gênero na herança familiar.

Além disso, dificultava a exatidão da distribuição da terra o fato de ela ser dividida entre os filhos em unidades monetárias, não espaciais. Sendo assim, à exceção de Angélica, que recebeu 72.571 réis de terras e matos no Espraiado, todos os seus irmãos herdaram 54.571 réis do mesmo terreno, sem haver especificações mais precisas quanto às dimensões legadas a cada um e a localização das partes. Afinal, quem herdou terras e quem herdou matos daqueles 35 hectares? Se essa prática tornava a partilha mais fácil formalmente, criava problemas no momento de individualizar a propriedade da terra e contribuía para manter aquele terreno indiviso.

Como converter, em unidades espaciais, terrenos herdados em unidades monetárias? Trata-se de questão anacrônica: é um problema, apenas, para o analista do século XXI, preocupado com a possibilidade de individualização daquele lote. A concretude que, aqui, considero de difícil alcance, era simplesmente julgada desnecessária. Para seus contemporâneos, a divisão era indiferente, dado que não seria realizada: tratava-se de um terreno ocupado coletivamente, pertencente a uma *irmandade*. O ponto, aqui, é sobre em quem residia a autoridade sobre aquela coletividade. Como visto, suas filhas relataram que Manoel Inácio Filho ficou responsável por cuidar de mãe, irmãs e irmão mais novo.[166] O

---

[164] O privilégio de um filho em específico como herdeiro do terreno familiar, entre comunidades camponesas no século XX, em contradição à herança igualitária legalmente definida, foi constatado por Moura (1978:47-71) e Woortmann (1995:175-178). As autoras também se ocuparam com as formas com que os camponeses manejaram ou burlaram as disposições legais.
[165] Entrevista realizada com d. Aurora Inácia Marques da Silva, no dia 13 de março de 2010, em Osório (LABHOI — UFF).
[166] "Cuidando das irmãs" segundo suas filhas — entrevista a Rodrigo de Azevedo Weimer realizada com a senhora Aurora Inácia Marques da Silva, a senhora Diva Inácia Marques Terra e o senhor Celso Rodrigues Terra, em 28 de janeiro de 2001.

filho mais velho assumiu a autoridade e o papel social de seu pai — implícitos em seu próprio nome.[167]

No entanto, Felisberta não ficou relegada a um segundo plano. A mãe logrou manter sua ascendência sobre o núcleo familiar. Um indício da continuidade da ocupação daquele terreno, em lugar de sua fragmentação entre os diversos herdeiros, encontra-se nas guias de pagamento dos impostos territoriais. A família, talvez com a esperança de que os mesmos pudessem servir como prova de sua ocupação territorial, conservou guias de pagamentos de impostos territoriais que, com lapsos, abrangem os anos de 1899 a 1940. Se até o exercício de 1908 — ocasião da morte de Manoel Inácio — constam lançamentos de impostos correspondentes a 35 hectares, após essa data temos uma situação distinta da divisão igualitária do patrimônio entre os herdeiros: em 1911, Felisberta Inácio Marques pagou 1.120 réis em imposto equivalente a 19 hectares, e sua filha Angélica pagou 430 réis por um quinhão de sete hectares.[168]

Logo a viúva, lembrada nas narrativas familiares como alguém que nada herdou, e assim designada em testamento, mantinha alguma autoridade sobre o terreno familiar a ponto de sobre ele seguir pagando a maior parte do imposto territorial. Sendo assim, embora as disposições sociais daquele campesinato negro impusessem a possibilidade de que fosse escanteada, o mesmo não ocorreu de todo. Em 19 das 41 — quase 50%! — guias de pagamentos de impostos em poder de sua neta, entre 1899 e 1939, consta o nome de Felisberta tomando para si o protagonismo da relação tributária daquela família com o Estado.[169]

Se todos os filhos, em idade produtiva ou crianças, seguiriam trabalhando na roça para contribuir para o sustento de sua mãe e da coletividade de que faziam parte, talvez fosse irrelevante a individualização da propriedade da terra. Se 35 hectares eram uma quantia relevante considerando uma unidade de produção familiar, sua divisão em quinhões de aproximadamente

---

[167] Müller (2006) verificou que, no século XX, em Morro Alto, também se privilegiava um herdeiro com a finalidade de conservar a integralidade dos terrenos. A preferência dada a Manoel Inácio Filho não é alheia ao fato de ele ter herdado também a prenominação do patriarca (ver Weimer, 2011e). Conforme assinala Zonabend (1980), "O chefe da 'maison', que possui o patrimônio, transmite seu prenome de maneira quase sistemática ao futuro e único herdeiro". Tradução minha. Os vínculos estreitos entre nominação e herança foram assinalados também por Christiane Klapisch-Zuber, em seu estudo sobre a elite florentina entre os séculos XIV e XVI (Klapisch-Zuber, 1980). Realmente, não é fruto do acaso o fato de o pai e o filho herdeiro possuírem o mesmo nome.
[168] Guias de pagamento de impostos em poder de Aurora Inácia Marques da Silva, neta de Felisberta e Manoel Inácio Marques. Durante as décadas de 1910 e 1930 há guias no nome de outros filhos de Felisberta, tais como Manoel Inácio Filho, Rosalina e Raquel.
[169] O precocemente falecido marido aparece sete vezes, e o filho, que dela cuidava, apenas duas. Angélica aparece sete vezes, Rosalina, quatro, e Raquel, duas. Para além da vitimização, há uma tensão entre o privilégio dado aos homens na economia camponesa e o protagonismo feminino.

cinco hectares[170] reservaria a cada herdeiro uma porção diminuta de terras a cultivar. Isso veio a trazer problemas uma geração mais tarde, funcionando como um estímulo ao êxodo rural. Esse fracionamento retardou-se, no entanto, por uma geração, em virtude de três fatores fundamentais.

Quatro irmãos legítimos (Angélica, Raquel, Rosalina e Ladislau) permaneceram solteiros. Sua porção não foi subtraída à terra originalmente cultivada de forma coletiva, e tampouco sua mão de obra. Traçando novo paralelo com a Cabília estudada por Bourdieu, o autor sublinha ser comum irmãos mais novos, como Ladislau, serem destinados ao celibato, em prol da proteção da "casa" paterna. Assim sendo, "deve pagar a maior parte do tempo com a renúncia ao casamento a segurança econômica e afetiva garantida pela participação na vida familial" (Bourdieu, 2009:262). Angélica e Rosalina chegaram a ter filhos enquanto eram solteiras, tendo a última migrado para Conceição do Arroio e abandonado o terreno familiar.

Além desses, temos Pulquéria Felisberta e Belizário, irmãos não legitimados por não serem filhos do casal. Embora não tenha herdado nada do legado do padrasto, Pulquéria ali viveu e contribuiu com seu trabalho até seu casamento e estabelecimento na fazenda do Pontal, de Miguel Ventura. Belizário residia junto a sua família materna.

Além disso, da mesma forma como Rosalina partiu solteira, as demais filhas, Maria e Mercedes, estabeleceram-se nos terrenos de seus maridos. Trata-se de uma comunidade em que os padrões matrimoniais são patrilocais — uma prática que privilegiava os homens no modelo de reprodução das unidades de produção camponesas — e, dessa forma, elas deixaram suas terras de herança para serem cuidadas e cultivadas pela "irmandade" à qual pertenciam. É possível que o gado que receberam tenha constituído alguma espécie de dote para assegurar uma melhor vida para as irmãs que abandonavam o seio doméstico. Descontados herdeiros solteiros, ilegítimos e irmãs que partiram do território, na prática o primogênito — Manoel Inácio Filho — "ficou cuidando" das terras familiares, vivendo com o irmão e as irmãs solteiras. Conforme visto, porém, essa autoridade era compartilhada por sua mãe. Desconhece-se até que ponto isso foi pacífico ou em quais tensões implicaram; de que maneira Felisberta e seu filho compartilharam e administraram o poderio e o legado de seu marido e pai.

---

[170] Considerando aqui uma média, já que de fato o terreno foi distribuído não de acordo com a quantidade de hectares, e sim com o valor obtido na avaliação.

No entanto, é necessário pensar a herança para além da mera distribuição de bens como terra e reses. Thompson alerta que também há que se considerar o acesso a direitos costumeiros, direitos esses que não podiam ser quantificados em um formal de partilha, mas que constituem a prática da herança camponesa, contemplando também aqueles que foram excluídos da herança formal (Thompson, 1976:337-342). Se todos os herdeiros de Manoel Inácio Marques receberam reses de criar, há de se pensar que mesmo aqueles que não lograram permanecer no território sob administração de seu irmão tinham ali direitos de pastagens para a manutenção de seus animais. Segundo o autor,

> [...] alguma falta de firmeza na definição dos direitos de pastagem, respigar, fazer queimadas pode ajudar no sustento de filhos que não herdaram posses, rebanhos e implementos. [...] Se [...] filhos mais novos às vezes herdavam bestas ou implementos (mas não terra), devemos assumir que eles deviam ter a expectativa de acessar a terra de alguma maneira [Thompson, 1976:342].

Descontando a possibilidade de as reses terem sido vendidas ou aproveitadas na forma de dote no momento do casamento, não podemos excluir o acesso à terra sob a guarda de seu irmão.

A prática social nunca é crua como a análise que dela se pode fazer, e é evidente que não houve um cálculo deliberado das soluções que se foram encontrando para o perigo de fragmentação da unidade familiar. O risco era concreto e real, mas as estratégias[171] encontradas para contorná-lo o foram à medida que os problemas se apresentavam.[172]

Desenvolveu-se aqui como se equilibraram e conviveram modalidades distintas de herança camponesa: um modelo igualitário, legalmente defi-

---

[171] A noção de estratégia é aqui utilizada na falta de outra melhor que introduza "um tipo de situação que a historiografia clássica reservava apenas às elites", não obstante seu caráter aparentemente hiper-racionalista (Grendi, 1998:235).
[172] Conforme assinala Bourdieu em relação à Cabília: "As ações que visam superar a contradição específica desse sistema e, mais precisamente, as ameaças que todo casamento faz pesar sobre a propriedade, e por meio dela sobre a linhagem [...] não são, como a linguagem inevitavelmente empregada para descrevê-las poderia levar a crer, procedimentos que a imaginação jurídica inventa para contornar o direito, nem mesmo estratégias sabiamente calculadas, à maneira dos 'golpes' de esgrima ou do xadrez. É o *habitus* que, como o produto das estruturas que tende a reproduzir e porque, mais precisamente, implica a submissão 'espontânea' à ordem estabelecida e à ordem dos guardiões dessa ordem [...]" (Bourdieu, 2009:264-265. Grifos originais).

nido; um modelo de privilégio ao primogênito, como tentativa tipicamente camponesa de manter o patrimônio indiviso; e a partilha do usufruto de direitos costumeiros, tais como a pastagem de animais. Embora diferentes modalidades de repartição de herança fossem concorrentes, elas não eram excludentes. A adesão formal e legal à modalidade igualitária não descartava a prática de uma partilha que privilegiasse a indivisibilidade das terras concentrando-as nas mãos de um dos filhos, no caso o mais velho do sexo masculino. A última forma, por sua vez, não negava o acesso a pastagens e caminhos comuns por parte dos demais herdeiros.

Equacionar a exigência legal por igualdade na partilha com a necessidade de conservar uma unidade indivisa em escala suficiente para que a família não caísse na penúria e, ainda, com a pretensão de transmitir a todos os descendentes o mesmo estatuto social dos pais era um aspecto compartilhado pelas demais famílias do campesinato negro do Morro Alto. A solução encontrada pela "*gente*" de Manoel Inácio Marques e sua esposa Felisberta era comum a outros núcleos familiares. A evasão de mulheres e o celibato eram possíveis táticas para contornar um dilema no qual se viam envolvidos camponeses negros da região.

Thompson assinalou o *dilema* existente quando a partilha igualitária, parte a parte dos bens de um casal, representava o suicídio econômico da unidade econômica familiar camponesa. O fracionamento do terreno entre os diversos herdeiros poder-se-ia chocar com a pretensão de transmitir aos seus filhos o mesmo estatuto social acumulado pelos pais (Thompson, 1976:345-346). Esse dilema era vivido de forma particularmente delicada em momentos marcantes, como os de falecimento, inventário e partilha, em que a destinação dada aos bens do morto também dizia respeito a quem ocuparia o lugar social desempenhado pelo falecido.

## Fazer farinha para criar crioulas[173]

A senhora Aurora tem, em seu poder, uma carta que seu avô recebeu de Ana Osório Nunes, uma integrante da família senhorial. Raros são os docu-

---

[173] Uma versão preliminar deste subcapítulo foi discutida no II Encontro do GT de História Agrária — ANPUH/RS (Porto Alegre, 2009) e no Seminário Relações de Poder, Trabalho e Movimentos Sociais (Seropédica, 2009) e publicada em Weimer (2011a).

mentos que dão registro a palavras trocadas por escrito entre ex-escravos e amigos, familiares, padrinhos, afilhados e compadres. Mais raros ainda, no entanto, são aqueles que dão conta de atos de comunicação travados com antigos senhores ou integrantes da família senhorial, demarcando a passagem de uma relação de natureza escravista para outra de tipo distinto. Que tipo de relação podia um produtor independente de alimentos manter com seus antigos proprietários? Como se dinamizava, na prática, uma relação dessa natureza? É o que a partir de agora analiso, discutindo quais convenções permitiram ao ex-escravo Manoel Inácio manipular uma atafona. Pretendo ainda verificar a partir de que ponto emergiu o conflito, relacionado às práticas costumeiras de uso daquela benfeitoria.

A carta guardada por Aurora Inácia Marques da Silva foi reproduzida, mediante sua autorização, no laudo por meio do qual a comunidade de Morro Alto obteve seu reconhecimento como "remanescente de quilombos" (Barcellos et al., 2004:472). Infelizmente, trata-se de documento sem datação. Certamente anterior a 1906, ano da morte de Manoel Inácio, estima-se que tenha sido redigido entre os últimos anos do século XIX e os primeiros do XX.

Ana Osório Nunes era esposa de Pascoal Osório Marques, grande proprietário de terras e escravos na região da Fazenda do Morro Alto, e filha de Isabel Maria Osório, ex-senhora de Manoel Inácio. Trata-se, portanto, de papel redigido por uma pessoa próxima — a nora de sua ex-senhora. O tom da carta, apesar de animoso, evidencia uma intimidade bastante grande, própria a sujeitos sociais que conviviam há anos a fio. Conforme visto no primeiro capítulo, Manoel Inácio nunca foi um escravo qualquer. Creio que naquele momento do pós-Abolição, ao menos para um *cidadão* dono de seu próprio terreno, uma perspectiva punitiva física não estivesse no horizonte de possibilidades.

Em trabalho anterior argumentei que, mais importante do que pensar em uma propriedade cativa individualizada, é necessário concebê-la em seu aspecto familiar, no qual as relações de autoridade exercem-se conjuntamente, bem como os riscos relacionados à partilha (Weimer, 2008a:58). Assim, é possível que Manoel Inácio estivesse sujeito à autoridade de Pascoal Osório Marques, exercida em nome da família e que, portanto, tivesse de sujeitar-se também às determinações da esposa dele. Independentemente de tais considerações, sabe-se que, ao menos, Ana Osório Nunes era uma integrante da família senhorial, e, como tal, também a ela Manoel Inácio devia respeito e reconhecimento.[174]

Na carta, a ex-senhora relatava que entregara uma propriedade a Manoel Inácio para que tomasse conta; afirmava que "quando havia muitos pretendentes para ir aí, eu dei preferência a ti". Um primeiro ponto a ser desenvolvido é o motivo da preferência dada a Manoel Inácio, sobretudo considerando que "é o único aí que não paga arrendamento".[175] Segundo a senhora Diva, a eleição recaiu sobre seu avô porque ele era considerado o mais velho entre os escravos e por um possível parentesco com a casa-grande.

> Rodrigo — E porque que ela tá dizendo que ela deu preferência pra ele?
> Diva — Pra quem?
> Rodrigo — Pro Manoel Inácio.
> Diva — Pro meu avô?
> Rodrigo — É, porque nessa parte...
> Diva — É porque ele era mais velho da família. Ele era o mais velho dos escravos. [...]
> Rodrigo — E porque que ela diz que ela entregou essa propriedade pra ele tomar conta?
> Diva — Porque era o único que... de certo era sobrinho dela.[176]

A confiar na hipótese apresentada no capítulo 1, Manoel Inácio não era sobrinho de Ana Osório Nunes, e sim filho ilegítimo de seu marido, o que poderia ajudar a explicar o despeito e o descontentamento desta antiga senhora com o ex-escravo. Especulações à parte, o motivo para não o pagar é claro: independente dos vínculos de parentesco com a casa-grande, constituía prática comum, entre os grandes proprietários da região, deixar terrenos não mais ocupados para seus ex-escravos "tomarem conta", garantindo-lhes assim a posse, mas sem conceder-lhes a propriedade (Barcellos et al., 2004:143-146).[177]

---

[174] Concebendo a escravidão como empreendimento familiar, temos, portanto, Ana Osório Nunes como esposa de Pascoal Osório Marques, cunhada de Rosa Osório Marques, nora de Isabel Maria Osório e tia de Manoel Osório Marques, signatário do recibo por meio do qual Manoel Inácio Marques adquiriu as terras do Espraiado.
[175] É impossível não se lembrar da representação de sua neta sobre a condição *escravos livres* resultante de *escolha senhorial*.
[176] Entrevista com a senhora Diva Inácia Marques Terra, no dia 16 de janeiro de 2010, em Osório (LABHOI — UFF).
[177] Existe a possibilidade de harmonização entre o registro escrito, que indica posse, e o oral, que recorda propriedade. Manoel Inácio pode ter adquirido o terreno do Ramalhete depois de ter

No entanto, dessa prática poderiam resultar efeitos inesperados, pois criava, entre aqueles que ficaram cuidando do terreno, ou seus descendentes, a sensação de que aquela área lhes pertencia, sobretudo quando os proprietários lentamente saíam de cena. Por outro lado, a lembrança das suas netas, como visto, é de que seu avô havia adquirido aquele terreno, o que pode ter acontecido após ocupá-lo em nome dos Marques. Essa pode ter sido, inclusive, a solução para o foco de conflito ali estabelecido.

O motivo para a escolha, pela família senhorial, de Manoel Inácio como guardião do terreno não parece questão de difícil solução, a exemplo das explicações dadas por sua neta. Ele era um escravo de confiança: "cria da casa", vivera a vida toda entre os Marques e provavelmente gozava de um estatuto privilegiado entre os demais escravos: foi por mais de uma vez apontado por seus netos como "branco". Para possuir uma tez mais clara do que os demais, Manoel deveria ser filho de um branco ou de um mulato claro e, possivelmente, de um integrante da família senhorial, conforme já discutido. Não se trata de uma especulação gratuita. Efetivamente, como visto, vínculos relevantes, inclusive de compadrio, ligavam a família de Manoel Inácio ao ramo específico de Pascoal Osório Marques da família senhorial. Sendo assim, que motivos teriam levado Ana Osório Nunes a confiar a guarda da atafona a um possível filho ilegítimo de seu marido?

Quando se torna impossível asseverar certezas históricas, resta elencar as probabilidades disponíveis diante das evidências. Em primeiro lugar, portanto, pode-se tratar de uma última vontade de seu marido, preocupado em não deixar desassistida a família de, no mínimo, um trabalhador dedicado a ele em lides agrárias durante toda a sua vida, ou, no máximo, um filho não reconhecido, mas com quem nem por isso deixava de se sentir com obrigações de garantir assistência e possibilidade de sustento aos netos, livre de ônus. Os autores do relatório histórico-antropológico de reconhecimento de Morro Alto como "remanescente de quilombos" (Barcellos et al., 2004:145-146) sustentam que a atafona poderia constituir, "na leitura de Manoel Inácio, um legado deixado por ex-senhores com os quais tinha relações de parentesco".

---

trabalhado durante anos a título dos Marques. Isso é bastante plausível, considerando a experiência de outros camponeses negros como ele, e o fato de a carta não ser datada (Weimer, 2013, cap. 1). É mesmo possível que a compra tenha sido a solução encontrada para a querela com Ana Osório Nunes.

Além disso, Manoel Inácio parece ter sido um indivíduo *confiável*. Ana Osório Nunes parecia *sinceramente decepcionada* por ele não ter correspondido à confiança depositada. Ela queixava-se de que ele estragava a benfeitoria ao aproveitá-la para o sustento de sua família — o ex-cativo era acusado de "fazer farinha para criar crioulas":

> Manoel Inácio
> Esta tem por fim levar a teu conhecimento que quando te entreguei essa propriedade para tomares conta acha-se esse engenho com duas emprensa e todos os seus pertences em bom estado para trabalhar, ora muito bem, tu fazias 300 a 400 alqueires de farinha por ano, aí, tu tinhas a obrigação de compor ou fazer para me entregar, com mais tudo que aí deixei, por isso *quando havia muitos pretendentes para ir pra aí eu dei preferência a ti*, porque era para aguentar essa fazenda e não para estragar, por isso tudo que for se acabando tu tem obrigação de fazer de novo e arrumar no seu lugar porque *estragas com o teu serviço*, como é que agora precisando eu de uma emprensa *tu acabastes em fazer farinha para criar crioulas* me mandas pedir 20$000 rs para compostura da emprensa, isso eu não te pago nem um mil-réis, se quiseres saber quem tem razão, mostra esta carta a qualquer homem de entendimento para tu ver a quem ele dá razão; o Bernardo está pagando arrendamento do Sertão, no entanto as composturas é feito a custo dele, só esse engenho além de ser dos órfãos é o único aí que não paga arrendamento.
> Ana O. Nunes.[178]

A confiança mencionada, certamente, fora conquistada ainda durante o período em que estivera preso à família Marques pelos vínculos do cativeiro. A situação privilegiada de Manoel Inácio e sua família foi explicitada no capítulo 1, e pode ser atestada ainda por Felisberta ter recebido, em 1888, uma doação de terras por parte da senhora Rosa Osório Marques. Segundo Slenes, era preocupação constante de senhores escravistas não deixar desassistidos certos cativos, cujo trabalho recebia, assim, alguma forma de reconhecimento, ainda que tardio, sobretudo quando se tratava de um cativo *confiável* ou aparentado da casa-grande (Slenes, 1996).[179]

---

[178] Documento em poder de Aurora Inácia Marques da Silva. Grifos meus.
[179] Sobre doações de terras de senhores para escravos, ver também Guimarães (2006).

Segundo Hebe Mattos (1998:159), prerrogativas como a cessão de um pedaço de terra para se plantar eram concedidas como privilégios aos escravos, porém, lenta e progressivamente, apropriadas como direitos costumeiros por eles. Inicialmente, o trabalho familiar era um signo de privilégio positivando alguns cativos entre a massa indiferenciada da escravaria. Depois, a prática tornava tais privilégios direitos, garantidos como tais pelo costume.[180] Foi dessa forma que Manoel Inácio pôde utilizar aquela unidade produtiva para a manutenção de sua família: a atafona era sua, pois era ele quem nela trabalhava com sua família e quem dela tirava o pão para o sustento dos seus.

A irritação visível na correspondência de Ana Osório Nunes, para além do despeito decorrente da possibilidade de Manoel Inácio ser filho ilegítimo de seu marido, diz respeito à passagem de uma lógica escravista a uma lógica camponesa. O que governava a produção não era mais o atendimento das demandas do senhor de escravos, e sim a subsistência de uma unidade familiar baseada no trabalho de seus integrantes. O trabalho buscava o equilíbrio entre a satisfação das necessidades de consumo familiar e a autoexploração da sua mão de obra (Chayanov, 1979a e 1979b).

É interessante observar que, diante da leitura da carta em questão, a interpretação de Diva foi oposta à minha. Se em meu entendimento Ana Osório Nunes indignara-se porque Manoel Inácio dedicara, como um camponês autônomo, as atividades da atafona ao sustento familiar, em lugar da lógica de extração de renda escravista e de dependência, para sua neta, a ex-senhora o censurava para que trabalhasse mais intensamente para o sustento de sua família: "ela tá reclamando porque ela achou que ele tinha que decerto que trabalhar mais pra ganhar uma coisa a mais".[181] Por mais opostas que pareçam as interpretações, no entanto, em um aspecto elas aproximam-se: seja pela negativa, seja pela positiva, o que estava em jogo era o sustento familiar através daquela benfeitoria.

É claro que tanto Manoel Inácio quanto a antiga senhora jogavam com suas concepções de propriedade e de posse da atafona. Ana Osório Nunes queixava-se por ter o ex-escravo pedido à ex-senhora uma quantia no valor de 20 mil-réis para o conserto de peças estragadas. Em suma, no momento em que a atafona se avariava, Manoel Inácio a reconhecia como sua proprie-

---

[180] Sobre a instituição de direitos a partir do costume em outros contextos históricos, escravistas ou não, ver Thompson (1998a), Genovese (1988) e Foner (1988).
[181] Entrevista com a senhora Diva Inácia Marques Terra, no dia 16 de janeiro de 2010, em Osório (LABHOI — UFF).

tária, a quem cabia realizar sua compostura. Essa, por sua vez, naquele preciso momento, desresponsabilizava-se. A Manoel cabia substituir as peças danificadas: não fora ele quem usufruíra da mesma no momento de "criar crioulas"? Não, Ana Osório Nunes não pagaria nem um mil-réis, e não se responsabilizava pelo conserto de avarias.

O que tem a nos dizer o documento analisado a respeito da vida em liberdade daqueles que padeceram a escravidão? Em primeiro lugar, é perceptível que a zanga de Ana Osório Nunes por causa das peças da atafona de farinha ocultam um descontentamento mais profundo: com o grau de autonomia atingido por Manoel Inácio e sua família ao explorarem a benfeitoria, que tanta discórdia causou. Assim, que o ex-cativo fosse pelo menos consequente com sua economia camponesa aparentemente bem-sucedida. A iniciativa de solicitar dinheiro à ex-senhora foi interpretada como uma insolência e um abuso. A autonomia conquistada por Manoel Inácio contrastava com o lugar social que dele se esperava: o de um ex-escravo dependente.

## Interlúdios de racialização II: A "cor" na polícia e na Justiça

Neste interlúdio de racialização, analisar-se-á como categorias relativas à "cor" foram empregadas nos processos criminais referentes à localidade de Morro Alto durante a Primeira República. Com isso, tem-se como objetivo investigar de que maneira tais significantes eram acionados e em que situações foram omitidos, oportunizando uma reflexão acerca das implicações dos processos de racialização em um contexto de negociação e afirmação de processos de cidadania na incipiente República.

Foram levantados sete processos referentes a delitos ocorridos em Morro Alto. Do total de sete, um não foi devidamente judicializado, de tal maneira que temos apenas seis registros judiciais. Sei que se trata de uma amostra bastante pequena, mas são os documentos disponíveis para a localidade em questão. Por outro lado, tive a oportunidade de confrontar os dados sobre as "cores" registradas nos processos com o meu conhecimento das famílias de Morro Alto, adquirido durante os anos de pesquisa junto àquela comunidade. Certamente, tal levantamento mais minucioso não teria sido possível se trabalhasse com uma quantidade massiva de documentos. Se analisasse todos os processos criminais de Conceição do Arroio — de fato, os compulsei

— não teria podido situar os "conhecidos", e acredito que minha pesquisa perderia um pouco de sua contribuição original.

Evidentemente, não "vi" as pessoas referidas no processo. Não posso avaliar subjetivamente se a "cor" de uma pessoa que já faleceu era preta, parda ou morena. De mais a mais, mesmo que tal me fosse possível, seria uma opinião irrelevante, quando tais percepções dependem de um olhar coletivo e culturalmente coetâneo e não de uma avaliação contemporânea e individual do pesquisador. Por outro lado, não se pode aceitar sem contrapontos as informações constantes acerca da "cor" na documentação policial ou judicial sem as contrapor à realidade social efetiva. Os antropólogos usam a expressão "beber da boca do informante" para referir-se ao mau hábito de aceitar acriticamente uma fala de um entrevistado. Também nós historiadores não podemos "beber da boca de delegados ou juízes" a "cor" como um dado positivo. Pelo contrário, cumpre indagar sobre seus significados e funcionamento na máquina judicial.

Creio que o cruzamento entre a fonte escrita e a constatação de que seus descendentes participam das redes sociais de uma comunidade negra pode oportunizar um contraponto interessante diante das categorias acionadas pelos processos criminais: permitirá cotejar as frias qualificações oficiais com as relações tecidas no dia a dia, de maneira a substancializar a análise de ambas. Sendo assim, preparei duas tabelas (com os dados de inquéritos policiais e processos judiciais), nas quais registrei as formas como categorias raciais ou cromáticas (ou a condição de ex-escravo) dos indivíduos foram, ou não, mencionadas.

Dividi-os entre autores (ou vítimas), réus, testemunhas ou terceiros mencionados em depoimentos ou peças processuais. Contudo, como sei que os leitores não irão se contentar com a dura letra da lei, incluí, entre parênteses, o número de indivíduos pertencentes a famílias — negras, pretas, pardas, morenas, mistas, neste momento não importa, teremos bastantes oportunidades de falar nisso no quinto interlúdio de racialização — inseridas nas intrincadas tramas sociais e genealógicas de Morro Alto, e que tive a felicidade de conhecer ao longo desses anos.[182] Também está incluída sua percentagem diante do total de pessoas mencionadas.

---

[182] Dando um exemplo: entre os inquéritos policiais, 33 das testemunhas chamadas a depor não tiveram sua "cor" identificada. Dessas, porém, 8 — 24, 24% — pertenciam a famílias que me eram "conhecidas" devido à pesquisa anterior. Tratam-se de Ernesto Faustino da Silva, Júlio Cesário da Rosa, Venâncio Plácido da Silva, Elísia Círia, Estêvão Hortêncio da Silva, José Luiz Fortes, Manoel Cipriano da Rosa e Pedro Cipriano da Rosa.

**Tabela 4.** A "cor" nos inquéritos policiais (1901-1932)[183]

|  | Autor/a — Vítima | Réu/ré | Testemunha | Terceiros/as |
|---|---|---|---|---|
| Não mencionado | 2 | 6 (3 — 50%) | 33 (8 — 24, 24%) | 23 (5 — 21, 79%) |
| Crioulos |  |  |  | 2 |
| Ex-escravo |  | 1 |  |  |
| Mista | 1 |  |  |  |
| Branca |  | 2 |  |  |
| Preta | 1 |  |  |  |
| Morena | 2 |  |  |  |
| Parda | 1 |  |  |  |

**Tabela 5.** A "cor" nos processos judiciais (1901-1932)[184]

|  | Autor/a — Vítima | Réu/ré | Testemunha | Terceiros |
|---|---|---|---|---|
| Não mencionado | 5 (2 — 40%) | 8 (4 — 50%) | 35 (10 — 28, 57%) | 27 (5 — 18, 51%) |
| Crioulos |  |  |  | 1 |
| Mulatinho | 1 |  |  |  |

Em primeiro lugar, salta aos olhos o fato de a linguagem racial operar de forma mais intensa nos inquéritos policiais. Mais próxima do cotidiano, a polícia deixava-se impregnar de uma forma mais presente por categorias que não poderiam ser acionadas no contexto de formalidade dos ritos judiciais. Na única vez em que, perante a Justiça, uma vítima foi qualificada como mulatinho, ela o foi por uma testemunha, e não pelos operadores do Direito. A mesma coisa pode-se dizer do terceiro qualificado como "crioulo". No mais das vezes, a Justiça fazia questão de calar sobre a "cor" dos envolvidos. Era o ambiente de igualdade formal por excelência, e como tal, cabia silenciar acerca desse aspecto (Mattos, 1998).

---

[183] Fonte: APERS, CCC — CA, estante 114b, caixa 027.0283, auto 654, ano de 1901. Processo Crime: réu — Tibério Marques da Silva, ofendido — Bernardino Coelho da Costa. APERS, CCC — CA, estante 114b, caixa 027.0284, auto 666, ano de 1909. Processo Crime: réu — Campolino Luiz dos Santos, ofendido — Francisco Antônio da Silva. APERS, CCC — CA, estante 114b, caixa 027.0288, auto 730, ano de 1919. Processo Crime: réu — Manoel Gomes da Rosa, ofendido — Francisco Plácido da Silva. APERS, CCC — Comarca de Santo Antônio da Patrulha, termo de Osório, estante 114b, caixa 027.0290, auto 756, ano de 1925. Processo Crime: réu — Octavio Joaquim da Silva, ofendido — Maurílio Coelho da Rosa. APERS, CCC — Comarca de Santo Antônio da Patrulha, termo de Osório, estante 114b, caixa 027.0294, auto 802, ano de 1927. Processo Crime: réus — Pedro José Ricardo e Plácido José Ricardo Filho, ofendido — José Miguel da Rosa. APERS, CCC — Comarca de Santo Antônio da Patrulha, termo de Osório, estante 114b, caixa 027.0293, auto 786, ano de 1928. Processo Crime: réus — André Marcelino Fortes e José Fortes, ofendida — Eliza Luiza Marques. APERS, CCC — Comarca de Santo Antônio da Patrulha, termo de Osório, estante 114b, caixa 027.0297, auto 830, ano de 1932. Processo Crime: ré — Esmeraldina Maria dos Santos, ofendida — Leopoldina Florentina da Silva.

[184] Fonte: Ver nota anterior. Há um autor e um réu a menos devido ao inquérito policial que não foi judicializado. Há um número maior de réus do que de processos porque em dois autos havia

Quanto à polícia, cabia vitimizar ofendidos e identificar criminosos, e a "cor" era um fator importante nesse sentido. É por essa razão que ela também é um termo ausente entre testemunhas e terceiros, à exceção de dois "crioulos" apontados por uma testemunha. Abundam os registros de "cor", antes de tudo, entre as vítimas. Isso não é de difícil interpretação: tais características foram assinaladas, sobretudo, nos autos de corpo de delito, nos quais as ofensas sofridas pelas vítimas eram minuciosamente examinadas por especialistas. Ora, é sabida a importância da questão racial no discurso médico de antanho. A *cura da raça* povoava o horizonte de *doutores* (Silveira, 2005) talvez mais do que de delegados e bacharéis.

Quanto aos réus, tem-se a qualificação de Tibério Marques da Silva através de uma categoria sócio-histórica, não necessariamente racial, mas que a ela remete — ex-escravo. Os demais identificados conforme a "cor" foram "qualificados" como brancos, e não "desqualificados" como negros. Desconheço se foi somente em função da utilização dessa categoria ou não, mas em ambos os casos os assim identificados foram absolvidos de acusações de agressão física ou mesmo de homicídio culposo: de homens negros. Porém, parece-me que aqui as categorias de "cor" operaram muito mais no sentido de vitimizar ofendidos do que de culpabilizar réus. Em Morro Alto, a "cor" era apenas um dos fatores que interferiam nos rumos dos processos criminais, operando outros aspectos, tais como reputação vicinal de "bom comportamento" (Weimer, 2011c).

Tanto não era a "cor" um fator exclusivamente de culpabilização que, assim como em inquéritos policiais, em 50% dos processos judiciais os réus eram meus "velhos conhecidos", ainda que não identificados através de categorias de raça/ "cor". No que toca a testemunhas e terceiros mencionados, essas proporções oscilam entre 21% e 28%.[185] Detalhe: esses são limites *mínimos*, pois pude identificar nominalmente através da referência à pesquisa anterior *apenas as famílias negras que ali permanecem até hoje*. Famílias que ali não mais se encontram e/ou que se perderam nos labirintos da memória não puderam ser identificadas. Se 15 anos após o fim da Primeira República

---

dois indiciados. Há mais testemunhas porque foram eventualmente incluídos novos depoentes. Além disso, há mais terceiros mencionados nos processos criminais do que nas investigações policiais, não apenas porque foram mais abundantes os depoimentos, mas, sobretudo, por ter eventualmente incluído os nomes de juízes, promotores e advogados.

[185] Nos processos judiciais essa proporção é levemente inferior entre terceiros porque eventualmente incluí os nomes de juízes, promotores e advogados. Se os últimos fossem desprezados, teríamos proporções similares às demais.

Laytano comparou Morro Alto a um *quilombo* (Laytano, 1945:28), se existiu intenso processo de migração em meados do século XX (ver capítulo seguinte) e se ainda hoje ali existe uma comunidade étnica significativa e vigorosa, é de esperar-se que a territorialidade negra nas primeiras décadas do século XX fosse impressionante.

Muitos participavam de uma malha de relações sociais que de alguma forma remetia a vínculos com a comunidade negra. Estes frequentemente não tiveram sua "cor" identificada. Isso confirma a tese de Hebe Mattos a respeito do silêncio sobre a "cor" em situações formais de igualdade (1998). Nos inquéritos policiais — os mais *racializados*! — apenas 10 de 74 indivíduos (13, 51%) foram identificados conforme a "cor", em uma comunidade eminentemente negra. No entanto, no caso específico por mim analisado, suspeito também que a identificação racial não fosse tão importante assim para apurar culpas. Alguns processos — e devemos pensar que boa parte dos conflitos foi resolvida por meios extrapoliciais ou judiciais — opunham camponeses negros entre si.

É o caso do conflito entre Esmeraldina Maria da Silva e Leopoldina Florentina da Silva.[186] As duas tornaram-se *desafetas* porque Esmeraldina estragou o guarda-chuva de Rosa, filha de Leopoldina. A primeira foi acusada de agredir ambas com um freio, e por fim acabou sendo absolvida por gozar de boa reputação entre os vizinhos. Sei de sua inserção nas tramas sociais locais porque Esmeraldina era irmã do padrinho de Diva. A ré, de apelido Kena, foi identificada como filha de João Maria, patriarca de uma família de camponeses negros com descendentes na região. Além disso, ambas, agredida e agressora, eram *parentes* da testemunha Pedro Hortêncio da Silva, de outra família enraizada na região. Porém, a "cor" de Leopoldina só interessou àquele que assinou o auto do corpo de delito. No âmbito local, delegado, testemunhas, todos sabiam muito bem quem eram aquelas mulheres, qual sua "cor", que faziam parte do campesinato negro de Morro Alto, e o lugar que ocupavam na hierarquia social. Quanto à Justiça, bem, como visto, a Justiça simulava em seus ritos uma igualdade formal. Assim, é pertinente o alerta de Flávio Gomes e Olívia Cunha: "É no plano da liberdade e da igualdade que florescem os mecanismos mais perversos, porque envoltos em retóricas fluidas, de preterição e evitação" (Gomes e Cunha, 2007:15). Em suma: por

---

[186] APERS, CCC — Comarca de Santo Antônio da Patrulha, termo de Osório, estante 114b, caixa 027.0297, auto 830, ano de 1932. Processo Crime: ré — Esmeraldina Maria dos Santos, ofendida — Leopoldina Florentina da Silva.

trás de uma formalidade igualitária, dinâmicas racialmente hierárquicas faziam-se presentes. No caso analisado, a fluidez destas retóricas se espraiava no tecido social de uma localidade onde todos se conheciam.

Por falar em mulheres, é importante destacar que em apenas um caso uma depoente foi ouvida. No mais das vezes, aparecem como agressoras ou agredidas. Fonseca (1997:511) assinala que o aparato judicial era um espaço masculino. Sendo assim, havia pouco espaço para que as mulheres fossem efetivamente escutadas. Seu testemunho em contextos judiciais raramente era digno de crédito. Mesmo o conflito entre Esmeraldina e Leopoldina não recebeu maiores atenções. Foi apurado rapidamente e arquivado como uma "briga de comadres".

Quando destaco a existência de uma igualdade formal e de uma omissão quanto à "cor", não ouso afirmar que a justiça fosse neutra e equânime para todos. Pelo contrário, é justamente o silêncio a respeito que permitia que as hierarquias se reproduzissem *no cotidiano*. A racialização falava mais alto, por exemplo, no caso do mencionado fazendeiro Machado, que tinha por hábito distribuir tiros por não gostar de negros.

Para arrematar este interlúdio, procedo a uma análise do significado evidenciado pela documentação das categorias de "cor" utilizadas. Parece-me que, entre as vítimas submetidas ao exame de corpo de delito, categorias como "moreno", "preto" e, sobretudo, "pardo" e "misto" (que jamais apareceram em minhas entrevistas) remetem a uma avaliação cromática da parte do examinador. Não se trata, em absoluto, de formas de autoatribuição.

Tampouco é o caso de "crioulo", sempre referente a terceiros. Trata-se de uma categoria descritiva, utilizada para ambientar situações conferindo caracteres racializados a personagens secundários nas narrativas, que raramente foram chamados a depor. Finalmente, "mulatinho" definitivamente não é uma categoria de autoadscrição. O referido era um infortunado Francisco Plácido da Silva, filho de criação de Bernardino Coelho da Costa. Achava-se morto, por disparo acidental de uma espingarda.[187] Parece-me que a categoria, no diminutivo, demonstra compaixão por seu triste fim. Vale destacar que foi a mesma testemunha que mencionou um terceiro como crioulo.[188]

---

[187] APERS, CCC — CA, estante 114b, caixa 027.0288, auto 730, ano de 1919. Processo Crime: réu — Manoel Gomes da Rosa, ofendido — Francisco Plácido da Silva.
[188] José Joaquim de Souza, 30 anos de idade, lavrador, casado, natural deste município, residente no 5º distrito, lugar conhecido por Várzea do Morro Alto, a/c nada. Viu o "crioulo Júlio" segurando o "mulatinho Francisco". APERS, CCC — CA, estante 114b, caixa 027.0288, auto 730, ano de 1919. Processo Crime: réu — Manoel Gomes da Rosa, ofendido — Francisco Plácido da Silva. f. 17.

Se a racialização e suas categorias eram um fenômeno social, ao que tudo indica, alguns indivíduos pareciam mais propensos a assumi-las como importantes em sua forma de perceber o mundo. Por que essa testemunha, especificamente, se embebia da retórica racial? Desconheço, não posso saber. Infelizmente, nada sei de José Joaquim de Souza. Por que a retórica racial incidia de forma diferencial sobre os indivíduos? Porque se tratava de um *campo de disputa social* no árduo processo de construção de uma cidadania na Primeira República.

Nesse sentido, há um aparente contraste entre minhas conclusões e aquelas de Ribeiro (1995). Ao analisar os processos que foram ao tribunal do júri na cidade do Rio de Janeiro, o autor demonstrou, através de métodos estatísticos, haver uma maior probabilidade de condenação quando o réu era considerado preto ou pardo ou quando a vítima era considerada branca, sendo também mais provável a absolvição em circunstâncias opostas. Isso indica uma maior importância das categorias de "cor" do que aquela que atribuo. No entanto, mais do que uma diferença de concepção, acredito que os resultados diferenciados resultem de abordagens metodológicas diversas e de eventuais descompassos geográficos e entre um meio rural longínquo e a efervescente capital federal.

Em momento algum pretendo negar que o racismo operasse no sistema judiciário. Apenas aponto a vida cotidiana como a instância fundamental onde se dava a segregação, e nesse sentido ali já estavam dadas as condições para "saber quem é quem". Talvez o ambiente mais anônimo de uma cidade da dimensão do Rio de Janeiro exigisse um registro mais sistemático das cores dos envolvidos, algo desnecessário na diminuta Conceição do Arroio. Por outro lado, o autor admite que em diversos casos a "cor" não foi explicitada nos autos, não ficando claro o tratamento metodológico adotado para dar conta dessas situações. Tive a oportunidade, por conhecer as teias sociais comunitárias e trajetórias individuais e familiares, de contrapor esse aspecto silenciado a circunstâncias específicas e critérios de pertencimento, podendo, assim, perceber tal *campo de disputa social* em torno das categorias cromáticas.

Esse *campo* aparece também nas formas como tais categorias foram arroladas nos registros civis. Percebe-se aí também um descompasso entre as maneiras pelas quais foram caracterizadas em cartório e as suas vivências e relações sociais cotidianas. Se isso, por vezes, dava margem a flexibilidades e possibilidades de negociação, muitas vezes impunha-se mui claramente quem era quem e os lugares reservados para cada um. É o que os leitores acompanharão no terceiro movimento destes interlúdios de racialização.

## Capítulo 3

# GERAÇÃO DE MIGRANTES[189]

> Mira la casa vacía, nuestros hijos desperdigados por el mundo, y nosotros dos solos otra vez como al principio [Márquez, 2006:132].

Entre a Primeira República e a ditadura militar, o Brasil modificou seu perfil de um país rural para o de um majoritariamente urbano. Tais alterações no perfil demográfico nacional, paralelas a um grande crescimento populacional, foram interpretadas como decorrentes de migrações rural-urbanas a fim acompanhar o desenvolvimento industrial do país (Patarra, 2007). O município de Conceição do Arroio/Osório não foi alheio a essa tendência geral, como se pode acompanhar pela tabela e pelo gráfico a seguir. Apresenta-se a tendência de participação relativa de sua população rural, suburbana e urbana entre 1920 e 1950. A primeira, embora tenha sofrido um crescimento em números absolutos, certamente decorrente de sua reprodução endógena, decaiu em termos relativos, em virtude de migrações para o meio citadino.

**Tabela 6.** População rural, suburbana e urbana em Conceição do Arroio/Osório (1920-1950)

|           | 1920          | 1940           | 1950           |
|-----------|---------------|----------------|----------------|
| Rural     | 16.500 (95,93%) | 29.121 (85,94%) | 35.822 (83,18%) |
| Suburbana | 0             | 1.947 (5,75%)  | 3.609 (8,38%)  |
| Urbana    | 700 (4,07%)   | 2.817 (8,31%)  | 3.637 (8,44%)  |

---

[189] Uma versão parcial e preliminar deste capítulo foi discutida no XIV Encontro Regional da ANPUH-Rio (Rio de Janeiro, 2010) e publicada em Weimer (2011b).

**Gráfico 1.** População de Conceição do Arroio (1920-1950)

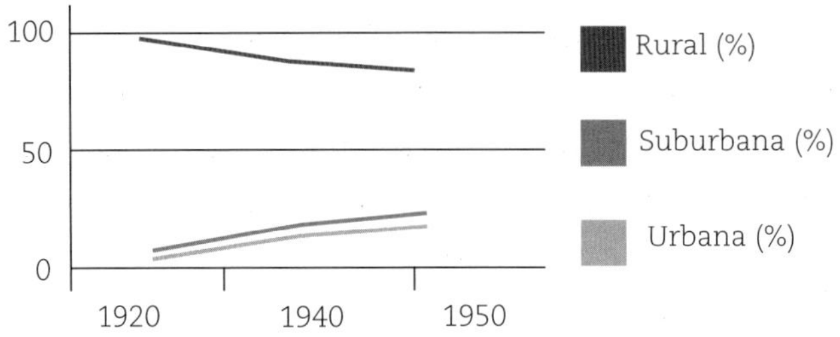

- Rural (%)
- Suburbana (%)
- Urbana (%)

Fonte: FEE (1981:127, 147 e 175).

Com esse gráfico, não pretendo apresentar um "cenário" estático no qual se desenrolaram as ações dos personagens cujas narrativas e trajetórias de migração conto a seguir. Não basta relacionar tal processo às suas determinantes estruturais; há também, a par do processo de industrialização que demandou a mão de obra migrante, que se verificar as motivações que levaram contingentes populacionais a se mover do campo para a cidade. Há de levar em conta, sobretudo, que lugares como Capão da Canoa e Osório, destinos principais dos migrantes, *não eram centros industriais*. É a partir dessas motivações, tal como lembradas pelos próprios protagonistas dos processos migratórios, que pretendo percebê-los não como números nas curvas do desenho de um gráfico, mas como agentes que contribuíram, com motivações muito específicas, a definir o seu formato.[190]

Busca-se entender quais foram, nas narrativas dos migrantes entrevistados, os motivos que levaram à partida para a cidade, esmiuçando fatores de expulsão do meio rural e atrativos representados pelo meio urbano bem como as condições de vida nele encontrados. Verifica-se, ainda, que a urbanização não foi um processo linear, irreversível ou sem contradições em relação ao modo de vida adotado pela comunidade de origem dos migrantes. Por enfatizar o ponto de vista dos partícipes do processo de migração — e propor a apresentação de um etnotexto —, minha análise recairá sobretudo nas narrativas que eles trazem a respeito do processo por eles vivido. Assim, fiz a opção de, neste capítulo, apresentar abundantes referências a entrevistas. Trata-se de *tornar presente* sua percepção.

---

[190] Bittencourt Junior (2006:285) descreveu o processo migratório através da noção de "diáspora interna".

Não se trata, na análise aqui realizada, de propugnar a migração como uma alternativa de vida buscada exclusivamente pelo segmento negro da população. O êxodo rural foi, de fato, uma realidade mais abrangente da sociedade brasileira de meados do século XX. No entanto, o que aqui defendo é que essa alternativa de vida foi buscada, com maior ou menor êxito, por parcelas significativas da população negra. Não afirmo que a partida para as cidades seja uma especificidade de netos de escravos, mas descrevo esse itinerário como aspecto fundamental da vida dos sujeitos sociais por mim investigados.

Segundo a análise de Barcellos (1996), os processos migratórios envolveram a busca de melhores condições de vida e implicaram em itinerários de ascensão social de famílias negras. De acordo com Costa (2008), a decisão de abandonar casa, família, parentes e amigos era bastante dificultosa, mas não tomada a esmo. Trata-se de uma situação em que estava em jogo a busca pela sobrevivência e a certeza da possibilidade de obtenção de recursos. Compartilho da visão dos autores, segundo a qual a migração faz parte de uma estratégia de sobrevivência e reprodução familiar, e é essa que procurarei ressaltar neste capítulo. A migração faz parte de um processo de mobilidade social — aqui tomada como geracional — e de luta por uma vida melhor. Por outro lado, como destaca Marcelo Mello (2012:221), a itinerância podia-se dar com referenciais de territorialidade familiar que representavam um *lugar para onde voltar*. Assim, evita-se defini-la negativamente como uma busca desesperada diante da total falta de alternativas.

Com a finalidade de melhor entender a dinâmica da busca por uma nova vida no meio urbano, investigarei as narrativas acerca dos motivos que levaram ao abandono da terra familiar no Morro Alto e dos atrativos do meio urbano. Tais narrativas serão apresentadas sem a pretensão de avaliar — nem tampouco negar — sua objetividade. O intuito, aqui, é um pouco distinto, qual seja, o de verificar em que medida tais relatos são tomados como explicativos, em um processo de rememoração, do processo migratório vivido.

## Motivos para partir — narrativas de expropriação

Processos de expropriação de terras do campesinato negro da região de Morro Alto na primeira metade do século XX já foram objeto de análise por Barcellos e colaboradores (2004:167-179) e relacionados à modernização da região decorrente da construção de estradas. O plano nacional de estradas de rodagem data de 1937, com o advento do Estado Novo (Sousa, 1937). O impacto da BR-59 (hoje, a BR-101) atingiu a localidade onde ficavam os terrenos da "*gente* da Felisberta" em meados do século XX, já que o trecho entre Osório e Torres foi entregue ao público em 1952 (Barcellos et al., 2004:164).

Mas em que medida a construção de uma estrada pôde redundar em processos de expropriação de terra? Tal questão foi analisada por Barcellos e colaboradores (2004:167-174). Conforme os autores, as estradas fracionaram terrenos de uma forma que apenas uma pequena parcela restou às famílias em questão e ofereceram oportunidades para que intrusos cercassem os terrenos, instalando-se nas margens das mesmas. Além disso, a BR-59 cortou os terrenos, configurando uma nova organização espacial da região: a estrada passou a ser o eixo das atividades econômicas.[191] Se anteriormente as terras de camponeses negros estendiam-se desde o morro até divisas de água, a estrada cortou, em suas terras, para um lado as planícies de campos e para outro os terrenos de morro. As primeiras foram muitas vezes perdidas para grandes fazendeiros, restando para o campesinato negro os últimos, menos rentáveis.

A vinculação entre a abertura de pedreiras, a construção de estradas e o desenvolvimento urbano das praias de veraneio com os processos de expropriação comunitária foi assinalada por Norton Corrêa, em artigo de 1978.

> Acontece que com o surto de progresso que as praias [de veraneio, no litoral norte gaúcho] experimentaram, especialmente depois da melhoria das estradas, cresceu muito a demanda de pedras, sejam para construção, sejam para calçamento de ruas. E nos morros, cujas terras tinham pouco valor, descobriram-se pedreiras de primeiríssima qualidade que poderiam render lucros fabulosos.
> Isto foi o quanto bastou para que gente inescrupulosa, aproveitando-se da ignorância, da pobreza e da boa-fé dos proprietários, simplesmente avan-

---

[191] "Os cortes e novos traçados, mais práticos e eficientes ao transporte rodoviário, ignoravam limites e traçados antigos, que tinham sua razão de ser na região. As terras da comunidade foram profundamente divididas" (Barcellos et al., 2004:170).

çassem, sem mais aquela, nas terras alheias. Mais ricos, podendo pagar bons advogados, só não fizeram chover [Corrêa, 1978c].[192]

A expropriação, particularmente nos mencionados terrenos de campo, deu-se principalmente pelo recurso a falsificações e ao arame farpado — que consistia em "tapar" as terras e impedir o acesso e utilização de áreas anteriormente de uso comum, como campos de pastagens e beiras de lagoas (Barcellos et al., 2004:323-325).[193] Essa narrativa de expropriação é apresentada em paralelo a uma fala de não entrega de terrenos herdados de Rosa Osório Marques (Barcellos et al., 2004; Chagas, 2005a, *passim*), e foi a primeira explicação, espontaneamente tomada, pelos meus entrevistados no momento em que lhes perguntei por que tantas pessoas originárias de Morro Alto abandonaram a região e foram embora:

Rodrigo — Por que tanta gente foi embora?
Diva — Porque não podiam plantar.
Rodrigo — Por que não podiam plantar?
Diva — Porque não deram terra, agarraram as terras deles.[194]

A aquisição do terreno do Espraiado pelo seu avô é explicada através do fato de as terras doadas estarem sendo todas vendidas em lugar de serem entregues. Assim, Manoel Inácio não desejou que seus filhos "ficassem na rua":

Diva — O Espraiado tava [dentro do terreno doado por Rosa Osório Marques]. Só que depois, com o tempo, quando eles começaram a vender, o meu avô pegou e tirou um pros filhos, pra nós. Pros filhos dele. Aí meu avô tirou, então assim, já os que tão vendendo tudo, os meus filhos vão ficar na rua, então não vão ficar na rua.[195]

---

[192] A primeira das mencionadas pedreiras foi aberta pelo falecido marido de dona Aurora Inácia Marques da Silva. Sua família, contudo, não seguiu a explorando devido ao seu falecimento precoce por infarto enquanto nelas trabalhava. Essa situação gera um sentimento de frustração muito grande na entrevistada, na medida em que ela aponta como "roubalheira" o fato de tanta gente ter lucrado naquilo que inicialmente coube ao pioneirismo de seu falecido marido.
[193] A comunidade negra de Cambará viveu processo similar. Ver Mello (2012:191-192).
[194] Entrevista filmada com a senhora Diva Inácia Marques Terra, no dia 12 de março de 2010, em Osório (LABHOI — UFF).
[195] Entrevista filmada com a senhora Diva Inácia Marques Terra, no dia 12 de março de 2010, em Osório (LABHOI — UFF).

De qualquer maneira, o terreno que constituía as terras de doação de Rosa Osório Marques para seus cativos era originalmente aberto — isto é, desprovido de cercas de arame farpado. O ato de tapá-los é atribuído aos brancos:

> Rodrigo — E esse terreno antes, ele era aberto ou era fechado?
> Eva — Era aberto [balança a cabeça afirmativamente].
> Rodrigo — E quem foi que tapou?
> Eva — Não, eles taparam, ah [sacode o ombro], por baixo, assim, por, do morro pra baixo, pra banda da lagoa, pra banda de Capão. Ali tinha muito, mas os moradores infelizmente já morreram tudo também, que Deus me perdoe. Daqueles que taparam. É, acho que até nem tem mais ninguém.
> Rodrigo — Mas quem tapou foi moreno ou foi branco?
> Eva — Foi branco.[196]

A senhora Eva não migrou para o meio urbano, e sim para outra área rural (ver adiante). Assim, sua narrativa é espontânea e não tem como objetivo justificar qualquer processo migratório. Tal estado de coisas simplesmente foi considerado "enrolado", isto é, não se lhe reconhece um estatuto de legitimidade. Aqueles que "taparam" eram muito "esganados" e passaram a se considerar donos dos terrenos cercados com arame farpado.

Processos de expropriação não são associados exclusivamente ao estabelecimento de cercas, mas também, em um segundo momento, à mudança de sua localização, uma vez tendo sido postas. A senhora Edite Maria da Rosa relata como fazendeiros brancos — em um ato por ela rememorado quando indagada da existência de racismo na região — deslocavam as cercas a fim de tomar para si terrenos de seus vizinhos negros. Novamente seu relato torna-se mais eloquente por não vir de alguém que através dele busca justificar a partida de Morro Alto; pelo contrário, trata-se de família que permaneceu vivendo na região e, assim, assistiu ao processo descrito com proximidade.[197]

---

[196] Entrevista filmada com a senhora Eva Marques Correia no, dia 12 de março de 2010, no Caconde (LABHOI — UFF).
[197] Entrevista com a senhora Edite Maria da Rosa, no dia 10 de junho de 2010, no Ribeirão do Morro Alto (LABHOI — UFF).

A saída de Rosalina — respectivamente, mãe de Ercília e avó de Wilson — do terreno é vinculada por eles a uma narrativa de expropriação.

> Ercília — Então eles tomaram, né? Meu tio é que cuidava, né? Então ele foi tomando, foi tomando e tomou mesmo, ficaram de dono. [...] Por exemplo, o negro não tinha... Até que eles venderam, dizem, né? Não é do meu tempo porque eu morava em Osório. Eles quiseram vender... do tio Deodício, dizia que aquilo ali era deles, tava no testamento.[198]

Contrastante é a narrativa de saída do Espraiado por parte dos descendentes de Manoel Inácio Filho. Enquanto os descendentes de Rosalina apresentam um cenário conflitivo e de expropriação, seus primos simplesmente afirmam que seus pais venderam o terreno porque os filhos dali já tinham ido embora, porque estavam velhos e necessitavam de cuidados de saúde mais acessíveis em Osório — o que não nega a possibilidade de a venda ter se realizado mediante coação.[199] Sem querer confrontar as duas versões, ou estabelecer a "veracidade" ou "falsidade" de qualquer uma delas, há de se colocar em perspectiva os lugares a partir dos quais se está falando. A primeira narrativa é coerente com a posição de Wilson como protagonista da luta fundiária de Morro Alto, na condição de presidente da Associação de Moradores da referida comunidade. Porém, entre os descendentes de Manoel Inácio Filho não são ausentes — apenas mais tímidos — os relatos de expropriação.

Diva relatou para mim no dia 14 de julho de 2010, pela primeira vez, uma narrativa nesse sentido. Disse que tinha muita raiva de um fazendeiro de iniciais L. B. e de italianos em geral — após perguntar, aos risos, se essa seria minha origem familiar — porque eles vêm lá de longe de navio e constroem casas em cima do que é dos outros. Em seguida, relativizou o comentário, afirmando, rindo, que seus ancestrais também vieram de navio lá da África, "e vai saber se não fizeram o mesmo". Mais do que a

---

[198] Entrevista com a senhora Ercília Marques da Rosa e Wilson Marques da Rosa, no dia 26 de agosto de 2001, na Prainha. Entrevista realizada por Cíntia Müller, Mariana Fernandes, Alessandro Gomes e Cíntia Rizzi.
[199] Entrevista realizada com dona Aurora Inácia Marques da Silva, senhor Celso Rodrigues Terra e dona Diva Inácia Marques, no dia 28 de novembro de 2001, em Osório; entrevista com a senhora Aurora Inácia Marques da Silva, no dia 9 de janeiro de 2009, em Osório (LABHOI — UFF); entrevista com a senhora Edite Maria da Rosa, no dia 10 de junho de 2010, no Ribeirão do Morro Alto (LABHOI — UFF).

gênese de uma nova versão temos, aqui, a emergência de condições de explicitação de um discurso até então silenciado — por ser delicado evidenciar as fragilidades sociais em um ambiente racialmente tenso. Após cerca de 10 anos de contato sistemático e conquistada uma intimidade, traduzida na brincadeira a respeito de minha suposta origem italiana, foi que Diva sentiu-se à vontade para tocar na sensível questão da expropriação fundiária.

Disse que o fazendeiro mencionado apossou-se de parte das terras de seu pai, que antes iam até o rio Morto, atravessando o braço do rio Tramandaí, mas o pai não quis se incomodar e deixou. Não quis correr o risco de se ver com a polícia ou arrumar incomodação com um vizinho. Ela afirmou que em seu lugar teria feito a mesma coisa. Perguntei como ele fez para se apossar do terreno, se avançou a cerca ou fez uma escritura falsa. Diva disse que não sabia, só sabia que ele fez casa em cima "e ficou". Afirmou ainda que a escritura deveria estar com um dos filhos de sua prima.[200] Não obstante as narrativas de expropriação, a insuficiência das terras que restaram também foi apontada como um aspecto que levou à migração.

## Motivos para partir — a terra que enfraqueceu

Ao elencar os motivos pelos quais partiram para a cidade, é recorrente entre os entrevistados a afirmação de que "a lavoura não compensava".[201] Com isso, querem dizer que a partir de determinado momento, o trabalho na roça passou a ser insuficiente para atender às necessidades de abastecimento no mercado.

> Rodrigo — Por que que não dava mais na roça?
> Aurora — Porque num ano dá planta e no outro ano não dá, né? E não dava pra despesa.
> Rodrigo — Não dava pra despesa.
> Aurora — Não.[202]

---

[200] Diário de campo de 14 de julho de 2010, em Osório (LABHOI — UFF).
[201] Entrevista com o senhor Teodoro José Cardoso, no dia 9 de janeiro de 2009, em Osório (LABHOI — UFF).
[202] Entrevista filmada com a senhora Aurora Inácia Marques da Silva, no dia 13 de março de 2010, em Osório (LABHOI — UFF).

Uma possível explicação para a diminuição do rendimento da terra e de ela ter-se tornado insuficiente para o atendimento das necessidades familiares está na redução de sua fertilidade. O enfraquecimento do solo é creditado ao desmatamento, e, sobretudo, às dificuldades de plantar no morro e à inexistência de adubos adequados a esse tipo de terreno:

> Rodrigo — Como é que foi que o senhor foi morar em Porto Alegre e foi trabalhar lá?
> Manoel — Eu fui trabalhar porque assim, ó. Aqui o nosso, teve uma época que dava, a planta ajudava, a terra, pra dar um pouquinho, falar português [em bom português], a terra ajudava e depois não ajudou mais, enfraqueceu.
> Rodrigo — A terra enfraqueceu.
> Manoel — Até aqui agora.
> Rodrigo — E por que será que a terra enfraqueceu?
> Manoel — Aaah, é tirado assim, você desmata aí, ó... você não é criado na lavoura, que eu tô vendo. Assim ó, desmata, tem que deixar passar uns cinco, seis anos pra ela recuperar. É que nem nós. Nós temos que assim, fortalecer. Naquela época não tinha adubo, não tinha nada pra morro no meu tempo. Tem pra terra plani... Plana. Mas pra morro não tem. A não ser que seja uma parte, se não, não tem.[203]

Além de um desgaste físico do solo, os entrevistados chegam a apontar uma explicação sociológica para a migração, no caso, a exiguidade de terras deixadas a cada herdeiro e a impossibilidade de reprodução social da unidade camponesa em um terreno demasiadamente parcelado. Tal aspecto vem sendo adequadamente sublinhado pela bibliografia pertinente acerca do pós-Abolição (ver Costa, 2008:22). Souza (2003:244) destaca:

> Estudiosos brasileiros também apontam problemas enfrentados por famílias camponesas com elevado número de filhos. Muitos destes problemas estão relacionados à dificuldade na manutenção da integridade da propriedade e mesmo de sobrevivência dos seus membros, sendo este último aspecto mais perceptível em se tratando de mulheres com muitos filhos pequenos e que não contavam com a ajuda masculina. A solução do problema, empreendido

---
[203] Entrevista com o senhor Manoel Inácio Marques Neto, no dia 9 de janeiro de 2009, em Osório (LABHOI — UFF).

não apenas pelos camponeses, mas também pela elite agrária, foi estabelecer regras próprias de herança, que consistiam em favorecer determinado herdeiro, contrariando dispositivos legais que previam a partilha igualitária dos bens. *Outra estratégia adotada foi incentivar a migração de alguns membros da família, evitando, com isso, uma excessiva fragmentação do patrimônio* [grifos meus].[204]

Manoel Inácio Marques Neto aponta uma descontinuidade entre a geração de seus pais e a sua. No caso dos filhos de Felisberta e Manoel Inácio, foi possível, conforme visto no capítulo anterior, através dos mecanismos arrolados, conservar a propriedade camponesa indivisa. Na geração seguinte, porém, não foi possível impedir um esfacelamento do terreno adquirido por seus avós. Conforme seu relato:

> Manoel — Porque nós tínhamos terra de montão, nós pra trabalhar, mas não era só nós, tinha os outros herdeiros, era tudo cada um na sua, folha de partilha, o nosso era vinte, vinte braças assim, com mil e pouco de fundo, de frente, então era pouca, trabalho é pouco, vinte braças no morro é pouca terra.[205]

Assim sendo, o papel de "empregado" foi julgado mais conveniente, diante da exiguidade de terras e de uma lavoura que não mais atendia às necessidades familiares. Embora a migração fizesse parte da lógica de reprodução da unidade econômica camponesa, no caso dessa família, nessa geração, foi além: partiram, todos, para a cidade, avaliando que não valia a pena fracionar o terreno original diante de uma lavoura considerada deficitária.

Com a migração, ocorre um deslocamento de sentido das categorias "serviço" e "trabalho", que passam a ser entendidas como a labuta no meio urbano, para onde "se espalharam". Assim, são recorrentes as falas de que no

---

[204] Lima faz considerações mais gerais sobre o papel da migração em sociedades camponesas, ao dissertar acerca das hipóteses de Giovanni Levi a respeito do tema: "a migração sazonal era lida como uma estratégia familiar construída em um quadro de manutenção do equilíbrio econômico da família e que era utilizada em um quadro mais geral de estratégias que incluíam o celibato, o retardo na idade do matrimônio, a emigração definitiva etc. As diferentes formas de migração eram pensadas de acordo com essa lógica de equilíbrio: desde a migração "normal", dos rapazes entre a adolescência e o matrimônio, ou aquela dos próprios chefes de família, nos casos em que as outras estratégias de equilíbrio falhavam. A migração (que havia sido estudada anteriormente por Levi a partir do ponto de chegada, Turim) era pensada do ponto de vista da origem, não como uma forma de desagregação da família e da comunidade, mas como uma estratégia para sua conservação" (Lima, 2006:242).
[205] Entrevista com o senhor Manoel Inácio Marques Neto, no dia 9 de janeiro de 2009, em Osório (LABHOI — UFF).

meio rural não havia "serviço" — categoria na qual não está incluída a faina rural. Partir para a cidade era partir em busca de "serviço", segundo Eva Inácia Marques.

> Eva — Pra trabalhar, né? *Lá não tinha trabalho*. Era só na roça né, então a gente tinha que sair pra fora pra trabalhar.
> Rodrigo — E que tipo de trabalho a senhora fazia?
> Eva — Doméstica. Sempre fui doméstica.[206]

Igualmente, sua prima Eva Marques Correia — não obstante tenha trabalhado a vida inteira na roça, na atafona de farinha e nas lides domésticas — afirma categórica e singelamente que *não trabalhou depois de casar-se*.[207] O trabalho, aqui, é evidentemente entendido como o trabalho para outrem.[208] A partir do momento em que o trabalho para terceiros passou a ser *garantido por direitos*, porém, essa percepção negativa atenuou-se.

## Motivos para partir — narrativas de direitos

A senhora Aurora Inácia Marques da Silva afirma que "muita gente de Morro Alto, que era tudo moreno, saiu. Pra trabalhar".[209] Tal frase expressa um processo social que tomou conta do campo brasileiro a partir da década de 1930. Atraídos pelos direitos trabalhistas inexistentes no campo, legiões de trabalhadores brasileiros rumaram às cidades desde então. A historiografia oscila entre considerar tal efeito um objetivo explícito da legislação sindical (D'Araujo, 2007:220) e em apontar que a quantidade de migrantes rurais no meio urbano foi considerada uma consequência de proporções indesejadas [Gomes, 2005:240].

---

[206] Entrevista com a senhora Eva Inácia Marques, no dia 9 de janeiro de 2009, em Osório (LABHOI — UFF). Grifos meus.
[207] Entrevista com a senhora Eva Marques Correia, no dia 14 de janeiro de 2009, no Caconde (LABHOI — UFF).
[208] Estudos apontam que, em diversos locais na América, o trabalho para outrem — e não o trabalho, abstratamente — foi rejeitado por descendentes de escravos. Ver, por exemplo, Scott (1991) e Holt (1992 e 2005). Tal perspectiva choca-se com a abordagem apresentada por Florestan Fernandes (1965).
[209] Entrevista realizada com a senhora Aurora Inácia Marques da Silva, senhor Celso Rodrigues Terra e a senhora Diva Inácia Marques, no dia 28 de novembro de 2001, em Osório.

Revestidos de conteúdo negativo ou positivo, frequentemente se apontam os vínculos causais entre ausência de direitos trabalhistas no meio rural e migração para o meio urbano, a exemplo do seguinte excerto de Angela de Castro Gomes:

> A não aplicação da legislação social ao campo era identificada como uma das causas do êxodo rural, uma vez que o trabalhador do campo via-se ignorado e desamparado. Sem educação e sem saúde, sem transporte e sem crédito, sem possibilidade de uma atividade rendosa, acabavam ficando no campo apenas aqueles que não conseguiam migrar [Gomes, 2005:241].

Tal perspectiva vem sendo relativizada por uma historiografia mais recente, que tem criticado a ideia de que os direitos trabalhistas e o impacto do governo varguista foram inócuos no meio rural (Dezemone, 2004, 2009; Ribeiro, 2009). Tais autores destacaram que, por meios diversos, os trabalhadores rurais procuraram a Justiça referenciados em parâmetros legais do direito trabalhista, dirigiram missivas a Vargas apresentando suas reivindicações e vivenciaram, naquele momento, uma decadência do poderio dos grandes fazendeiros.

O meio rural não pode ser entendido como impermeável às políticas pedagógicas e culturais do Estado Novo, tendo em vista a intensa troca entre o rural e o urbano (Mattos, 2004:66). Dessa maneira, os leitores perceberão em seguida, Vargas angariou grande reconhecimento pelos novos direitos atingidos. Seu governo foi tomado claramente como um marco definidor de novas experiências de liberdade, em paralelo e para além da Lei Áurea.

Deve-se considerar, ainda assim, que seu impacto fora de áreas urbanas foi, se significativo, indireto e informal. Em outros termos, o efeito da legislação trabalhista não foi incólume no meio rural, porém se deu "por tabela" dos direitos atingidos pelos trabalhadores urbanos. Ao menos para efeitos explicativos do êxodo rural, o acesso diferencial a direitos sociais, entre o urbano e o rural, deve ser levada em consideração.

Essa percepção não é minha, e sim de alguns entrevistados, que apresentaram o meio rural, então, como lugar de ausência de direito. Relembrando do momento de sua partida de Morro Alto, durante o processo de entrevista, um neto de Pulquéria Felisberta travou um diálogo mental com sua mãe, que se opunha à sua saída para a cidade, explicando a ela porque seguia para Porto Alegre e observando que teria uma vida melhor no meio urbano.

> Neto de Pulquéria Felisberta — Nasci e me criei lá no Morro Alto, depois é que eu peguei e vim-me embora pra cá, porque naquela época a gente trabalhava lá no Morro Alto, caído lá por cima das pedras, tudo vai plantar um pezinho de planta, não tinha nada, não tinha direito nenhum, né, naquela época. Agora tem mesmo direito de quem tem aqui, então, *vou-me embora, que que eu vou, trabalhar com meus direitos, porque um dia eu posso me aposentar.* Aí agarrei e fui embora. Mas menti pra minha mãe que eu não vinha a Porto Alegre, que eu ia pras granjas [...]. Então menti pra ela e foi ela disse "tu não vai pras granjas, né, tu tá mentindo pra mim, tu vai-te embora pra Porto Alegre", e aí foi que eu disse pra ela "Mamãe, eu não sei mentir. Eu não vou lhe mentir, *eu vou-me embora pra Porto Alegre por causa do que? Vou trabalhar lá com os meus direitos lá, que um dia eu me aposento e posso ter um direitozinho de me aposentar e ter mais um modo de viver, porque aqui não adianta, a gente trabalha, ia morrer e não tem direito a nada. Então vou-me embora"* e vim-me embora pra cá, em 57 vim pra cá. Em 57, 58.[210]

A par dos processos de expropriação apresentados *supra* e da modificação de sistemas produtivos camponeses decorrentes da abertura de pedreiras para pavimentar as estradas abertas na região de Morro Alto (Barcellos et al., 2004), a cidade e os direitos sociais por ela assegurados constituíam um polo de atração.

Se a urbe era o espaço dos direitos sociais, assim o era por obra e graça do governante. Getúlio Vargas é entendido pelos depoentes como aquele que concedeu os direitos, enquanto antes "era ditadura. Não tinha nada".[211] Se a escravidão é tida como tempo, por excelência, de ausência de prerrogativas (Barcellos et al., 2004:359-370; Chagas, 2005a:171-180), os governos trabalhistas, mais do que a princesa Isabel, são concebidos como aqueles que representaram um momento de ruptura, instituindo direitos. Tal interpretação de descendentes de escravos acerca da legislação varguista foi percebida também por diversos pesquisadores em estudos referentes à região Sudes-

---

[210] Entrevista com um neto de Pulquéria Felisberta, no dia 12 de janeiro de 2009, em Porto Alegre. Grifos meus.
[211] Entrevista realizada com as senhoras Aurora Inácia Marques da Silva, senhor Celso Rodrigues Terra e a senhora Diva Inácia Marques, no dia 28 de novembro de 2001, em Osório.

te (Mattos, 2004:63; Dezemone, 2004:125-135; Mattos, 2005a:54-55; Gomes e Mattos, 2010).

Na narrativa de Aurora, Vargas aparece, ele mesmo, como um grande proprietário de cativos que teria, contudo, os libertado e dado direitos que seriam instituintes dos mesmos para os demais.

> Rodrigo — E pros negros, o Getúlio foi bom?
> Aurora — Foi sim. Ele foi bom desde aí. Desde aí que ele foi governador, que ele tinha muita pena dos negros. Ele tinha muita pena que eles sofriam muito.
> Eva — Eu acho que ele foi perseguido, né, Doca. Por causa disso aí.
> Aurora — Ele tinha uma fazenda que era só escravo.
> Rodrigo — Ele tinha?
> Aurora — Uhum. O Getúlio.
> Rodrigo — Que que aconteceu com esses escravos do Getúlio?
> Aurora — Ah, ele libertou, ele ajudava, ele fazia tudo que era bom.[212]

As senhoras Aurora e Eva sabem muito bem que o regime escravista extinguiu-se em 1888, e certamente os "escravos" de Getúlio denotam trabalhadores sem acesso a direitos sociais, como, de resto, os demais — brancos ou negros — de seu período. Trata-se de uma comparação para dar conta da situação daqueles que trabalharam *tipo dos escravos* — conforme veremos com mais vagar no capítulo 4. Aurora interpreta, inclusive, os atos da princesa Isabel e de Getúlio Vargas como dois momentos distintos de um processo de emancipação.

Não há concorrência ou sobreposição entre ambos os atos, igualmente importantes. A libertação dos escravos pela princesa teria sido um ato de inspiração divina, uma graça, enquanto a ação de Getúlio, algo pertencente à caridade humana. A primeira teria deixado os escravos "por conta deles", garantindo o direito de ir e vir. "Puderam seguir seu caminho, sair debaixo da asa dos brancos", disse-me ela. O segundo, por sua vez, os teria instituído como indivíduos verdadeiramente livres por serem portadores de direitos.[213]

---

[212] Entrevista realizada com as senhoras Aurora Inácia Marques da Silva, senhor Celso Rodrigues Terra e a senhora Diva Inácia Marques, no dia 28 de novembro de 2001, em Osório.
[213] Entrevista com a senhora Aurora Inácia Marques da Silva, no dia 13 de março de 2010, em Osório (LABHOI — UFF).

A partir de então, houve o direito de votar e de ter carteira assinada. Aurora data as primeiras leis trabalhistas depois de sua vinda para Osório, "isso faz uns 50 anos, eu acho", mas ainda quando seus familiares moravam em Morro Alto, portanto, sem um nexo causal com sua vinda para a cidade. Ela as associa ao momento em que obteve a sua, e não àquele em que as carteiras de trabalho passaram a existir, o que remonta à década de 1930.

É importante observar que o discurso do acesso a direitos trabalhistas como um motor para o êxodo rural verifica-se apenas entre os depoentes que se dirigiram para Porto Alegre,[214] eles mesmos mais jovens do que os que foram para Osório. Procurei "testar" essa hipótese de trabalho, perguntando diretamente a Aurora se o acesso a direitos trabalhistas constituiu uma motivação para o êxodo rural. Obtive um "não" categórico:

> Rodrigo — E será que as pessoas não vieram pra cidade também porque tinha carteira assinada aqui?
> Aurora — É, carteira... não, até que no começo a gente veio sem car... sem ter carteira assinada.
> Rodrigo — No começo veio sem ter carteira assinada.
> Aurora — É. Eu vim pra cá não tinha carteira assinada.
> Rodrigo — Só depois que começou.
> Aurora — Eu trabalhei 12 anos na casa de um médico e não tinha carteira assinada.[215]

A entrevistada lembra-se de ter trabalhado desde os 14 anos sem carteira assinada. Considerando que nasceu em 1927, desde quando era criança Vargas já estava no poder, e quando ingressou no mercado de trabalho, já existiam carteiras de trabalho, porém não acessíveis a trabalhadoras domésticas. Contudo, simbolicamente, a presença do presidente é associada ao momento em que *ela* teve acesso a elas, mesmo que ele já governasse e aquelas já existissem anteriormente.

Mesmo os direitos trabalhistas instituídos após o período varguista são atribuídos por Aurora à pena de Getúlio, que os deixou assinados, porém não

---
[214] Entrevista com um neto de Pulquéria Felisberta, no dia 12 de janeiro de 2009, em Porto Alegre; entrevista com o senhor Manoel Inácio Marques Neto, no dia 9 de janeiro de 2009, em Osório (LABHOI — UFF).
[215] Entrevista filmada com a senhora Aurora Inácia Marques da Silva, no dia 13 de março de 2010, em Osório (LABHOI — UFF).

pôde vê-los concretizados devido à perseguição por ele sofrida, que culminou no suicídio. Os governos posteriores não quiseram dar vazão ao direito de folga e ao direito de aposentadoria do trabalhador rural, cujo responsável maior ainda é Getúlio Dornelles Vargas. Percebe-se aí a força do mito dos direitos trabalhistas como dádiva governamental, e não como uma conquista dos trabalhadores, que se impõe até mesmo diante daqueles direitos cuja responsabilidade não remete ao varguismo. Por outro lado, sua leitura não é, nem de longe, disparatada, haja vista que a implantação de direitos sociais para os trabalhadores rurais esteve em pauta das décadas de 1930 a 1950 (Camargo, 2007:164-166; 178-185). Ela considerava-se bem-informada a respeito dos acontecimentos políticos devido à convivência com seus patrões, ricos.[216]

É inegável, porém, que a expectativa de direitos, particularmente, a possibilidade de aposentar-se, alimentou essa mitologia em torno das carteiras de trabalho como uma benesse. Os entrevistados lembram que, para confeccionar o documento, era necessário o registro de nascimento.[217] Costa (2008:134-137) historicizou de forma detalhada a legislação que procurou facilitar os registros civis, verificando que a partir da década de 1930 a população parda e preta foi amplamente beneficiada pela prerrogativa de realizar registros tardios, quer por outrem, quer por meio da autodeclaração.

Analisando a documentação de Nova Iguaçu entre 1889 e 1939, Costa constatou uma procura significativa por parte da população de pretos e pardos pelo registro civil a partir de 1934, com a promulgação das leis trabalhistas. Conclui o autor que "essas leis e decretos, na década de 1930, permitiram a essa parcela da população, formada em sua maioria de pretos e pardos, que estava em busca de trabalho ter maior acesso ao registro civil de nascimento" (Costa, 2008:174). Verificando ainda a maioria de homens nos registros, afirmou que "O notável número de homens, presentes nos registros, provavelmente, indica que essas pessoas buscaram o registro para terem acesso ao trabalho, visto que os novos arranjos de trabalho, provenientes do avanço urbano, podem ter exigido o registro civil" (Costa, 2008:160).

A análise dos registros civis do distrito de Maquiné, por mim pesquisados em minha tese de doutorado (Weimer, 2013a:266-272), evidencia que

---
[216] Entrevista realizada com as senhoras Aurora Inácia Marques da Silva, senhor Celso Rodrigues Terra e a senhora Diva Inácia Marques, no dia 28 de novembro de 2001, em Osório.
[217] Entrevista realizada com as senhoras Aurora Inácia Marques da Silva, senhor Celso Rodrigues Terra e a senhora Diva Inácia Marques, no dia 28 de novembro de 2001, em Osório.

não estava em jogo apenas, do ponto de vista prático, o *acesso* a direitos, mas também a *expectativa* por eles. Mesmo entre camponeses da rural Maquiné, para quem, a rigor, a carteira de trabalho não representaria um benefício imediato, verificou-se uma procura crescente pelos registros civis no meio rural, para si ou para seus filhos, na expectativa de que o acesso a uma carteira de trabalho pudesse ser facilitada na eventualidade de uma futura migração.

Portanto, mesmo no meio rural, há uma expectativa de obtenção de direitos sociais. Afastamo-nos, assim, de um cenário em que os despossuídos rurais são interpretados como vítimas das fatalidades do destino, para uma apreciação mais adequada de suas condições: sujeitos históricos capazes de planejar e projetar o melhor para si e para seus rebentos.

A associação feita por Aurora e Eva entre carteiras de trabalho e registros de nascimento corrobora a afirmativa de Costa: se os registros civis eram necessários para fazer a carteira de trabalho, a demanda por essa implicava a busca por aqueles. Entre os entrevistados, a correlação entre a busca pelo registro civil e o acesso a direitos trabalhistas verifica-se.

## Interlúdios de racialização III: A "cor" no cartório ou o retorno dos "italianos"

Neste interlúdio, procuro realizar uma análise do significado das categorias "branco", "preto", "pardo", "moreno" e "misto" tal como aparecem nos registros civis. Adianto haver um movimento contraditório em relação à caracterização delas. Por um lado, poderiam ser bastante plásticas no documento escrito — no qual, certamente, havia interferência do escrivão. Por outro, elas parecem estar subavaliadas. Diversas famílias por mim conhecidas como descendentes de escravos da região de Morro Alto encontram-se registradas sem menção à "cor", ou, ainda como brancas.

É o caso dos descendentes da escrava Libânea, invariavelmente registrados sem identificação de "cor" ou como brancos.[218] Todavia, esse ramo

---

[218] IJCSUD — CHF, Mcf. 1444093; ORCTNM — Livros A3, A5, A6, A7, A8, A9, A10, A11 e A12 de registros civis de nascimentos do tabelionato do distrito de Maquiné. Foram fotografados nesse tabelionato, mediante autorização judicial, os registros entre 1929 e 1949 a partir de uma amostra de cinco em cinco anos. Além desses, os registros do intervalo entre 1914-1925, disponíveis no Centro de História da Família dos Mórmons, foram pesquisados em sua integralidade.

familiar estava — e está — fortemente imbricado na tessitura das relações comunitárias da comunidade negra de Morro Alto. Tibério José da Silva, por exemplo, foi festeiro da festa de São Benedito em 1934, quando se dançava o maçambique.[219] Ele enviou um convite e a solicitação de donativos à "Exma. Sra. Felisberta". Em carta do mesmo ano, de autoria e destinatário desconhecidos — mas em poder da "*gente* da Felisberta" —, o/a missivista afirmava que encaminhara 28$000 "pelo Venâncio do Tibério".[220] As relações comunitárias foram acionadas para o transporte de bens e valores. Uma filha de Venâncio, todavia, foi registrada como "branca".[221] Ou seja, as "cores" presentes nos registros civis são apenas um instantâneo relacionado à percepção cromática do escrivão na presença do declarante. Não traduzem, em absoluto, as teias de relações sociais nas quais os indivíduos estão inseridos — e essas me parecem muito mais importantes para sua experiência social do que rótulos empregados na documentação cartorial.

Portanto, as informações constantes dos registros civis só poderão ser levadas em conta se cotejadas com as práticas e relações sociais tecidas no dia a dia. O registro capta apenas a impressão do tabelião em um momento específico, e pouco tem a dizer sobre como as pessoas vivenciaram as experiências de racialização.[222] A aparente plasticidade pode ser acompanhada no que toca aos registros civis da família de Brás Floriano da Rosa.[223] Ainda que seus filhos e netos possam ser classificados das formas mais diversas nos registros civis, essa família encontra-se profundamente enraizada nas teias sociais e genealógicas da comunidade negra de Morro Alto (Barcellos et al., 2004:221 e 428).

---

[219] Dança ritual afro-católica em louvor à Nossa Senhora do Rosário praticada pela população negra da região do Morro Alto.
[220] Tive oportunidade de conhecer e entrevistar o senhor Venâncio, por ocasião da pesquisa para o laudo de Morro Alto. Seu pai, Tibério, era meio-irmão de Belizário, filho de Manoel Inácio Marques. Assim, o rapaz que portava a carta era sobrinho de um meio-irmão dos filhos de Felisberta.
[221] ORCTNM, livro A12, f. 52v.
[222] Não assumo aqui uma perspectiva iconoclasta quanto às possibilidades de uso de fontes dessa natureza. Não pretendo destituir sua relevância. Por outro lado, atento para a necessidade de um cuidado metodológico e de problematização mais sistemática dos significados dos qualificativos de "cor", *confrontando-os às práticas sociais comunitárias efetivas.*
[223] Não realizei essa análise utilizando a "*gente* da Felisberta" como exemplo por ter encontrado apenas o registro civil de Manoel Inácio Marques Filho, em 15 de janeiro de 1891. IJCSUD — CHF, Mcf. 1444093, It. 8, livro 1 de registros civis de nascimentos do tabelionato do distrito de Maquiné, f. 90, ano de 1918.

**Quadro 1.** "Cores" da família de Brás Floriano da Rosa (1914-1949)

| Livro | Folha | Ano[224] | Declarante | Declarado | Relação com Brás | "Cor" |
|---|---|---|---|---|---|---|
| 1 | 12v[225] | 1914 | Brás Floriano da Rosa | Gustavo Brás da Rosa | filho | morena |
| 1 | 104v[226] | 1918 | Brás Floriano da Rosa | Luzia Maria da Rosa | filha | branca |
| 1 | 105[227] | 1918 | Brás Floriano da Rosa | João Floriano da Rosa | filho | branca |
| 1 | 179v[228] | 1920 | Brás Floriano da Rosa | Manoel | filho | parda |
| 2 | 65[229] | 1921 | Brás Floriano da Rosa | André Floriano da Rosa | filho | não mencionada |
| 2 | 156v[230] | 1923 | Brás Floriano da Rosa | Adélia da Silva Rosa | filha | não mencionada |
| A6 | 4v[231] | 1934 | Brás Floriano da Rosa | Gustavo Maria da Rosa[232] | filho | moreno |
| A6 | 22 | 1934 | Francisco Maria da Rosa | Francisco Maria da Rosa | filho | morena |
| A10 | 32 | 1944 | Sebastião de Oliveira Gomes | Eloi Julia Gomes | neto | branca |
| A12 | 19 | 1949 | Sebastião de Oliveira Gomes | Ivoni de Oliveira Gomes | neto | branca |
| A12 | 14v | 1949 | Brás Floriano da Rosa | Maria Brás da Rosa | filha | mista |

[224] Ano de declaração, não de nascimento.
[225] IJCSUD — CHF, Mcf. 1444093, Item 8.
[226] IJCSUD — CHF, Mcf. 1444093, Item 8.
[227] IJCSUD — CHF, Mcf. 1444093, Item 8.
[228] IJCSUD — CHF, Mcf. 1444093, Item 8.
[229] IJCSUD — CHF, Mcf. 1444093, Item 9.
[230] IJCSUD — CHF, Mcf. 1444093, Item 9.
[231] Os demais registros da tabela foram pesquisados no ORCTNM.
[232] Não é a mesma pessoa registrada em 1914, pois nasceu um ano depois.

É sabido que as identidades étnicas são fluidas e dinâmicas; mais do que isso, Crapanzano (2001) nos fala do caráter *retórico* e *pragmático* tomado pelas formas de expressão racial.[233] No entanto, esses dados revelam algo além. Em primeiro lugar, estou convencido de que as denominações de "cor", tal como aparecem nos registros, derivam de uma avaliação cromática feita pelo escrivão no ato do registro, e não de uma autoidentificação do declarante. Penso assim porque os apontamentos das "cores" dos filhos de Brás acompanham de forma evidente os anos em que foram realizados. Que outro motivo haveria para que todos os registros realizados em 1918 os qualificassem como brancos, todos em 1934 como "morenos", e assim por diante?

Trata-se de muito mais do que um processo de branqueamento[234] — explicação fácil e insuficiente diante do fato de seus filhos voltarem a aparecer como "pardos" ou "morenos" após terem figurado como brancos. Não me parece ser totalmente aplicável ao contexto de pós-Abolição, ao menos nesse caso, a relação estabelecida por Guedes (2008:93-108) entre mobilidade social e mudança de "cor".[235] Sustento que Brás não mudou de "cor", e sim a maneira como os sucessivos escrivães o avaliaram. Uma condição de proprietário de terras não parece "branquear" Brás, e sim localizá-lo em uma situação de liminaridade que lhe permitia flutuar entre diversas caracterizações de "cor". Era o contexto de igualdade *formal* que permitia a essa família circular entre diversas avaliações. Todavia, não me parece um manejo intencional de categorias de "cor". Ou não apenas.

Os leitores atentos lembrar-se-ão dos descendentes de italianos que, meio-irmãos de Manoel Inácio, afastaram-se do convívio familiar e desapareceram da memória dos descendentes daqueles, a não ser quando tiveram filhos com mulheres negras de Morro Alto; neste último caso, porém, seus descendentes são lembrados devido a *elas*, e não a *eles*. Aqueles ainda mais atentos devem se lembrar da nota 138 do capítulo 2 e saberão que esse pro-

---

[233] Em sua revisão acerca das teorias de raça e etnia, Barcellos (1996:91-92) retoma as críticas de Van der Berghe às posturas "primordialistas" e "subjetivistas": as primeiras podem levar ao racismo, ao substancializar e essencializar o fenômeno racial; e as últimas, levar "ao extremo da arbitrariedade na definição dos atributos culturais possíveis de serem tomados como sinal demarcador de fronteiras entre grupos". A autora prescreve uma postura intermediária entre os dois extremos, e é o que procuro fazer aqui. A raça possui, sim, uma dimensão retórica e pragmática, mas, como veremos, existem limitações sociais bastante objetivas para pretensões e discursos racializados.

[234] Além disso, procurarei demonstrar no último interlúdio de racialização que a categoria "moreno" não necessariamente implica em um esforço branqueador.

[235] Isso porque a caracterização da "cor" da família de Brás no registro civil parece ter sido mais flutuante do que pode ter sido sua condição social.

cesso foi ainda mais agudo entre a descendência de Herculano e Clementina. Prometi no título do presente interlúdio de racialização um retorno dos italianos, e o que eu prometo, eu cumpro.

Uma comparação entre os descendentes de Herculano com os de Brás pode ser bastante esclarecedora. Em 1934, o meio-irmão de Manoel Inácio registrou em cartório um filho, Francisco Herculano Pastorino, nascido em 1906. Naquele ano, o escrivão parecia particularmente propenso a utilizar a categoria "moreno", e foi o que fez.[236] Já seu filho Luiz Herculano Pastorino, nascido em 1895, foi registrado em 1921, e como costumava acontecer naquele ano, sua "cor" não foi identificada.[237] Esse último registrou cinco filhos de uma vez só em 1936: os gêmeos Otávio e Francisca, nascidos em 1922; Maria, Herculano e Pedro, nascidos respectivamente em 1924, 1927 e 1929.[238] Naquele ano, a percepção cromática do escrivão tendia para classificar os filhos de descendentes de escravos através da categoria "morenos", e foi o que de fato aconteceu.

O caso da descendência de Herculano parece confirmar aquilo que os registros da família de Brás apontaram: a sucessão dos critérios classificatórios acompanha a variação dos escrivães ao longo dos anos. As semelhanças, no entanto, terminam por aqui. O cotejo dos critérios de avaliação cromática realizada nos registros civis com as trajetórias familiares descreve experiências muito distintas. Em alguns momentos, Brás e sua família *puderam se passar* por brancos; mas parece que não quiseram. Seus laços comunitários arraigados em Morro Alto, sua participação no compadrio de crianças na região, seus cunhados, genros, filhos e filhas ali estabelecidos simplesmente tornavam um "branqueamento" uma hipótese remota e indesejada.

Pelo contrário, Herculano e os seus afastaram-se desse legado comunitário. Pelo menos nesse caso, ao contrário do que quis Gilberto Freyre (2006, [original de 1936]), a ascensão social, com ascendência italiana e progresso material,[239] não foi suficiente para "branqueá-los". Em dados momentos, a sociedade atentamente lembrava-lhes que eram morenos. Se a Brás — ao menos em 1918 — foi dada a possibilidade de aparecer como branco, e essa

---

[236] ORCTNM, livro A6, f. 23v.
[237] IJCSUD — CHF, Mcf. 1444093, Item 9, livro 2, f. 41.
[238] ORCTNM, livro A6, f. 34v-36.
[239] Entre os contribuintes de Morro Alto constantes em livro de impostos territoriais de Conceição do Arroio em 1904, ele era o único situado no extrato superior de contribuintes, com um valor venal de 1:000$000. Ver Weimer (2013a). AHO — APASF, códice AM-05.

possibilidade era incongruente com sua experiência social, pelo contrário, Herculano *quis* "branquear". Mas não pôde. Ao contrário das identidades étnicas, as experiências de racialização não dependem somente da autoidentificação, mas também de uma chancela social que poderia ser ambicionada com empenho, mas que também poderia ser *negada*.

Se minha avaliação estiver correta, portanto, o poder dos registros de inferirem as experiências de racialização dos indivíduos revela-se bastante precário. Em outros ambientes, em que não estava em jogo uma lógica de busca de cidadania e de apresentação de todos os indivíduos como iguais perante a lei, a plasticidade observada nesse tipo documental era deixada de lado. Na prática cotidiana — conforme magistralmente apontam os processos criminais —, sabia-se bem — muito bem — quem era branco e quem não era. São recorrentes nos relatos dos entrevistados as situações de *bailes* aparecerem como aquelas em que a hierarquização racial adquiria visibilidade e concretude, conforme se analisará no interlúdio de racialização subsequente.

## Interlúdios de racialização IV: A "cor" na festa

Nas falas sobre segregação racial, a utilização da "cor" como critério seletivo da entrada em bailes faz parte de um etnotexto através do qual se fala sobre as experiências de racialização e o racismo no litoral norte do Rio Grande do Sul.[240] São diversas datações — a maioria das quais, imprecisas — para o final da segregação racial nos bailes do litoral norte, assim como são diversos os atores que lideraram momentos de extinção da mesma. Parece haver quatro instâncias de separação racial relatadas, que se devem ter sucedido ao longo do tempo. Diferentes narrativas significam diversos momentos nesse processo:

- Bailes diferentes para negros e para brancos.
- Bailes com salões distintos para negros e para brancos.

---

[240] No decorrer da pesquisa, encontraram-se vestígios escritos dessa segregação em processos criminais que apuraram sinistros ocorridos em bailes divididos conforme a "cor". APERS, CCC — Comarca de Santo Antônio da Patrulha, termo de Osório, estante 114b, caixa 027.0290, auto 747, ano de 1924. Processo Crime: réu — Manoel Adão, ofendido — Edmundo Alves de Araújo. APERS, CCC — Comarca de Santo Antônio da Patrulha, termo de Osório, estante 114b, caixa 027.0297, auto 826, ano de 1932. Processo Crime: réus — Waldomiro Alves Barcelos, Ary Guimarães Gomes e Manoel José da Silva, ofendido — Nelcindo José Joaquim.

- Bailes no mesmo salão, mas com uma corda separando os dançantes conforme a "cor".
- Bailes em que negros e brancos frequentavam o mesmo ambiente, mas não podiam dançar uns com os outros.

Diversas narrativas dão conta do fato de que negros não podiam entrar em bailes promovidos por brancos em Morro Alto até o início dos anos 1970.[241] À exceção de Diva Inácia Marques, que faz a ressalva de que "se fosse convidado podia entrar",[242] os demais apontam para uma realidade de segregação mais rígida. Parecia haver um esforço, em novembro de 2001, por parte desta última entrevistada, de enfatizar o trânsito social de sua família em redes de relações que envolviam seus vizinhos brancos, conferindo-lhes certo refinamento em relação a outras famílias do "quilombo" entrevistadas pela equipe de pesquisa e que não gozavam da mesma teia de relações. Tal distintividade, ainda que realçada por uma convicção sincera da inadequação de traços classificatórios racializados, pode ser observada na seguinte fala, que sintetiza o teor de sua abordagem dessa temática na entrevista como um todo:

> Diva — Que o pai não tinha isso aí de classificação. E eu me sinto muito mal com isso, de classificação, de moreno, de branco. Eu não sei, acho que todos são iguais. Na minha cabeça. Acho que não tem isso aí. [...] Não temos isso aí. É muito feio isso aí. Eu acho muito feio, não pode ter classificação.
> Rodrigo — A senhora não gosta da divisão.
> Diva — Não, não, não, não, essa divisão não é comigo. Não mesmo. A gente vai em tudo que é lugar aí, sempre convidado pra sociedades finas, de branco tudo, não tem isso aí. E eles são convidados quando a gente faz qualquer coisa, a gente faz, a gente convida e todo mundo vem, não tem isso aí. Eu não tenho, eu acho isso muito feio e eu acho assim, que eles tinham que terminar com essa classificação. De negro, de branco. De negro, de branco.[243]

---

[241] Um entrevistado, com 53 anos em janeiro de 2009, aponta que ele deveria ter a idade de 15 anos quando acabou a segregação nos bailes. Entrevista com um filho de Ercília Marques da Rosa, no dia 23 de janeiro de 2009. Na comunidade gaúcha de Cambará, estudada por Mello (2012), até 30 anos antes de sua pesquisa, persistia tal separação.
[242] Entrevista realizada com a senhora Aurora Inácia Marques da Silva, senhor Celso Rodrigues Terra e a senhora Diva Inácia Marques, no dia 28 de novembro de 2001, em Osório.
[243] Entrevista realizada com a senhora Aurora Inácia Marques da Silva, senhor Celso Rodrigues Terra e a senhora Diva Inácia Marques, no dia 28 de novembro de 2001, em Osório. Pierre Ansart observa que para grupos que guardam memórias e ressentimentos de episódios de ódio de que

A fala de dona Diva indica a necessidade de abolir sistemas classificatórios baseados em categorias racializadas. Sua perspectiva remete ao passado, como um legado de seu pai, através da forma como ela e seus irmãos foram educados. Destaca, no presente, uma forma de distinção em relação àqueles que assim estabelecem sua sociabilidade. Aponta para o futuro, como profissão de fé no sentido de uma sociedade não racista.

No entanto, na entrevista realizada em 9 de janeiro de 2010, oito anos após, portanto, com Aurora Inácia Marques da Silva e outra irmã, Eva Inácia Marques, a temática da segregação racial surgiu de forma espontânea. Comentando sobre o fato da sogra de sua irmã não ter obtido registro de nascimento, a senhora Eva passou a relatar as dificuldades enfrentadas pelos negros naquele tempo para atingir os mesmos direitos civis usufruídos pelos brancos, trazendo à memória o exemplo dos bailes como um espaço de segregação.

> Eva — Negro naquela época era bucha. Não era fácil. Não tinha direito a nada. É. Agora tem direito. Frequentam a mesma sociedade e tudo assim. Mas antes, não. Era tudo separado. Eu alcancei aí. E como é que ia na sociedade, num baile que tinha branco? A coisa não era fácil. E onde tinha sociedade de branco, negro não metia o pé lá.[244]

Indagada se ela conhecia algum caso em que algum negro tenha sido colocado para fora de um baile frequentado por brancos, Eva respondeu: "Olha, eu até nem conheci, mas sempre me falavam isso aí. Eu nunca fui em baile que branco conseguia entrar e não deixavam. Mas era comentado. Na minha época já existia".[245] Essa negativa em apontar um exemplo concreto indica, por um lado, que tais posturas discriminatórias já eram internalizadas, no sentido de que as pessoas já sabiam de quais bailes deveriam participar,

---

foram vítimas, há a necessidade simbólica de afastar-se da lógica destrutiva de seus opressores: "E, mesmo em se tratando de ódios dos quais foi vítima, o indivíduo experimenta repugnância em conhecer e explorar o ressentimento daqueles de quem foi objeto, a compreender o que é, para ele, irracional. Quando estamos nessa situação, nos contentamos com alguns julgamentos simples que nos permitem não entrar na lógica afetiva de nossos antigos adversários e que nos bastam para condená-los. Somos levados a isso, salvo exceção, pelo próprio movimento de nossas novas experiências, pela preocupação de não sentir o peso das psicologias agressivas ou assassinas cujas violências físicas ou simbólicas sofremos" (Ansart, 2004:31).

[244] Entrevista realizada com as senhoras Aurora Inácia Marques da Silva, senhor Celso Rodrigues Terra e a senhora Diva Inácia Marques, no dia 28 de novembro de 2001, em Osório.
[245] Entrevista realizada com as senhoras Aurora Inácia Marques da Silva, senhor Celso Rodrigues Terra e a senhora Diva Inácia Marques, no dia 28 de novembro de 2001, em Osório.

e portanto raramente tentavam ultrapassar tais barreiras. Mas evidencia, além disso, sobretudo, quais experiências eram dizíveis. No caso de memórias que envolvem experiências de vergonha de ordem racial, humilhação e discriminação, elas tornam-se passíveis de relato apenas na medida em que não envolvem diretamente os próprios narradores. Segundo Pollak, "É como se este sofrimento extremo exigisse uma ancoragem numa memória muito geral, a da humanidade, uma memória que não dispõe nem de porta-voz nem de pessoal de enquadramento adequado" (Pollak, 1989).

Ao contrário de suas irmãs, Diva Inácia Marques Terra conhecia uma história de um negro que tentou entrar em um baile de brancos. A mesma informante que na entrevista de 2001 afirmou que, se convidados, negros poderiam entrar naqueles, em janeiro de 2010, respondendo à mesma questão, afirmou que não era possível. Quando questionada sobre o que acontecia se eles tentassem, foi direta: "matavam!"

O assassinato referido pela entrevistada ocorreu em Cidreira, mas ela generaliza a segregação racial para todo litoral norte. Diva adverte ainda que alguns familiares de tez mais clara, praticamente brancos, eram admitidos em tais ocasiões festivas, mas não aqueles negros mais escuros. Ao mesmo tempo em que apresenta um relato incisivo a respeito do risco de vida a que estavam sujeitos os negros que se propusessem a participar de bailes de brancos, Diva reafirma a fala de sua entrevista anterior segundo a qual no caso de sua família as coisas eram diferentes. Seu pai era sábio, e os vizinhos alemães e italianos recorriam a ele de forma constante, tanto para pedir ajuda material ou explicações quanto ao que e como fazer. Da mesma maneira, sua família pedia auxílio aos vizinhos quando necessário. Segundo ela, em sua juventude os bailes já estavam começando a se misturar, e em seu casamento os alemães foram convidados e dançaram. Ela relatou isso com certa dose de satisfação.

> Diva — O alemão foi na nossa festa pra ser dançante. Naquele tempo se chamava vizinho. Ele perguntou pro meu pai assim: "O vizinho. Me custa perguntar que eu posso dançar com essas negrinhas tão bonitinhas?" [...] Daí ele disse "Decerto, se quiser dançar contigo pode dançar". Dançou a noite inteira.[246]

---

[246] Entrevista com a senhora Diva Inácia Marques Terra, no dia 16 de janeiro de 2010, em Osório (LABHOI — UFF).

Já no baile de casamento de sua irmã Aurora, mais velha, os vizinhos brancos não participaram.[247] Diva ainda adota a mesma perspectiva da entrevista anterior quando afirma que ela e os irmãos foram criados sem distinções de ordem racial:

> Diva — Mas nós, nós somos diferentes, Rodrigo. Nós, filhos dos meus pais, somos diferentes. [...] O pai não nos criou com esse papo. De negro, de branco, de branco, de negro. Nada disso. É uma coisa só e uma pessoa só.[248]

Percebo, no paralelismo da narrativa de Diva — ao afirmar, por um lado, que negros corriam risco de vida ao tentar participar de bailes de brancos e, por outro, que sua família era diferente e transitava por circuitos mais amplos —, a importância de denunciar o racismo, mas ao mesmo tempo manter a especificidade do núcleo familiar. Episódios de racismo aconteceram, mas não com os informantes. Na narrativa de sua irmã Eva, a segregação ocorria de maneira automática nos bailes, sem notícias de um episódio específico que o atestasse, de forma que a separação já era internalizada. Já se sabia que não poderiam participar dos bailes dos brancos. Na narrativa de Diva, há um episódio específico narrado, porém no discurso não há nada que o date, descreva as condições do ocorrido ou nomeie a vítima do assassinato. O único dado fornecido é o local onde aconteceu.

Ainda que com recorrências discursivas — a memória não é um dado bruto, mas também não é completamente maleável ao sabor do vento —, percebe-se que algo mudou entre a entrevista de 2001 e as entrevistas de 2010. A ênfase deslocou-se de relações laborais e cooperação vicinal estabelecidas entre negros e brancos — conforme veremos quando se falar dos *pixurus* — a um maior espaço foi dado às tensões entre brancos e negros, exemplificadas pelos bailes. Não se trata, na perspectiva da história oral, de optar por qual versão é verdadeira ou está imbuída de falsidade. Trata-se de investigar quais condições levaram a memória a acionar diferentes camadas de recordações e a produzir interpretações diversas.

Em primeiro lugar, o interesse do pesquisador deve ser apontado. Conforme Portelli (s/d) assinala, "fontes orais são geradas em uma troca dialógica

---

[247] Entrevista filmada com a senhora Aurora Inácia Marques da Silva, no dia 13 de março de 2010, em Osório (LABHOI — UFF).
[248] Entrevista com a senhora Diva Inácia Marques Terra, no dia 16 de janeiro de 2010, em Osório (LABHOI — UFF).

— uma entrevista", na qual a presença e os estímulos, um papel ativo do historiador, são decisivos. Alberti também destaca o peso do relato "científico, acadêmico, político" do entrevistador na produção das entrevistas (2004:34). Em 2010, a existência de racismo e de bailes separados entre negros e brancos pautavam meu questionário. Ainda assim, ressalvo que na entrevista de 2001 também fiz essa questão, e observo que na entrevista com Aurora e Eva, em 2010, o tema surgiu de forma espontânea, sem ser instado por mim.

Um segundo aspecto, bastante importante, está na relação de confiança adquirida no intervalo de uma década. Na primeira entrevista, elas não me conheciam e sequer sabiam muito bem por que estavam sendo entrevistadas. Na segunda ocasião, vinham de contatos regulares comigo durante o intervalo de uma década, já me conhecendo e se sentindo à vontade para abordar uma temática tão delicada quanto o racismo sofrido pela comunidade negra no litoral norte.

Outro ponto está na metodologia de pesquisa. Em 2001, foram entrevistadas conjuntamente Aurora e Diva. Diva é, certamente, mais eloquente, e é aquela que tende a enfatizar a distintividade em relação às demais famílias. Sua presença pode ter servido, de forma involuntária, como um mecanismo de censura sobre o depoimento das irmãs, impondo sobre elas um enquadramento da memória familiar (Pollak, 1992). Não percebi o mesmo ocorrer quando entrevistei juntamente Aurora e Eva, já que ambas são mais discretas, e na ausência da irmã sentiram-se mais à vontade para discorrer sobre o passado.

Finalmente, entre 2001 e 2010, as referidas irmãs engajaram-se no processo de mobilização comunitária pelo reconhecimento e titularização de Morro Alto como área "remanescente de quilombo". É possível que a participação em um movimento de emergência étnica tenha dado uma maior legitimidade para um assunto como as tensões entre negros e brancos em suas falas. Longe de mim sugerir que o movimento social tenha imputado memórias nas informantes, afinal as tensões entre negros e brancos, sob diversos aspectos, estão presentes na fala de 2001, assim como a eventual cooperação com vizinhos brancos não desaparece no depoimento de 2010. Simplesmente o que ocorreu foi um maior espaço político criado para que memórias subterrâneas, de sofrimento e humilhação, pudessem vir à tona.

Todos os depoimentos expressam verdades condizentes com as condições em que foram produzidos. Quanto à relação entre brancos e negros no litoral norte, lembro que a existência de mecanismos racistas de exclusão em circunstâncias festivas não oblitera a necessidade de cooperação mútua entre camponeses brancos e negros quando o que estava em jogo era sua sobrevivência, nos episódios de *pixurus*, ou mutirões.

\*\*\*

Significativos são os relatos que dão conta dos momentos em que o "racismo acabou", isto é, todos puderam frequentar livremente as mesmas festas.[249] Tais momentos são entendidos como tendo instaurado espaços de maior igualdade, já que todos poderiam confraternizar sem separação. Questionou um entrevistado: "Foi aí que terminou. Porque como é que ir pra macega[250] podia ir branco com negro ou negro com branco, e pra dançar junto não podia?"[251] Indagou os motivos pelos quais em espaços socialmente válidos, como os bailes, o contato inter-racial era vedado, enquanto no descompromissado, informal e escondido ambiente das "macegas" a mestiçagem era permitida. O entrevistado denuncia a hipocrisia pela qual as mulheres negras podiam ser "usadas" pelos homens brancos, mas não podia haver danças entre os dois grupos.

Na Prainha, localidade próxima a Morro Alto onde a senhora Ercília residia com sua família, o fim da segregação nos bailes ter-se-ia dado em virtude de uma aposta realizada entre seu marido e um comerciante branco, Monteiro, porque Júlio Eloy da Rosa, quando festeiro, afirmou que faria "o baile tudo junto". Deu-se, então, uma contenda, vencida pelo último: se trouxesse mais negros para o baile, ele seria misto.[252]

O fracasso dos brancos em trazer um número maior de pessoas para aquele baile teria configurado o início de bailes mistos, já que os brancos se integraram à festa dos negros, muito embora uma corda tenha continuado

---

[249] É evidente que este historiador não pensa que o racismo cessou ao fim da segregação racial em eventos festivos. Tal foi enfrentado e combatido pela geração seguinte. Aqui, apenas, dou registro à percepção dos mais idosos.
[250] Macega é um regionalismo que define "arbusto rasteiro que cresce geralmente em terreno de baixa qualidade" (Houaiss e Villar, 2001:1.801). No contexto da entrevista, a vegetação rasteira onde possivelmente se davam contatos sexuais não formalizados perante a Igreja e o Estado é metafórica dessas mesmas relações.
[251] Entrevista com um filho de Ercília Marques da Rosa por mim entrevistado no dia 23 de janeiro de 2009.
[252] Entrevista com um filho de Ercília Marques da Rosa por mim entrevistado no dia 23 de janeiro de 2009.

a realizar a separação. O fim da segregação racial ter-se-ia devido ao seu pai também no município de Capão da Canoa, onde Júlio Eloy possuía um salão de baile em que negros e brancos podiam dançar conjuntamente, é o que conta Wilson, irmão daquele entrevistado.[253]

> Rodrigo — Nos bailes que ele fazia, daí podia entrar negro e branco?
> Wilson — [...] Aí o pai diz, olha, no meu salão quem paga entra e dança, não tem essa de... negro prum lado e branco pro outro. Precisava botar corda pra não deixar dançar junto, mas lá em casa, não. [...] Aí foi quebrando, foi quebrando, foi quebrando [o racismo].[254]

Wilson mostrou-me uma foto do salão de bailes de seu falecido pai em Capão da Canoa. Ao menos pelo que aponta o retrato, não obstante o baile tivesse um público misto, e talvez por isso, a maior parte dos seus frequentadores era de negros.

Salão de bailes de Júlio Eloy da Rosa em Capão da Canoa.

---

[253] Edite Maria da Rosa também atribui ao sogro de seu irmão, em Morro Alto, o fim dos bailes separados, afirmando que ele possuía um salão de bailes e não mais permitiu a segregação. Entrevista com a senhora Edite Maria da Rosa, no dia 10 de junho de 2010, no Ribeirão do Morro Alto (LABHOI — UFF).
[254] Entrevista com Wilson Marques da Rosa e Marilda Aparecida Souza da Rosa, no dia 20 de janeiro de 2010, em Capão da Canoa (LABHOI — UFF).

Também a senhora Eva Marques Correia reivindica o protagonismo da dissolução dos bailes segregados no Caconde, localidade próxima a Morro Alto, para alguém bastante próximo a ela, no caso, seu marido, Pompeu Correia. Ela conta que ele interveio em um baile para permitir que uma moça, irmã de um amigo, tirada à força dos braços do rapaz com quem dançava, pudesse participar.[255]

É digno de nota que Pompeu usou em seu favor o discurso socialmente aceito de inexistência de racismo a fim de reivindicar que o mesmo se configurasse na prática. Talvez por isso tenha conseguido o apoio do poder público, através dos brigadianos[256] ali presentes. Também cumpre observar que, no relato da senhora Eva, a moça em questão, "não se dizia que era morena": era "bem clara", de cabelo "bom", liso. Um indício de que os laços de segregação na região não seguiam critérios unicamente fenotípicos, mas também de pertencimento social, familiar e de classe a um campesinato negro que se queria manter em seu devido lugar. Naquela ocasião, ainda segundo a entrevistada, "acabou o racismo": na festa seguinte, ela e seu marido foram escolhidos para ser festeiros.

Porém, não apenas nos momentos em que foi extinta a segregação racial em bailes negros ocorreu resistência a esta. Mesmo em momentos em que não se logrou dar fim ao "racismo", não se "deixou barato" o ultraje racial sofrido perante a negativa de frequentar as mesmas festas. Assim, fazia-se com que cavalos defecassem na porta de bailes exclusivos de brancos, ou soltavam-se as rodas de suas carretas. A senhora Edite Maria da Rosa relatou:

Rodrigo — E o pessoal, na época, deixava barato?
Edite — Não, não deixava.
Rodrigo — Que que o pessoal fazia?
Edite — Brigavam!
Rodrigo — Brigavam para participar do baile junto?
Edite — Para participar do baile junto. Nós tínhamos que ser respeitados, né? Era respeito. Tinha o delegado que chamavam... olha, o baile tal dia vai ser dos brancos, no salão tal. E os negros não podiam ir lá [?] Ai o que é que eles

---
[255] Entrevista com a senhora Eva Marques Correia, no dia 14 de janeiro de 2009, no Caconde (LABHOI — UFF).
[256] Policiais militares.

faziam? Eles iam ao baile, com um [?] encilhavam um cavalo, que naquela época não tinha carro, [?], encilhavam o cavalo, botavam espora, e quando chegavam na porta do... do salão, eles davam aquela esporada nas costas do cavalo e o cavalo soltava cocô pra fora [?] pra cima deles... E lá se mandavam, faziam aquelas artes. Ou iam ao baile... que eles iam muito de... com aquelas carretas de quatro rodas, eles iam lá e tiravam as rodas, aquelas coisas que tinham...não sei como é que chama, pra trancar as rodas, pras rodas não cair, eles tiravam fora, quando eles iam tocar os cavalos, as rodas caiam no chão. Eram as artes deles, que eles faziam para se vingar, que eles não deixavam participar do baile.[257]

Em entrevista com um neto de Pulquéria Felisberta residente em Porto Alegre, o episódio do fim dos bailes separados entre negros e brancos não foi relatado, afinal, ele veio para a capital do Rio Grande do Sul em 1957 ou 1958, antes da divisão ter cessado. Assim, em seu discurso, aquele momento específico não tem a dimensão que há no relato do filho de Ercília Marques da Rosa que entrevistei e Eva, como instituinte de um momento em que o racismo "acabou-se".

Ele limita-se a dizer que "agora não se vê nada disso, não tem separação, né", sem contudo articular em sua fala como se deu o fim da segregação, e ressalvando ainda que "em alguns lugares ainda existe a separação".[258] No entanto, a impossibilidade de participação dos bailes promovidos pelos brancos — "o baile de branco moreno não entrava. Muitas vezes nem na porta pra olhar"[259] — foi igualmente vivenciada como uma experiência de segregação e humilhação. No entanto, afirma que "Não, nem eu não podia, nem eu entrava mesmo. Não gostava. Não gostava".[260] Nessa fala, a impossibilidade converte-se em uma preferência pelos bailes de negros. Ele não gostava de bailes de brancos. Mais do que um recurso defensivo, parece-me haver aqui uma opção sincera pelos meios onde foi socializado. Tanto é assim que continuou a frequentá-los em Porto Alegre.

A realidade, no entanto, era outra, e distante dos vínculos comunitários que atestavam sua aderência a uma comunidade negra — esse senhor pos-

---

[257] Entrevista com a senhora Edite Maria da Rosa, no dia 10 de junho de 2010, no Ribeirão do Morro Alto (LABHOI — UFF).
[258] Entrevista com um neto de Pulquéria Felisberta, no dia 12 de janeiro de 2009, em Porto Alegre.
[259] Entrevista com um neto de Pulquéria Felisberta, no dia 12 de janeiro de 2009, em Porto Alegre.
[260] Entrevista com um neto de Pulquéria Felisberta, no dia 12 de janeiro de 2009, em Porto Alegre.

sui a tez de sua pele bastante clara — não foi reconhecido como pertencente a ela.

> Neto de Pulquéria Felisberta — Uma vez aqui em Porto Alegre me tiraram do baile de moreno porque eu não era moreno.
> Rodrigo — Aqui em Porto Alegre?
> Neto de Pulquéria Felisberta — É. Eu dizia "eu sou moreno", "não, não é moreno". Aqui não lhe pertence. Me tiraram dum baile de negros. Dum baile de morenos me tiraram. Não deixaram eu dançar num baile de morenos.[261]

Estupefato, o senhor entrevistado via negado o seu pertencimento à comunidade da qual sempre se sentira parte. "Aqui não lhe pertence", lhe disseram. Em vão tentou argumentar ser moreno. Parece que essa condição não lhe era reconhecida a não ser próximo aos seus, com quem vivera a infância e a juventude e junto aos quais fora socializado. Esse senhor foi excluído de bailes brancos, em virtude de seus laços comunitários étnicos, no meio rural de Morro Alto; e em Porto Alegre, meio urbano, de bailes negros em virtude de seu fenótipo.

E assim, através dessa experiência, ele, que sempre se identificara como negro, descobriu que poderia vir a ser classificado como branco. Os bailes segregados operavam — isto é claro em todos os relatos — a classificação racial, através da seleção dos que podiam entrar. Não é à toa que *sempre*, ao se tocar na temática racial com os entrevistados, o assunto do baile é recordado. Por vezes outros aspectos de discriminação são lembrados, mas sob insistência do entrevistador.

Afirmo, com segurança e convicção, que o baile era o *locus* por excelência, em Morro Alto e mesmo em Osório, que estabelecia fronteiras raciais; conferia negritude e negava "branquidade", *para além da "cor"*; ousaria mesmo dizer que a possibilidade de entrar ou não em um festejo era internalizada, desde a infância, como definidora de possibilidades raciais de atuação social. Ao senhor entrevistado, por sua peculiar condição de negro de pele mais clara, não "lhe pertenceram" os bailes nem em sua terra natal, nem naquela que o acolheu.

Júlios, Pompeus: nomes de homens que apareceram neste interlúdio e foram lembrados como aqueles que não aceitaram, cada qual à sua manei-

---

[261] Entrevista com um neto de Pulquéria Felisberta, no dia 12 de janeiro de 2009, em Porto Alegre.

ra, que festejos de negros fossem desrespeitados ou até mesmo separados daqueles dos brancos. O negro que foi assassinado em Cidreira, segundo o relato de Diva, porém, não tinha nome. Não foi lembrado. Talvez ninguém sequer o soubesse.

Porém, os designativos que delineavam fronteiras também representavam uma experiência de racialização criadora de hierarquias. Conforme veremos no próximo interlúdio, "ser negro" e "ser moreno" assumiram significados diversos ao longo das gerações, e ao mesmo tempo a sua utilização poderia significar formas mais ou menos favoráveis de percepção pessoal — ou, até mesmo, mecanismos para evitar violências simbólicas.

## O trabalho nas cidades — "esses negócios dos homens quando se encontram"

No dia 7 de janeiro de 2009, entrevistei a senhora Amélia Inácia Marques da Silva, que então tinha 87 anos. Recordar o passado foi custoso à entrevistada, o que se deve à idade elevada e a problemas de saúde. Porém, tais dificuldades são seletivas. Segundo explicação de sua filha Madalena, de 60 anos na ocasião, ela apagou da memória os momentos mais difíceis de sua vida. Assim, dissertou mais longamente acerca de sua infância no Espraiado, junto a seus pais, havendo poucos comentários a respeito da vinda para Osório. Limitou-se a afirmar que se dirigiu ao meio urbano por causa de afazeres que seu primo e, na ocasião, marido, Manoel Belizário, arrumou: "desses negócios dos homens quando se encontram".[262] Neste subcapítulo procurar-se-á esmiuçar de que se tratam os negócios referidos.

Os entrevistados relataram ocupações de baixa especialização. Andrews explica um predomínio de brancos no proletariado industrial paulista pela inundação do mercado de trabalho com imigrantes europeus, "enfraquecendo assim a posição de barganha, tanto dos trabalhadores negros quanto dos brancos, e permitindo que os empregadores demonstrassem sua preferência pelos últimos" (Andrews, 1998:151).

Os dados de que disponho se referem a períodos mais adiantados do século XX e são quantitativamente pouco representativos para apresentar

---
[262] Entrevista com a senhora Amélia Inácia Marques, no dia 7 de janeiro de 2009, em Osório (LABHOI — UFF).

uma contribuição à discussão sobre predominância ou não da população negra no proletariado.[263] Ainda assim, destaco que o único depoente que informou ter sido operário fabril foi o neto de Pulquéria Felisberta, por mim entrevistado. Ele tem, significativamente, um fenótipo mais claro do que os demais e sofreu um acidente laboral, trabalhando como serralheiro em uma metalúrgica, no qual perdeu um dos olhos.[264]

Manoel Inácio Marques Neto, por sua vez, trabalhou em uma gama enorme de ofícios: em Osório no porto lacustre, em lavagem de carros, em posto de gasolina, como sapateiro, carpinteiro e na construção civil, e em Porto Alegre no transporte portuário, como guarda e como motorista de caminhão.[265] A última ocupação também foi desempenhada por seu cunhado, Celso Rodrigues Terra.[266] Manoel, filho de Rosalina, era funcionário da Prefeitura Municipal de Osório, fazendo carga e descarga de caminhões.[267] Teodoro José Cardoso, filho de Pulquéria Felisberta, tinha a mesma profissão. Além disso, mantinha no meio urbano uma roça com a qual ajudava no sustento da família. Seu irmão, José Pulquéria, era funcionário do porto lacustre.[268]

Já a maior parte das mulheres entrevistadas empregou-se em afazeres domésticos, tais como criada, lavadeira e cozinheira. Andrews (1998:115) assinala continuidades mais ou menos intactas entre o serviço doméstico no tempo da escravidão e ao longo do século XX, destacando tratar-se da área menos atrativa da economia urbana e a única em que brasileiros poderiam concorrer com imigrantes. Entrevistas com integrantes da comunidade de Cambará feitas por Mello (2012:219) evidenciam que o trabalho doméstico foi lembrado com continuidades ante a escravidão. Graham (1992:134 e 148), por sua vez, demonstra que não era bem assim, já que a Abolição abriu novas possibilidades de negociação do trabalho doméstico, a transformação das criadas de "parte da família" em estranhas, a necessidade de cativar a mão de obra destas últimas e, ainda, discussões acerca da regulamentação de seu trabalho.

---

[263] De toda forma, Beatriz Loner (2001) encontrou uma quantidade expressiva de negros nas lides industriais pelotenses.
[264] Entrevista com um neto de Pulquéria Felisberta, no dia 12 de janeiro de 2009, em Porto Alegre.
[265] Entrevista com o senhor Manoel Inácio Marques Neto, no dia 9 de janeiro de 2009, em Osório (LABHOI — UFF).
[266] Entrevista com a senhora Diva Inácia Marques Terra, no dia 16 de janeiro de 2010, em Osório (LABHOI — UFF).
[267] Entrevista com uma filha de Maria Inácia Marques, no dia 26 de janeiro de 2009, em Porto Alegre.
[268] Entrevista com o senhor Teodoro José Cardoso, no dia 9 de janeiro de 2009, em Osório (LABHOI — UFF).

Os casos por mim estudados indicam que as mulheres procuraram ocupar nichos do mercado de trabalho que lhes garantissem um mínimo de direitos sociais. Como a trajetória da "*gente* da Felisberta" vem evidenciando, raramente as mulheres aceitaram conformar-se ao papel cultural e socialmente subalterno que se lhes buscava conferir. As irmãs Aurora e Diva foram cozinheiras. Embora trabalhadores domésticos não tivessem direitos trabalhistas assegurados (Carvalho, 2008:114), Aurora trabalhou como gerente de cozinha de uma fábrica de calçados.[269] Diva foi proprietária de um restaurante. Empregos com carteira assegurada eram mais raros do que para os homens e altamente cobiçados. Uma alternativa eram os trabalhos sazonais na praia, em hotéis, como camareiras e cozinheiras.[270]

A maioria das mulheres, contudo, efetivamente relatou o trabalho doméstico como o emprego mais comum a que tinham acesso. É necessário respeitar seu sentimento, a ser discutido no capítulo 4, de ter trabalhado *tipo dos escravos*, e até mesmo as sequelas físicas que guardam de anos de trabalho exaustivo.[271] Porém, tal percepção deve ser analisada também em sua dimensão de representação. Parece-me, todavia, um paralelo desproporcional aquele que Andrews faz com um tempo em que pessoas eram *mercadorias*.

As mulheres costumavam acompanhar seus maridos rumo às cidades, mas em geral apenas eles podiam usufruir das benesses da legislação social. Sob outro prisma, a economia doméstica só podia contar com a contribuição masculina para a aposentadoria do casal. O importante a destacar, contudo, é que se procurava encontrar formas de viabilizar uma velhice com um mínimo de recursos. O neto de Pulquéria Felisberta que eu entrevistei, por exemplo, após se aposentar por invalidez, pagou o INPS de sua esposa.[272] Um senhor residente em Porto Alegre, por sua vez, aposentou-se pelo INPS enquanto o patrão de sua esposa — doméstica — a aposentou.[273]

---

[269] Entrevista realizada com a senhora Aurora Inácia Marques da Silva, senhor Celso Rodrigues Terra e a senhora Diva Inácia Marques, no dia 28 de novembro de 2001, em Osório.
[270] Entrevista com uma filha de Maria Inácia Marques, no dia 26 de janeiro de 2009, em Porto Alegre.
[271] É o caso de dona Aurora, que esfolou os joelhos de tanto escovar ajoelhada o piso das casas. Entrevista filmada com a senhora Aurora Inácia Marques da Silva, no dia 13 de março de 2010, em Osório (LABHOI — UFF).
[272] Entrevista com um neto de Pulquéria Felisberta, no dia 12 de janeiro de 2009, em Porto Alegre.
[273] Entrevista com uma filha de Maria Inácia Marques, no dia 26 de janeiro de 2009, em Porto Alegre.

## Os que não migraram — "assim que nós fizemos a nossa vida"

Embora a tendência de migração seja, como visto ao longo deste capítulo, marcante e significativa, isso não quer dizer que *todos* se trasladaram para Porto Alegre ou para Osório. Entre os entrevistados, é necessário destacar as famílias de Eva Marques Correia, de Ercília Marques da Rosa e de Edite Maria da Rosa, todas primas de Aurora Inácia Marques da Silva. As duas primeiras são filhas de irmãs de seu pai e a segunda, filha de uma irmã de sua mãe. O caso da senhora Ercília Marques da Rosa será discutido com mais vagar no subcapítulo seguinte, por se tratar de um caso de *retorno*, mais propriamente do que de *permanência*. Ainda assim, alguns elementos do discurso de seus filhos serão apresentados aqui no sentido de contextualizar as experiências de trabalho no meio rural de Maquiné em meados do século XX, em contraste com aquelas da "geração de camponeses" do imediato pós-Abolição.

A família da falecida senhora Eva, 88 anos em 2010, possui terras no Caconde. Eva "atravessou a lagoa" por ocasião de seu casamento com Pompeu Vitorino Correia de Andrade, natural daquela localidade. No momento do casamento, os noivos eram despossuídos, tendo logrado adquirir terras na região por meio de mecanismos de acumulação esmiuçados neste subcapítulo.

Já a senhora Edite, 67 anos em 2010, reside no Ribeirão — localidade um pouco ao norte do Morro Alto — em um terreno que seu pai adquiriu anteriormente ao seu nascimento. Também se examinará, aqui, os mecanismos de acumulação que possibilitaram a aquisição daquelas terras. Nesse caso, o noivo, não tendo terras para "trazer" sua esposa, foi obrigado a adquiri-las, em lugar de ocupar as de seus sogros.

Tanto Eva e seu marido quanto os pais de Edite puderam acumular certo pecúlio e adquirir terras devido ao trabalho nas granjas de arroz, localizadas na região de Palmares e Capivari, que empregavam mão de obra sazonal durante o período da Quaresma. Nesse momento — após deixar a roça capinada para o plantio da mandioca —, os homens iam para as referidas regiões e ganhavam um montante de dinheiro que constituía um recurso extra.

Essa renda viabilizava a aquisição de mercadorias. Muitos homens participavam da colheita do arroz, mas possivelmente o marido de Eva conseguiu melhores condições de acumulação por ser *empreiteiro*: "ele não trabalhava, ele ia só determinar e fazer dinheiro".[274] Esse papel de liderança em uma turma de trabalhadores pode ter possibilitado maiores ganhos pecuniários do que os dos demais. Edite também fala do trabalho de seu pai nas granjas de arroz como mecanismo de acumulação para aquisição de terras:

> Rodrigo — E como é que ele [seu pai] juntou dinheiro para comprar esse terreno, tu sabe?
> Edite — Ah! Trabalhando; trabalhando na... plantação de..., como é que é o nome? Na granja...
> Rodrigo — Na granja?
> Edite — Cortando arroz, fazendo ... ele era capataz, comia arroz, parava uma semana inteira, um mês, quinze dias...pra fora, e deixava nós junto com a mãe, né, ele juntava dinheiro pra... Foi isso que ele fez, acho que trabalhando, trabalhando nas granjas de arroz.[275]

Além da lavoura de arroz, Eva aponta que o trabalho na produção de farinha e polvilho, em uma atafona primeiramente arrendada, depois adquirida para si — reconhecida como um "conforto" diferencial em relação aos familiares de seu marido que migraram para a cidade —, possibilitava, mediante a economia dos recursos disponíveis, a aquisição de terra e gado. Eva apresenta um evidente orgulho da trajetória de luta pela ascensão social no meio rural pela qual passou, afirmando que foi "assim que nós fizemos a nossa vida".

> Eva — Nós conseguimos ficar aqui. Porque, não sei. Nós tínhamos os nossos confortos, eles não tinham.
> Rodrigo — Que conforto era esse?
> Eva — A gente tinha atafona de farinha, a gente trabalhava o verão todo, o inverno todo fazendo farinha. Guardava aquela farinha. Quando era janeiro, nós vendíamos tudo, fazíamos aquele dinheiro. Fazia um dinheiro bom naquela época, né? Secava o polvilho, vendia. Cinquenta pila o saco de polvilho.

---

[274] Entrevista com a senhora Eva Marques Correia, no dia 14 de janeiro de 2009, no Caconde (LABHOI — UFF).
[275] Entrevista com a senhora Edite Maria da Rosa, no dia 10 de junho de 2010, no Ribeirão do Morro Alto (LABHOI — UFF).

Cinquenta pila o saco de farinha.[276] E a gente tinha, tinha gado, tinha ovelha, a gente criava tudo e a gente foi fazendo a vida, a gente não botava fora, só ia...[277]

Um contraste significativo e evidente quando comparamos as relações sociais da "geração de camponeses" com as da "geração de migrantes" ou, se se preferir, aquelas narradas pelos entrevistados quando se lembram de sua infância com aquelas experienciadas na idade adulta, é um maior grau de mercantilização das relações sociais nas áreas rurais de Osório em meados do século XX. Em contraste, durante as décadas iniciais do mesmo século, as relações sociais eram concebidas em termos de ajuda mútua e cooperação, mediadas pela linguagem do parentesco e da ajuda vicinal.

Na primeira entrevista que realizei com Eva, ela relatou que se debulhava o arroz produzido em sua propriedade na trilhadeira de um vizinho.[278] Em entrevista posterior, indaguei se se pagava para realizar essa operação, e ela respondeu enfática — quase ofendida — que sim.[279]

Assim, impunha-se, em lugar da cooperação vicinal, a *honra*, por mim involuntariamente posta em dúvida, de ver-se capaz de honrar seus compromissos e pagar regularmente pelo uso da benfeitoria. No entanto, em ocasião posterior, passei para Eva o vídeo da entrevista que com ela filmei[280] e aproveitei para dirimir dúvidas suscitadas pela entrevista. Na mesma ocasião em que afirmava incisivamente que pagavam pelo uso da trilhadeira de Pompilho, a entrevistada destacava que, durante sua infância, seus pais não tinham engenho de açúcar. Para moer a cana, tinham acesso, por ela esclarecido como não oneroso em termos pecuniários, ao engenho de um fazendeiro vizinho, deles aparentado, o Valério.[281] Em suma, quando mediado pelo parentesco e pela relação de vizinhança, e no que toca às relações sociais vividas em sua infância, a cooperação que envolvia o empréstimo de benfeitorias não aparece como desabonadora.

---

[276] "Pila" é um regionalismo que se refere à unidade monetária corrente — *qualquer* uma. Ver Houaiss e Villar (2001:2.210).
[277] Entrevista com a senhora Eva Marques Correia, no dia 14 de janeiro de 2009, no Caconde (LABHOI — UFF).
[278] Entrevista com a senhora Eva Marques Correia, no dia 14 de janeiro de 2009, no Caconde (LABHOI — UFF).
[279] Entrevista filmada com a senhora Eva Marques Correia, no dia 12 de março de 2010, no Caconde (LABHOI — UFF).
[280] E também para outras entrevistadas. Diário de campo de 9 de junho de 2010 em Osório (LABHOI — UFF).
[281] Diário de campo de 9 de junho de 2010 em Osório (LABHOI — UFF). A mãe de Valério era prima-irmã da mãe de Eva, e também era prima-irmã de seu avô paterno.

Talvez o exemplo mais eloquente dessa nova ordem de relações sociais no meio rural esteja na ressignificação da categoria *pixuru*, equivalente local dos "mutirões" encontrados entre os "caipiras" por Antônio Candido. Segundo esse autor, a mobilização da força de trabalho em comum por meio da ajuda mútua solucionava as limitações de mão de obra da atividade familiar ou individual, particularmente em situações de urgência. Igualmente, implicava na formação de uma ampla rede de relações, amparada na necessidade de ajuda e na retribuição automática (Mello e Souza, 2010:81-83 [original de 1964]).

A maioria dos entrevistados, ao falar de suas infâncias, lembrou-se da mobilização de mão de obra coletiva com base na solidariedade vicinal.[282] O *pixuru* era realizado com brancos e negros.[283] Tratava-se de instância em que estava em jogo a sobrevivência da unidade econômica camponesa e, assim, passava-se por cima de critérios raciais de segregação, válidos apenas para a socialização em bailes, os quais pertenciam aos mecanismos de funcionamento do mercado matrimonial. Segundo Barcellos e colaboradores (2004), a remissão aos *pixurus* trazia a lembrança de uma lógica de trabalho pautada pela união e pela ajuda mútua, que teria sofrido o impacto da construção de estradas e do parcelamento da terra decorrente dos cercamentos:

> O "pixuru" é uma espécie de mutirão. Trata-se de uma prática onde se troca força de trabalho e sociabilidade. [...] Além disso, o saudosismo e as referências aos "pixurus" de antigamente são uma referência constante sempre ressaltando que "naquele tempo" as pessoas se ajudavam mais, é o tempo "da amizade".
>
> Com a ausência de dinheiro no interior da comunidade, as trocas de dias de trabalho eram algo comum. Isso, além de refletir um modo de organização para a produção, deixa clara uma ideia do trabalho como algo que poderia ser trocado, como algo que ensejasse a interação social entre parentes e vizinhos. Essa troca, entretanto, não se dava com qualquer pessoa "de fora", mas

---

[282] Entrevista realizada com dona Aurora Inácia Marques da Silva, senhor Celso Rodrigues Terra e dona Diva Inácia Marques, no dia 28 de novembro de 2001, em Osório; entrevista filmada com a senhora Diva Inácia Marques Terra, no dia 12 de março de 2010, em Osório (LABHOI — UFF); entrevista com a senhora Edite Maria da Rosa, no dia 10 de junho de 2010, no Ribeirão do Morro Alto (LABHOI — UFF).

[283] Entrevista realizada com dona Aurora Inácia Marques da Silva, senhor Celso Rodrigues Terra e dona Diva Inácia Marques, no dia 28 de novembro de 2001, em Osório; entrevista com a senhora Edite Maria da Rosa, no dia 10 de junho de 2010, no Ribeirão do Morro Alto (LABHOI — UFF).

com pessoas nas quais se depositava a confiança da contrapartida, do contra dom, afinal, "antigamente era tudo unido" [Barcellos et al., 2004:338-339].

Em suma, também no etnotexto investigado na presente pesquisa, o *pixuru* fez-se presente. "[É] reunir os amigos pra... pra trabalhar, plantar, pra roçar, pra derrubar. Eram os vizinhos"[284] — sublinha Aurora. Porém, seus irmãos mais novos têm essa prática como uma reminiscência, não a tendo "alcançado". É o que afirma Eva Inácia, caçula,[285] e também Manoel Inácio, segundo mais novo, que traz uma descrição detalhada das práticas de *pixuru segundo lhe contavam*:

> Manoel — O pixuru era uma união. Mesma coisa que nós temos aqui reunidos agora palestreando, memória, uma palestra, outra, aquela coisa toda. Seria isso aí. Só que ele ia pra lá, então aquele dia ele ia pra lá, roçava uma quarta de terra pra milho, pra feijão, sei lá, na época de plantar, porque agora é época de colher essa planta aqui na nossa região. Nos outros lugares, não. Mas assim ó, isso aí era muito bom, ia pra lá de manhã, quando chegava de noite largava tudo, tava pronto, aquela roça ali. Aí cinco, seis, não sei quando depois, machado, ficava pronto. [...] *Essa aí não alcancei. Eu tô dizendo porque eles diziam. Essa aí não alcancei. Alcancei uma parte.* Então assim ó, já ia pra outro. Todo mundo tinha, se ajudava, caminhava, depois que caminhava dava uma palheta pra um, um quarto pro outro e aquela coisa toda, e todo mundo vivia bem.[286]

No entanto, quando Eva Marques Correia fala na realização de *pixuru* em sua propriedade, na esteira dos seus primos mais novos que afirmam não o terem conhecido, se refere a trabalhadores *pagos* que para ali se dirigiam para ajudar no trabalho da lavoura. Pode-se, portanto, periodizar a existência de um "*pixuru* solidário" na década de 1920 e 1930, infância dos depoentes entre 80 e 90 anos, seu declínio na década de 1940, infância daqueles da faixa de 70 anos, e a ascensão de um "*pixuru* mercantilizado", quando os

---
[284] Entrevista filmada com a senhora Aurora Inácia Marques da Silva, no dia 13 de março de 2010, em Osório (LABHOI — UFF).
[285] Entrevista com a senhora Eva Inácia Marques, no dia 9 de janeiro de 2009, em Osório (LABHOI — UFF). Eva e seu falecido irmão Manoel são os mais novos.
[286] Entrevista com o senhor Manoel Inácio Marques Neto, no dia 9 de janeiro de 2009, em Osório (LABHOI — UFF). Grifos meus.

primeiros já eram adultos. Existia, é evidente, uma ética a presidir o último. Além da transação monetária, havia a obrigatoriedade da oferta de comida e bebida para alimentar os trabalhadores.[287] Ainda assim, estamos distantes do mutirão exclusivamente orientado para a ajuda mútua e a sociabilidade entre vizinhos.

Além daqueles que não migraram para o meio urbano de Osório ou Porto Alegre, permanecendo na localidade onde seus pais ou eles mesmos compraram terras, temos a narrativa de um movimento oposto, isto é, o de quem retornou para o território de origem após uma experiência de migração.

## Os que voltaram — "ela indo pra lá e nós indo pra cá"

A pioneira, na família estudada, que partiu de Morro Alto rumo à cidade de Conceição do Arroio, na busca por melhores condições de vida, foi Rosalina Inácia Marques. Ainda antes da legislação trabalhista de Vargas, Rosalina evadiu-se para a vila de Conceição do Arroio, onde ganhou a vida como lavadeira de roupa e onde criou seus filhos.[288] Graham (1992) assinala que as lavadeiras padeciam de um estigma e de uma aura de suspeição quanto à sua virtude, tendo em vista desempenharem suas atividades no espaço público. Por outro lado, a possibilidade de entreter-se, de conversar e de interagir com suas colegas de profissão criava espaços de liberdade impossíveis para criadas em residências particulares. É possível que o estigma de ter tido filhos sem se casar tenha-lhe obstaculizado conseguir emprego como criada em *casas de família*. No entanto, não creio que esse tenha sido o motivo para a partida para a cidade, tendo em vista que sua irmã, Angélica Inácia Marques, também teve um filho enquanto era solteira e nem por isso saiu de casa.

A filha de Rosalina, Ercília Marques da Rosa, nasceu em 1921, já em Conceição do Arroio (Rosa, 1999). Considerando que seu irmão, Manoel, era mais velho, e também nasceu no meio urbano, temos que Rosalina provavelmente

---

[287] Os últimos aspectos sugerem estar inscrito, ainda, o segundo tipo de *pixuru* em uma economia de reciprocidade, já que havia imperativos morais envolvidos. Todavia, havia a evidente mediação monetária. Entrevista filmada com dona Eva Marques Correia, no dia 12 de março de 2010, no Caconde.
[288] Entrevista com Ercília Marques da Rosa e Wilson Marques da Rosa, em 13 de setembro de 2002, por Claudia Fonseca, Miriam Chagas e Rodrigo Weimer. Entrevista com a senhora Aurora Inácia Marques no dia 9 de janeiro de 2009.

partiu de Morro Alto na década de 1910. Ela manteve ativa correspondência com sua mãe e irmãos. Seu caso demonstra que o trânsito entre campo e cidade não se inaugurou com a legislação social varguista, apenas se intensificou quando existiram melhores condições para tanto. No entanto, pessoas dispostas a tentarem uma vida nova em um lugar diferente sempre existiram e sempre existirão.

Por outro lado, a filha de Rosalina, Ercília, descreveu a trajetória oposta à de sua mãe e de seus primos. Através do laço matrimonial com Júlio Eloy da Rosa, voltou ao local de origem, o que demonstra que não deixava de haver ali um referencial de territorialidade para onde era desejável retornar. Já tendo direitos assegurados como funcionária pública, casou-se com um morador da região de onde vinha sua mãe e passou a lecionar na localidade onde seu marido tinha roça e uma venda. Segundo sua prima:

> Diva — [...] a Ercília não tava lá naquela época. A Ercília morava lá no, morava aqui na vila.
> Rodrigo — E quando é que ela foi pra lá?
> Diva — Ela foi pra lá quando ela foi lecionar.
> Rodrigo — Só quando ela foi lecionar?
> Diva — Sim, que ela tava mocinha, tinha 20, 20 e poucos. Quando se formou professora ela foi lecionar lá.
> Rodrigo — Ela morava aqui em Osório?
> Aurora — Ela é nascida e criada aqui.
> Diva — Com a mãe dela, ela morava aí.
> Rodrigo — Então na verdade o caminho dela foi o contrário do caminho de vocês...
> Diva — O contrário.
> Aurora — Ficou assim, ela indo pra lá e nós indo pra cá [rindo].[289]

O exemplo demonstra que a lógica comunitária da patrilocalidade podia ser mais forte do que a da urbanização. Em vez de o marido partir para o meio urbano para acompanhar a esposa, mais bem estabelecida em relação a direitos sociais, ela, que já tinha os direitos e o salário garantidos, acompanhou o marido, como era de praxe na comunidade de que fazia parte.

---

[289] Entrevista realizada com a senhora Aurora Inácia Marques da Silva, senhor Celso Rodrigues Terra e a senhora Diva Inácia Marques, no dia 28 de novembro de 2001, em Osório.

Assumiu, inclusive, encargos da vida rural, tais como trabalhar na roça, o que para ela antes era desconhecido. Esse exemplo é importante para não tomarmos a urbanização como uma lógica irresistível e linear.

Temos, assim, um tênue equilíbrio entre a necessidade, que muitas vezes desempenhava um papel centrífugo, e os laços afetivos que desempenham um papel centrípeto, tomando o território de origem como "centro".[290] Barcellos e colaboradores destacam:

> Outra prática reiterada e cujo significado remete à importância dada à terra é ato de retornar para morrer nela. O fato de ter o umbigo enterrado em determinada localidade faz com que os moradores de Morro Alto que eventualmente morem em Porto Alegre, Capão ou Osório, voltem quando já estão velhos. Além da perspectiva econômica, pois geralmente eles retornam com uma aposentadoria conquistada com o trabalho em hotéis ou como maquinistas, no caso dos homens, e, assim, garantem o sustento de várias pessoas de suas parentelas, existe o aspecto simbólico [Barcellos et al., 2004:330-331. Ver também Müller, 2006:270].

Tal expectativa foi explicitada por parte dos entrevistados cujas citações foram apresentadas neste capítulo. Desejam retornar à sua terra natal, onde "está enterrado seu umbigo", para ali encerrar o seu ciclo de vida. Quanto a seus descendentes, existem discursos desencontrados: há quem acredite que ninguém iria querer ir para lá, por já estarem acostumados como o modo de vida urbano, mas percebe-se também a fala daqueles que, já com direitos sociais estendidos aos trabalhadores do meio rural, aspiram a ali encontrar o seu sustento.

Wilson Marques da Rosa, há pouco tempo aposentado pela Assembleia Legislativa do Estado do Rio Grande do Sul, acalenta o sonho de voltar a morar no território da Prainha, local onde sua mãe viveu durante sua vida. Nesse sentido, objetiva descrever o mesmo circuito urbano-rural desenhado por Ercília Marques da Rosa, e aguardava para tal, por ocasião da realização da pesquisa, apenas a aposentadoria da esposa, Marilda da Rosa.

\*\*\*

---

[290] Essa opção — provocativa — por tomar o meio rural como "centro" de referência ao designar movimentos como "centrífugos" ou "centrípetos" é proposital e tomada como contraponto à abordagem etnocêntrica que toma, necessariamente, a cidade como foco "central".

Os leitores terão percebido certo caráter contraditório na análise, na medida em que aponto a pluralidade de formas possíveis de atuação por parte dessa "geração de migrantes". Alguns partiram, alguns ficaram, e outros retornaram ao território de origem. Não hierarquizei — ou ao menos procurei não hierarquizar — tais opções. O capítulo chama-se, sim, "geração de migrantes", mas o deslocamento populacional não se inaugura com essa geração, não possui vetor único, e tampouco dá conta de todas as possibilidades vividas por aquela família no meio rural do litoral norte rio-grandense.

Quando abordo as leis varguistas, apresento uma diversidade de alternativas que podem, em um primeiro momento, remeter a uma análise ambígua. Afirmo que alguns se dirigiram para as cidades para usufruir dessa legislação, ao mesmo tempo argumento que alguns dos que permaneceram no meio rural buscaram os registros civis na expectativa de alcançar tais direitos. Os leitores, exigentes, perguntar-se-ão: afinal, a legislação social era ou não era acessível a camponeses negros no pós-1930?

Minha resposta é que a contradição não se encontra na minha análise, e sim na realidade à qual me reporto. A legislação social não abriu uma porta única de entrada e de acesso a direitos, mas possibilidades e caminhos variáveis que os sujeitos sociais procuraram ocupar conforme suas possibilidades e preferências. Certamente os camponeses negros se relacionaram de muitas maneiras com a legislação social, e não tive a pretensão de esgotá-las. Só procurei apresentar algumas possibilidades por eles criadas para se deslocarem e construírem suas vidas em meados do século XX.

## A "reforma agrária"

Na primeira metade dos anos 1960, o debate político nacional centrou-se na realização das reformas de base, pretendidas pelo governo de João Goulart mediante pressões intensas de movimentos sociais (ver Ferreira, 2005; e, para o Rio Grande do Sul, Eckert, 1984). Houve a participação de integrantes da comunidade de Morro Alto naquelas mobilizações, identificadas pelo senhor Manoel Francisco Antônio, sobrinho-neto de Felisberta, como o "tempo da reforma agrária". O senhor em questão chegou a ser preso em função desse processo político.

Segundo Manoel, ele engajou-se em 1960 em um grupo vinculado a Brizola. Relatou também que naquela década houve um acampamento no Morro Alto, perto da rodoviária e da escola. Havia 350 famílias, mas quando a repressão chegou, todos fugiram, restando apenas oito homens: ele, seu irmão José, e ainda "um velho" com seus filhos. Eles foram presos.[291] Os fatos, ocorridos em setembro de 1963, foram noticiados pela imprensa.[292] A Brigada Militar[293] efetuou um cerco, sob determinação do governador Ildo Meneghetti, que governava sob uma coligação que agregava PSD, PL e UDN, contrários às reformas de base. A oposição, representada pelo PTB, protestava contra a truculência com que os agricultores foram reprimidos.

Uma família, considerada *invasora* pelas famílias negras, estava associada à UDN. Em meio às negociações do impasse criado pela realização do acampamento, Meneghetti condicionou o diálogo à saída das áreas ocupadas. Os agricultores refugiaram-se na fazenda do petebista Protásio Marques da Rosa (*Tazinho*), descendente da antiga família senhorial. Conforme Barcellos e colaboradores:

> Talvez essa vinculação possa representar uma atualização do referencial simbólico que a comunidade encontra no legado de Rosa Osório Marques: na conjuntura dos anos 1960, mais uma vez a família Marques se colocava como senhores generosos a quem se devia a possibilidade de acesso à terra [Barcellos et al., 2004:190].

O governo procurou arrefecer a mobilização com promessas de distribuir terras, o que efetivamente aconteceu em 19 de novembro de 1963, quando se assinaram decretos de desapropriação de três áreas pelo governo estadual, inclusive uma de 5.200 hectares em Osório. Todavia, os mesmos nunca tiveram cumprimento, já que se sucedeu, logo após, o golpe de março de 1964.

---

[291] Entrevista com o senhor Manoel Francisco Antônio, no dia 14 de outubro de 2012, em Osório (LABHOI — UFF).
[292] A narrativa desse processo é um resumo da argumentação de Barcellos et al. (2004:186-191). Vali-me também de entrevistas com o senhor Manoel Francisco Antônio, nos dias 16 de outubro de 2010 e 14 de outubro de 2012, em Osório. Não dei um desenvolvimento maior, no desenrolar deste capítulo, por esse momento não estar presente na memória da maior parte dos entrevistados. No entanto, descrevo-o brevemente por duas razões: por se tratar de um processo histórico importante, que não pode passar despercebido, e por estar no fundamento da *cultura política* trabalhista que irei desenvolver no último capítulo.
[293] Polícia Militar.

Embora ressalvando que naquela ocasião se tratasse de um processo de redistribuição de terras e, agora, de um momento de luta comunitária étnica pela restituição de um terreno herdado, Manoel Francisco Antônio traça linhas de continuidade entre os dois processos de luta. Efetivamente, os atuais quilombolas travaram contato, pela primeira vez, com o documento (a memória eles já tinham) do testamento de Rosa em meio à efervescência política e fundiária das décadas de 1960 e 1970.

Perguntei ao entrevistado como havia começado a participar daquele movimento, e ele disse que um coronel perguntou-lhe acerca de suas condições de moradia. Manoel repetiu a narrativa de sua avó Tereza, que havia sido escrava (irmã de Felisberta) e lhe dizia que terras na região haviam sido doadas por uma senhora para 24 cativos. O coronel, de nome Militão, perguntou-lhe se não estavam os papéis no cartório. Para Manoel, Zé Marques tinha ocultado o documento. Seguindo orientações desse militar, o senhor e seus vizinhos localizaram o documento no Arquivo Público do Rio Grande do Sul. Isso estaria na gênese da atual demanda política de Morro Alto como comunidade "remanescente de quilombos".[294]

---

[294] Entrevista com o senhor Manoel Francisco Antônio, no dia 14 de outubro de 2012, em Osório (LABHOI — UFF).

# Capítulo 4

# GERAÇÃO DE QUILOMBOLAS[295]

> Tanto habló de la familia, que los niños aprendieron a organizarle visitas imaginarias con seres que no sólo habían muerto desde hace mucho tiempo, sino que habían existido en épocas distintas. Sentada en la cama con el pelo cubierto de ceniza y la cara tapada con un pañuelo rojo, Úrsula era feliz en medio de la parentela irreal que los niños describían sin omisión de detalles, como si de verdad la hubieran conocido [Márquez, 2006:390-391].

Eva Marques Correia sabe contar histórias do tempo dos escravos da Fazenda do Morro Alto. Seu avô contava-lhe que as patroas batiam em sua avó quando atravessava a lagoa para trabalhar, e que uma vez arremessaram-lhe um garfo quente quando cortavam um pedaço de bolo ou carne. Também sabia que, depois de fustigados no tronco, os escravos eram colocados em cima de formigueiros.[296] Além dos sofrimentos e do trabalho que passaram em virtude dos castigos físicos impostos, sabe do terreno deixado em herança por uma senhora escravista para seus cativos e tem, até mesmo, condições de nomear os velhos que conheceu em sua infância que passaram pela experiência do cativeiro, ou as atividades produtivas a que se dedicavam (ver capítulo 1). Tal conhecimento lhe é possível por ter convivido, quando criança,

---

[295] Alguns subcapítulos foram discutidos no VI Encontro Regional Sul de História Oral (Pelotas, 2011), no XXVI Simpósio Nacional de História (São Paulo, 2011), no V Encontro Escravidão e Liberdade no Brasil Meridional (Porto Alegre, 2011) e no Encontro de Pós-Graduandos do Pronex, da Universidade Federal Fluminense (Niterói, 2011). Uma versão preliminar de partes deste capítulo foi publicada em Weimer (2010a) e outra encontra-se no prelo.
[296] Entrevista com Arli Marques Correia e Maria Marques Correia Mendes, no dia 19 de novembro de 2010, no Caconde (LABHOI — UFF).

com ex-escravos idosos, principalmente sua avó materna, Felisberta, e seu avô paterno, Merêncio.[297]

Seus filhos, por seu turno, Maria e Arli Marques Correia, 58 e 64 anos em 2010, pouco sabem das experiências do cativeiro vividas por seus ancestrais. Eles têm a ciência de que os bisavós foram escravos, porém, guardam uma memória difusa e inespecífica da realidade do cativeiro, não sabendo nomear ou exemplificar experiências por que passaram.[298] As representações da escravidão frequentemente são inspiradas por telenovelas. Apesar de terem convivido bastante com sua avó materna, Mercedes, filha da escrava Felisberta, com ela aprenderam lides rurais, mas não histórias sobre o cativeiro.[299]

A memória do cativeiro surgiu como problema de pesquisa espontaneamente no trabalho de campo, e não como simples demanda do pesquisador. Na medida em que os entrevistados só se consideravam aptos para apresentar depoimentos se pudessem relatar tais narrativas,[300] revelou-se necessário problematizar tal aspecto. Procurei, pelo contrário, valorizar suas falas a respeito de experiências próprias, de seus pais e avós, e não apenas daquelas que vivenciaram o cativeiro. Graças a esse esforço, criou-se a possibilidade de escrever os capítulos 2, 3 e este aqui. No entanto, a memória da escravidão surge como questão importante do ponto de vista de política (e) de identidade, como veremos.

É possível objetar os limites do conceito de memória para dar conta de experiências não vividas, com as quais se teve contato apenas através da narrativa de outrem e, sobretudo, para aquela geração que, pelos diferentes aspectos que discutirei, não teve acesso ou não valorizou em um primeiro momento essa tradição oral. Não obstante, o que se observa entre descendentes de escravos é que mesmo entre aqueles que possuem uma "memória

---

[297] Entrevista com a senhora Eva Marques Correia no dia 14 de janeiro de 2009, no Caconde; entrevista com a senhora Eva Marques Correia, no dia 12 de março de 2010, no Caconde (LABHOI — UFF).
[298] É importante observar que não busco, aqui, uma definição em negativo da memória da escravidão. Não se trata de algo que eles "deveriam ter" e que o pesquisador, decepcionado, constatou que parte deles "não tem". Pelo contrário, as entrevistas dessas pessoas foram riquíssimas a respeito de suas trajetórias e de seus familiares no pós-Abolição, independentemente de referências ao passado escravista.
[299] Entrevista com Arli Marques Correia e Maria Marques Correia Mendes, no dia 19 de novembro de 2010, no Caconde (LABHOI — UFF).
[300] Talvez pela experiência prévia da pesquisa para o laudo, na qual a escravidão acabou por ser o foco; não obstante, nas entrevistas com a senhora Eva — que não participou da pesquisa anterior — também a escravidão foi espontaneamente trazida à tona como assunto de reflexão.

precária" da escravidão, existe o sentimento de incompletude, de que há algo faltando a ser descoberto, seja através de relatos de velhos, seja através de telenovelas e filmes. Aquilo é percebido como importante por eles, mesmo que não se considerem os interlocutores que julgam ideais em um processo de entrevista. É por essa razão que avalio o conceito de "memória da escravidão" como operacional, mesmo para a análise daqueles exemplos que aparentemente "não a possuem".

O padrão de "transmissão"[301] da memória da escravidão que descrevi brevemente para o caso da família da senhora Eva é comum a famílias afins. Também entre seus primos, pessoas octogenárias sabem detalhadas histórias do tempo do cativeiro, por as terem ouvido de avós escravos, ao contrário da geração imediatamente posterior, que não ouviu essas narrativas dos pais de seus pais, nascidos livres. Não obstante Eva narre histórias ouvidas de seu avô Merêncio, o mais comum é a existência de um recorte de gênero nos relatos de histórias do tempo da escravidão. Temos mais *narradoras* do que *narradores*, por motivos esmiuçados por Perrot:

> As lembranças da escravidão, abolida apenas em 1888, persistem entre o povo brasileiro através das velhas avós. E os pesquisadores da história oral conhecem por experiência própria a diferença entre a relação dos homens e a das mulheres com o seu passado: homens mudos, que esqueceram quase tudo que não tem ligação com a vida do trabalho; mulheres faladoras, a quem basta apenas deixar vir a onda de lembranças, por pouco que se as interrogue a sós: o homem habituou-se demais a impor silêncio às mulheres, a rebaixar suas conversas ao nível da tagarelice, para que elas ousem falar em sua presença [Perrot, 1988:207].

Existe uma diferença entre homens e mulheres, sobretudo no que toca à *qualidade* dos relatos lembrados de avós e avós. Devido ao lugar ocupado por eles ou por elas na sociedade camponesa do início do século XX, as me-

---

[301] Sempre entre aspas, afinal, como veremos, a passagem intergeracional da memória da escravidão obedeceu a critérios mais complexos do que a mera reprodução daquilo que os avós lhes contavam; foi processada e decodificada conforme critérios contemporâneos de avaliação. Janotti e Rosa abordam a transmissão da memória sobre a escravidão, sem aspas. Embora as autoras tenham claro que o relato de vida não é esclarecedor de fatos passados, e sim uma interpretação atual a respeito dos mesmos e, ainda, que a memória trata de uma reconstrução dinâmica em parâmetros sociais, elas remetem-se aos "primeiros narradores" e aos "depositários" de sua narrativa, sem problematizar as mediações implicadas (Janotti e Rosa, 1995:111-123).

mórias que os informantes apontam ter ouvido de avôs remetem ao espaço público, por exemplo, à relação com fazendeiros, às transações comerciais, ao mundo do trabalho — no que toca à prestação de *serviços* e às atividades como *empregados* —, ao deslocamento espacial para cima da serra, às tropas de bois e, sobretudo, ao testamento de Rosa Osório Marques. Já aspectos como a memória do trabalho na roça, das lides domésticas e, sobretudo, da intrincada trama genealógica, de relações de parentesco e compadrio, foram adquiridos junto às avós, por tratar do espaço familiar. A memória reproduz a dicotomia *casa-rua* pela qual as relações de gênero adquirem significado para o grupo em questão.

É bem verdade que, devido à longevidade das mulheres e ao fato de geralmente se terem casado com homens mais velhos, frequentemente os netos conviveram muito mais com as avós do que com os avôs. Ainda assim, eu acrescentaria que, muitas vezes, esse nível de "tagarelice" a que as narrativas das mulheres parecem estigmatizadas é justamente aquele que interessa ao historiador e ao antropólogo. Certamente foi aquele que interessou a mim. Pretendo discutir as razões pelas quais a memória do cativeiro parece saltar gerações, reproduzindo-se no circuito avó-neto, e não pai-filho; e analisar os motivos que levaram a primeira geração nascida após o cativeiro a evitar reproduzir sua memória entre netos, enquanto os próprios ex-escravos contaram tais histórias aos filhos de seus filhos.

Finalmente, no que toca à geração dos netos de escravos, fujo à ideia de uma simples reprodução ou "transmissão" de memórias, buscando em suas experiências pessoais de inserção no mercado de trabalho as condições através das quais aquelas memórias familiares sobre o cativeiro conservaram atualidade. Na "transmissão" de uma memória, o polo "receptor" assimila, reinterpreta, rememora e reproduz as narrativas em questão, e são esses imperativos, operados pelo presente, que levam a falar ou silenciar sobre as memórias do passado. Pensando o discurso oral como um texto, há que atribuir ao "ouvinte" as mesmas práticas ativas de recepção através das quais o lugar do "leitor" vem sendo pensado (Certeau, 1994; Chartier, 1998).

Entende-se aqui, com Portelli (1997:16), a memória como um processo, e não como um depósito de dados. Segundo Catroga (2001:20), "ela não é um armazém que, por acumulação, recolha todos os acontecimentos vividos por cada indivíduo, um mero *registo*; mas é retenção afectiva e *quente* do passado feita dentro da tensão tridimensional do tempo". Trata-se de analisar a memória não apenas como fonte de conhecimento histórico da qual se extraem informações sobre fatos e processos históricos pretéritos, mas ela mesma como objeto de reflexão e de via de acesso a uma historicidade dela e nela impregnada. Em outros termos, busca-se inscrever esses processos de memória em sua historicidade e dinâmicas específicas. No caso da presente pesquisa, "analisar como a memória histórica de um grupo constitui-se e transmite-se, como ela ajuda a reforçar sua identidade e a assegurar sua permanência" (Raphaël, 1980:127).[302]

## Os mais novos não sabem tanto por causa da televisão

Em uma visita à prima de Eva, Aurora Inácia Marques da Silva, procurei obter com ela novas indicações de familiares com quem eu pudesse conversar e gravar entrevistas. Ela procurou me demover de dar continuidade à pesquisa, afinal, eu já havia entrevistado todos os velhos, e os mais novos "não sabem tanto".[303] Percebe-se nesse fato uma pressuposição de quais histórias me interessariam e de quem seriam os capacitados para reproduzi-las. Nessa tentativa de desqualificar os narradores mais novos, percebe-se uma autoafirmação como guardiã da memória e, talvez, ciúmes em relação ao entrevistador. De qualquer forma, atribuía à televisão o fato de terem-se perdido os referenciais de uma memória familiar que se reproduziria de geração em geração.

Segundo Aurora, quando não existia televisão, os jovens sentavam-se ao redor do fogo, de uma fogueira no interior da casa,[304] para conversar com os mais velhos, que contavam quem eram seus avós, seus bisavós, o que faziam e de onde vinham. Com o advento da televisão, tal canal de comunicação entre jovens e velhos perdeu-se, pois as pessoas só querem saber de assistir seus programas prediletos. Triunfante, Aurora perguntou à sobrinha ali presente se sabia o nome de sua bisavó, e diante do desconhecimento desta,

---
[302] Tradução minha.
[303] Diário de campo de Rodrigo de Azevedo Weimer, 19 de novembro de 2010 (LABHOI — UFF). Visita à casa de dona Aurora Inácia Marques da Silva.
[304] Existia a prática de, nas casas de pau a pique, acender o fogo no interior da residência para aquecê-la. Impossível não se lembrar do fogo familiar assinalado por Slenes (1999) como um vínculo entre vivos e mortos. O lugar do fogo familiar, portanto, era o do *relato* que realizava tal conexão.

Aurora demonstrou conhecer o nome das próprias bisavós por parte de pai e de mãe.[305]

Embora a narrativa de Aurora leve a crer em uma "transmissão" geracional da memória da escravidão, inclino-me a perceber circuitos de memória falhados entre gerações, e que só se fazem possíveis através de uma reconstrução de uma memória do cativeiro em face de experiências contemporâneas. Não há dúvidas de que a sociedade industrial, a urbanização, a proletarização e o advento da televisão como fonte de informações, ao contrário dos relatos dos idosos, tiveram um impacto fundamental e decisivo sobre as formas de recordar e legar a novas gerações as recordações que se tem. Tanto Cleci Terra da Silva, sobrinha de Aurora, quanto Maria Marques Correia, filha de Eva, trazem uma representação do cativeiro bastante informada por telenovelas como *Sinhá Moça*, reprisada pela ocasião em que lá andei fazendo pesquisa de campo, ou filmes como *Amistad*. A ênfase das narrativas diz respeito aos sofrimentos e situações de crueldade característicos do cativeiro, em lugar dos vínculos familiares solidários que os cativos teceram entre si, sempre presentes nos relatos de seus pais. O realismo do suporte fílmico confere, talvez, uma credibilidade maior a tais obras do que aos relatos de seus velhos pais e tios. Por outro lado, há também um bloqueio quanto à possibilidade de se acreditar na veracidade de tamanhas barbaridades que, no entanto, sabem-se verdadeiras.

> Cleci — Eu acho tão horrível isso aí que acho que não foi real. Até tu vê naqueles filmes, tu vê aquelas novelas, sabe aquele navio, atiravam no mar assim, e tratavam no... sabe? É... Que nem bicho, aquela coisa que era mesmo. Nem bicho tu não vê hoje em dia. Então eu acho tão horrível, tão horrível, tão horrível que eu não consigo. A minha cabeça não...
> Rodrigo — Mas deixa eu te fazer uma pergunta. Uma dúvida que eu tenho. O que tu sabe disso, tu acha que vem mais da televisão, que tu vê em filme, ou que vem mais o que a tua tia te contou?
> Cleci — Ah, não, eu vejo muito na televisão, né. A tia conta, é como eu te disse, eu não quero acreditar, eu sei que é verdade, mas é tipo um bloqueio, né. É

---
[305] A explicação dada por Aurora para o desconhecimento dos jovens sobre o "tempo dos antigos" coincide com a teorização de Walter Benjamin apresentada no "mapa do livro", segundo a qual a modernidade tende a substituir a memória tradicional, passada de boca em boca (*Erfahrung*), por uma memória individualista que remete apenas ao tempo vivido (*Erlebnis*) (Benjamin, apud Traverso, 2005:12).

tão horrível o que os meus antepassados passaram que eu não consigo... até aceitar, de tão horrível que eu acho. Mas não quer dizer que eu não acredite, porque com certeza, né...[306]

No entanto, mesmo Arli Marques Correia, 64 anos em 2010, que não se criou sob influência da televisão e muito conviveu com a avó materna, também demonstra uma lacuna nos relatos no que toca à memória da escravidão. A explicação que atribui à televisão a interrupção dos circuitos de memória do cativeiro pode ser suficiente e válida para Aurora, mas, para fins desta pesquisa, mereceu ser um pouco mais esmiuçada e questionada. Entende-se aqui que, para além de fatores externos ao processo de recordar, cabe buscar nas próprias dinâmicas da memória uma explicação para os lapsos e diferenças geracionais do que se recorda e do que se esquece. Para isso, veremos os circuitos da memória da escravidão entre escravos, seus filhos, netos e bisnetos.

## Memórias da escravidão atravessando gerações

Catroga assinalou que a memória do indivíduo é, em primeira instância, uma memória familiar. É no ambiente doméstico que "melhor se poderá surpreender os laços que existem entre *identificação, distinção, transmissão* e a sua interiorização como *norma*" (Catroga, 2001:27), possibilitando a reprodução do "espírito de família" e do sentimento de pertencimento a ela através de narrativas e outros referenciais simbólicos ou materiais:

> [...] os complexos, as reminiscências comuns e as repetições rituais (festas familiares), a conservação de saberes e símbolos (fotografias e respectivos álbuns, a casa dos pais ou dos avós, as campas e mausoléus, os marcos de propriedade, os papéis de família, os odores, as canções, as receitas de cozinha, a patronímia, os nomes), a par da responsabilidade da transmissão do conteúdo das heranças (espirituais e materiais), são condições necessárias para a criação de um sentimento de pertença em que os indivíduos se reconheçam dentro de totalidades genealógicas que, vindas do passado, pretendem, sem solução de continuidade, projectar-se no futuro [Catroga, 2001:27].

---

[306] Entrevista com Cleci Terra da Silva, no dia 21 de novembro de 2010, em Osório (LABHOI — UFF). Na ocasião, a entrevistada tinha 52 anos.

A fim de melhor dar conta dos circuitos geracionais de reprodução de tais reminiscências comuns no que tange às narrativas orais, apresento organogramas nos quais disponho graficamente os circuitos da narrativa de memórias da escravidão, conforme me relataram os entrevistados sobre quem lhes contava histórias do tempo da escravidão. Os indivíduos foram organizados de acordo com gerações, e essas, conforme seu estatuto jurídico. As flechas vermelhas representam narrativas sobre o cativeiro circulando de indivíduos mais velhos a outros mais novos. A ausência de flechas significa a omissão dos entrevistados em relação à existência de tais relatos, ou sua negação explícita, que, contudo, não representei de forma diferenciada para não tornar os gráficos demasiadamente poluídos. De qualquer maneira, casos de avós que não contaram a seus netos narrativas do cativeiro de forma deliberada serão analisados em breve.

**Organograma 1.** Relatos a respeito da memória da escravidão na família de Eva Marques Correia

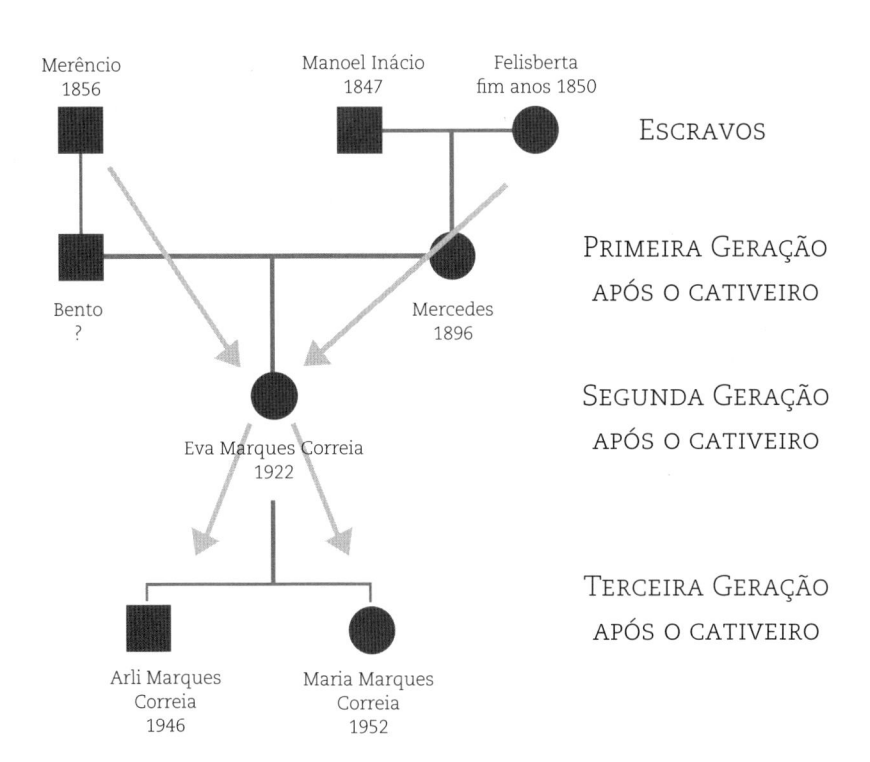

Fonte: Entrevistas com integrantes da família e registros paroquiais de batismo de Osório (Arquivo da Cúria Diocesana de Osório e Igreja de Jesus Cristo dos Santos dos Últimos Dias).

Percebe-se, em ambos os casos, que a geração hoje octogenária sabe histórias do tempo do cativeiro através de relatos dos avós. Trata-se de um conhecimento sistematicamente "transmitido" no circuito avó-neto. Seus filhos, por sua vez, sabem de histórias do tempo do cativeiro através de seus pais e tios, e não através dos avós. Há uma diferença fundamental, porém. Eva, Aurora e Diva *sabem*, ou julgam *saber*, por lhes terem sido contadas histórias por seus avós. Trata-se de um saber *sistemático* e diante do qual apresentam *certeza*. Arli, Maria, Cleci e Terezinha associam às mães e às tias *o pouco que sabem*, recusando-se a dar maiores depoimentos, remetendo à geração anterior como a mais autorizada. Seu saber apresenta-se como *residual*. Inclusive, na entrevista realizada com Arli e Maria, sua mãe encontrava-se presente e, diante do desconhecimento alegado, tomou a iniciativa de relatar histórias que o avô lhe contava, que eram, então, desveladas para o pesquisador — mas também para seus filhos —, durante o processo de entrevista.

São recorrentes os relatos de crianças criadas pelos avós — e que cuidavam dos mais velhos — enquanto seus pais trabalhavam, tanto no caso de pessoas nascidas na segunda quanto na terceira geração após o cativeiro. Assim, os idosos participavam ativamente da educação das crianças, e isso era uma realidade não apenas no meio rural, como no urbano também (Bosi, 1994:73; Bloch, apud Connerton, 1993:46-47). Já migrados para Osório, na família de Aurora e Diva, a avó Clara cuidou de seus netos Cláudio e Cleci, e criou Terezinha e irmãos, que perderam a mãe muito cedo. A prioridade de tios e avós como *pais de criação* de crianças sem pais é analisada por Barcellos e colaboradores (2004:218-219). Os aprendizados tidos com os avós eram formativos para a criança e internalizados como válidos. Isso se dava de tal forma que a alegação "meu avô me contava" é suficiente para conferir veracidade a um relato.

No caso, aquilo que Merêncio e Felisberta relataram a respeito do cativeiro pôde ser acionado pelos seus netos em diversos momentos de suas vidas, fazendo parte de um repertório de experiências a partir do qual, como explicarei em breve, avaliaram as próprias vivências de inserção no mercado de trabalho. Ao mesmo tempo, quando indagados sobre histórias do tempo do cativeiro, Arli, Maria, Cleci e Terezinha puderam alegar que seus avós não lhes contavam. As histórias de tios e pais foram ouvidas de forma eventual, quando adultos, e não como parte do processo educacional e formativo verificado entre avós e netos.

O fato é que as avós Mercedes e Clara (os entrevistados não conviveram com os avôs Bento e Manoel Inácio) foram apontadas pelos entrevistados, uma vez instados por mim, como pessoas que *sabiam* histórias do tempo dos escravos, mas *não queriam* contar. Nesses casos, a ausência de flechas não significa meu desconhecimento sobre se existiam ou não esses circuitos da memória, mas sua inexistência.

> Rodrigo — E me diz uma coisa, ela [sua mãe Mercedes] contava história do tempo da escravidão?
> Eva — Não, a minha mãe não foi escrava.
> Rodrigo — Ela não sabia de história que falava?
> Eva — *Ela sabia, mas ela não contava.* Ela sabia, porque a mãe dela foi escrava, né. E o sogro também.[307]

Cleci, no caso de sua avó Clara, esboça uma explicação do motivo para *saber* e *não contar*. Trata-se de um desejo por não falar de coisas ruins, dolorosas.

> Rodrigo — E me diz uma coisa. Tu acha que esse bloqueio assim, pra saber dessas histórias, é só teu, assim, de acreditar que isso foi real, se é tão horrível, ou tu acha que tem um bloqueio delas também pra contar?
> Cleci — Olha, é aquela história, *tu gosta de lembrar de coisa ruim?* [...] Pra que falar as coisas, sabe?[308]

Também sua prima Terezinha Marques da Rocha atribui à dor latente nessas memórias uma explicação para a resistência, não de suas avós, mas de suas tias, para relatar tais histórias. Não se trata de "lembrança boa" e, portanto, "não se faz questão de lembrar".[309] A complexa dinâmica da memória da escravidão foi sublinhada por Gilroy (2001:413), que destacou a necessidade de se lidar com "o desejo de esquecer os terrores da escravidão e a impossibilidade simultânea de esquecer". Ainda assim, o pouco que sabem é através das tias, e não da avó. Tais silenciamentos de aspectos proibidos,

---
[307] Entrevista com Arli Marques Correia e Maria Marques Correia Mendes, no dia 19 de novembro de 2010, no Caconde (LABHOI — UFF). Grifos meus.
[308] Entrevista com Cleci Terra da Silva, no dia 21 de novembro de 2010, em Osório (LABHOI — UFF). Grifos meus.
[309] Entrevista com Terezinha Marques da Rocha, no dia 15 de outubro de 2010, em Osório (LABHOI — UFF).

indizíveis ou vergonhosos da memória foram esmiuçados por Pollak, que argumentou, contudo, que não se trata de esquecimento, mas de aspectos dificilmente verbalizáveis, quer pela intensa carga de sofrimento a eles vin-

**Organograma 2.** Relatos a respeito da memória da escravidão nas famílias de Aurora Inácia Marques da Silva e Diva Inácia Marques Terra

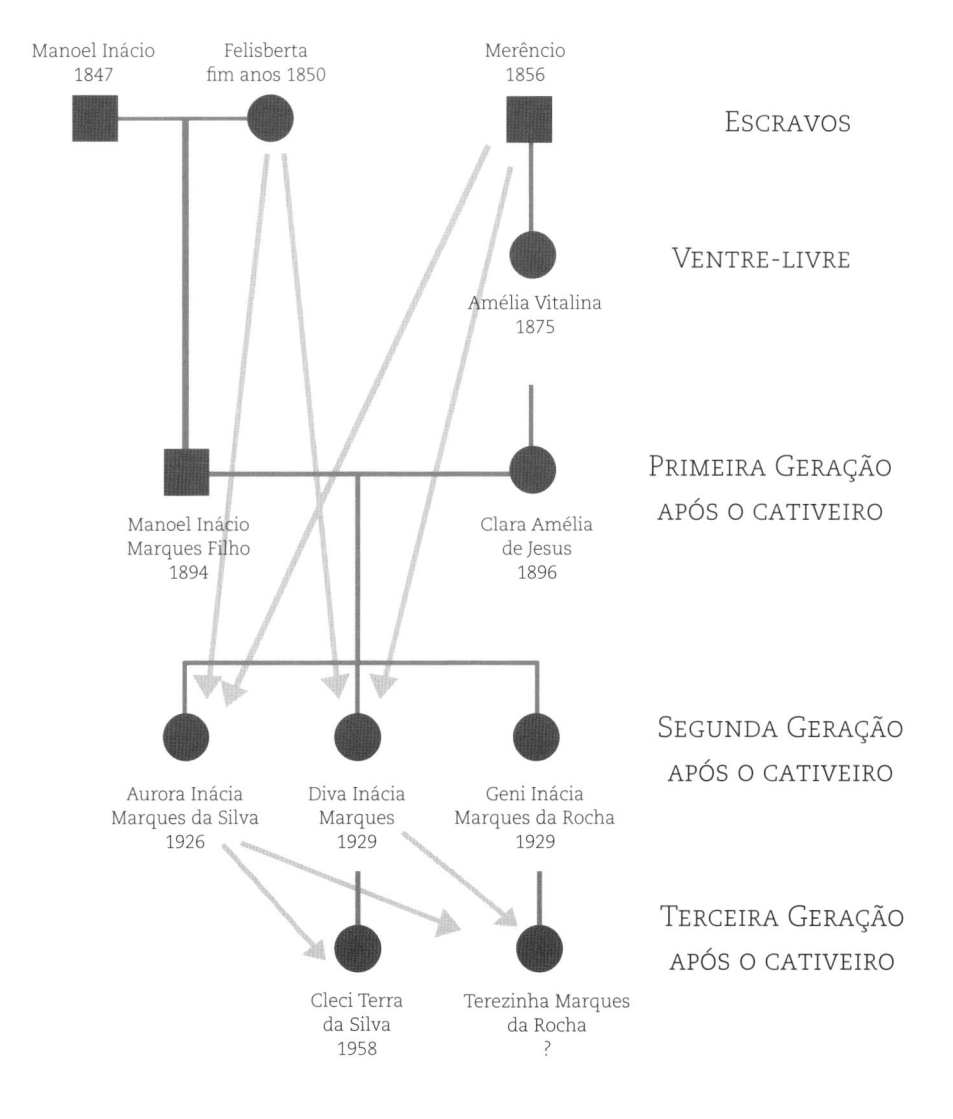

Manoel Inácio 1847 — Felisberta fim anos 1850 — Merêncio 1856 — ESCRAVOS

Amélia Vitalina 1875 — VENTRE-LIVRE

Manoel Inácio Marques Filho 1894 — Clara Amélia de Jesus 1896 — PRIMEIRA GERAÇÃO APÓS O CATIVEIRO

Aurora Inácia Marques da Silva 1926 — Diva Inácia Marques 1929 — Geni Inácia Marques da Rocha 1929 — SEGUNDA GERAÇÃO APÓS O CATIVEIRO

Cleci Terra da Silva 1958 — Terezinha Marques da Rocha ? — TERCEIRA GERAÇÃO APÓS O CATIVEIRO

Fonte: Entrevistas com integrantes da família, registros paroquiais de batismo de Osório (Arquivo da Cúria Diocesana de Osório e Igreja de Jesus Cristo dos Santos dos Últimos Dias) e registros civis de casamento do distrito de Maquiné (Igreja de Jesus Cristo dos Santos dos Últimos Dias).

culada, pela ausência de uma escuta, ou mesmo pela pretensão de poupar descendentes de crescer na lembrança daquelas feridas (Pollak, 1989:6-8).

Percebe-se uma interrupção nos circuitos de memória do cativeiro na primeira geração nascida após o cativeiro, o que irá repercutir entre seus netos. Acredito que a explicação encontrada por Terezinha e Cleci para o silêncio de suas avós e para a economia de palavras de suas tias, isto é, a dimensão dolorosa atualmente presente nas memórias do cativeiro, dever-se-ia amplificar nos últimos anos do século XIX, quando o que estava em jogo era a afirmação de uma ideia de cidadania contrastiva ao cativeiro e às marcas por ele impostas aos sujeitos sociais em questão.

Mattos (1997, 1998, 2000, 2005b:257-301) assinala que vigorou, no século XIX, em momentos de igualdade formal, uma ética de silêncio quanto à "cor" e à experiência escrava pretérita. A abolição da distinção entre homens livres e escravos coroa o processo verificado pela autora ao longo do século XIX. Criava-se, assim, terreno fértil para o silenciamento de memórias do cativeiro, especialmente por parte dos nascidos durante a vigência da Lei do Ventre Livre e nas primeiras décadas após o fim do cativeiro, já que se queriam afirmar como livres. Segundo Pollak (1989:7), determinadas experiências podem ser dificilmente dizíveis quando contrapostas a uma narrativa socialmente hegemônica. No contexto da Primeira República, de construção de uma ideia de cidadania contrastiva ao cativeiro, não convinha que este fosse lembrado.

Curiosamente, uma prima distante dos anteriormente citados, Maria Conceição Dias Nunes — sua bisavó, Tereza, era irmã de Felisberta — conhecia narrativas sobre o tempo da escravidão com um grau de precisão superior ao de suas primas. Sabia o nome da senhora que havia posto os escravos em liberdade e os trabalhos domésticos a que sua bisavó se dedicava. Porém, o grande diferencial é que Conceição *conheceu* e *conviveu* com a bisavó centenária, com quem aprendeu a fazer crochê e outras lides domésticas, e que a acalmou quando, menina, temia que o tempo dos escravos voltasse.[310] Mais do que se contrapor aos exemplos anteriores, esse caso o confirma, já que as narrativas em que Conceição inspirou seu conhecimento sobre o passado dos escravos remetem à geração que penou no cativeiro, e não à geração de seu avô, Francisco Manoel Antônio.

---

[310] Entrevista com Maria Conceição Dias Nunes, no dia 17 de outubro de 2010, em Osório (LABHOI — UFF).

**Organograma 3.** Relatos a respeito da memória da escravidão na família de Maria Conceição Dias Nunes

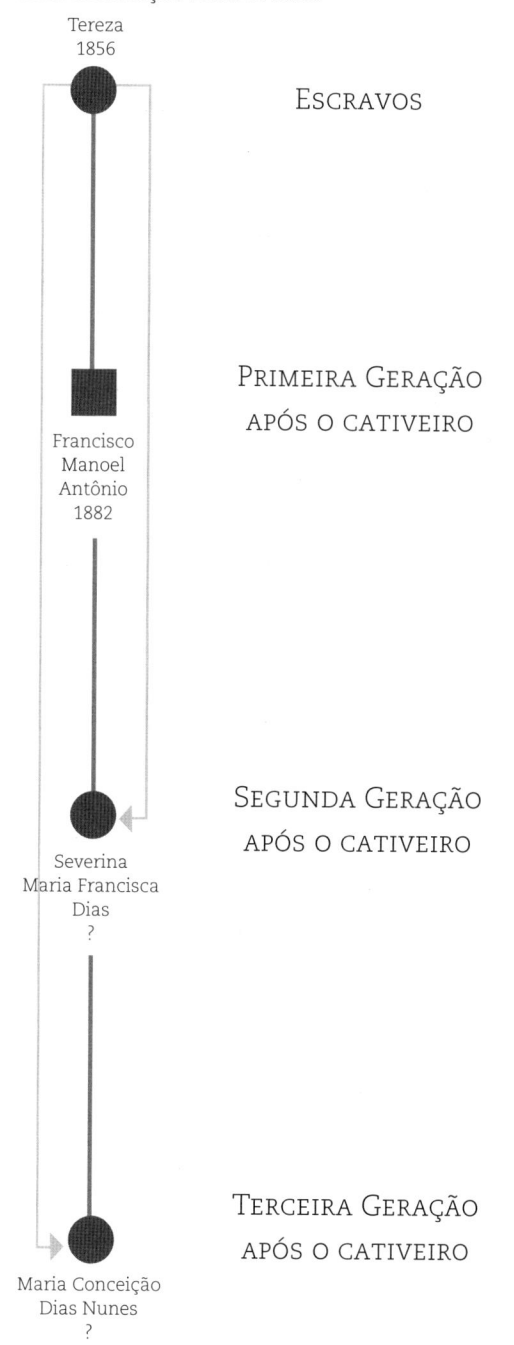

Tereza
1856

ESCRAVOS

Francisco
Manoel
Antônio
1882

PRIMEIRA GERAÇÃO
APÓS O CATIVEIRO

Severina
Maria Francisca
Dias
?

SEGUNDA GERAÇÃO
APÓS O CATIVEIRO

Maria Conceição
Dias Nunes
?

TERCEIRA GERAÇÃO
APÓS O CATIVEIRO

Fonte: Entrevistas com integrantes da família e registros paroquiais de batismo de Osório (Arquivo da Cúria Diocesana de Osório e Igreja de Jesus Cristo dos Santos dos Últimos Dias).

O caso que parece oferecer uma exceção para o modelo aqui esboçado é o de Wilson Marques da Rosa, descendente de Rosalina, irmã de Mercedes e cunhada de Clara. Segundo o depoente, sua avó lhe contava histórias antigas. Seu exemplo apresenta o perfil de uma liderança política: presidente da Associação Comunitária de Morro Alto. Seja por sua história de vida, seja por seu protagonismo na luta política daquela comunidade, ele sempre me pareceu — é — uma fortaleza: um homem *durão*, rígido, tenaz, convicto, por vezes intransigente. No dia 20 de janeiro de 2010, porém, conheci *outro* Wilson.[311]

Devido a algum imprevisto, o entrevistado não pôde comparecer na hora marcada para uma entrevista. Após contato telefônico, solicitou-me que esperasse. Para *matar tempo*, fui caminhar na praia de Capão da Canoa. As ondas geladas do mar do litoral norte cobriram meus tênis de pano. Com os pés encharcados e abençoado por Iemanjá, dirigi-me à casa de Wilson. Não o reconheci. Ele estava evidentemente sensibilizado, com os nervos à flor da pele. Seus olhos encheram-se de lágrimas em duas ocasiões, quando dissertou sobre a falta de pulso de João Goulart na resistência à reação às reformas de base, nos anos 1960, e quando se lembrou de sua falecida mãe. Era surpreendente vê-lo permitir-se demonstrar sentimentos mais íntimos.

Mais tarde, vim a saber que na véspera daquela entrevista fora vítima de uma tentativa de assassinato. Depois de um novo atentado contra sua vida, Wilson Marques da Rosa tornou-se um homem visado devido à sua atuação na luta política de Morro Alto. Jurado de morte, poder-se-ia dizer. Em uma vez em que tive contato com ele, não saía de casa sozinho e sem um colete à prova de balas, mesmo em Porto Alegre. Definia sua condição como prisão domiciliar. Porém, ao contrário de arrefecer seu empenho na defesa dos direitos quilombolas, ameaças e intimidações serviram para atiçar ainda mais sua garra e comprometimento com a *missão de vida* de que fora encarregado por sua avó Rosalina.

## Missão de vida: cultura histórica e movimento social

Ao refletir acerca de "cultura histórica[312] e usos do passado" e de "movimentos sociais e produção de identidades", seria fácil — até mesmo tentador

---

[311] Entrevista com Wilson Marques da Rosa e Marilda Aparecida Souza da Rosa, no dia 20 de janeiro de 2010, em Capão da Canoa (LABHOI — UFF).
[312] Emprego, sempre, o termo "cultura histórica" no sentido definido por Le Goff (2003:48), isto é, a relação estabelecida por uma sociedade com o passado. Dessa maneira, portanto, não me

— aproximar-se do tema a partir de uma abordagem utilitarista.[313] Nesse sentido, seria possível contentar-se com a afirmação de que os movimentos sociais "usam" o passado a fim de construir determinadas identidades coerentes com demandas materiais presentes e imediatas, a fim de legitimá-las.

Proponho-me, aqui, uma abordagem mais sofisticada: analisar de que maneiras a comunidade negra do Morro Alto apropriou-se de seu passado a fim de sustentar, sim, uma demanda política presente — seu reconhecimento e titulação como comunidade "remanescente de quilombos" —, mas pensar a relação entre política e memória de uma forma mais atenta às sutilezas da cultura e dos vínculos simbólicos com o passado. Assim, embora a satisfação de demandas materiais seja uma motivação, ela aqui só pode ser entendida quando imersa em um caldo cultural muito específico. A cultura oferece profícuas grelhas de análise da motivação de determinado comportamento político (Bernstein, 1998). Dessa forma, a noção de cultura política[314] oferecerá uma via de acesso à relação estabelecida por esse movimento social entre cultura histórica e produção de identidades.

Analisando a comunidade na qual Wilson Marques da Rosa é liderança política, duas pesquisadoras — que haviam pertencido, comigo e outros estudiosos, à equipe que elaborou o relatório de reconhecimento dessa comunidade — apresentaram diversas abordagens em seus trabalhos. Para dar conta da mobilização comunitária e das disputas de significados intrínsecas, Müller (2006) aproximou-se do tema a partir da adesão dos integrantes do grupo ao que chamou de uma "identidade jurídico-política". A autora buscou compreender como "o campo jurídico acaba por ditar tendências de abordagem analítica sobre tais comunidades" (Müller, 2006:12). Segundo ela, as

---

limito ao saber produzido por historiadores de ofício. Quando me quiser referir a este, assim especificarei.

[313] Entende-se, aqui, nos termos propostos por Marshall Sahlins, utilitarismo como a abordagem para a qual "a cultura deriva da atividade racional dos indivíduos na perseguição dos seus melhores interesses. Este é o 'utilitarismo' propriamente dito; sua lógica é a maximização das relações meios-fins" (1979:7). O autor opõe a essa abordagem uma atenção às motivações simbólicas da ação humana, e é nesses termos que procuro estudar as demandas da comunidade quilombola enfocada.

[314] Cultura política é definida como "uma espécie de código e de um conjunto de referentes, formalizados no seio de um partido ou, mais largamente, difundidos no seio de uma família ou de uma tradição políticas". Nela, adquirem relevância representações que extrapolam a dimensão das ideologias e definem a identidade de grandes famílias políticas (Bernstein, 1998:350). O autor refere-se a agregados políticos mais amplos — a exemplo do trabalhismo do qual, diga-se de passagem, integrantes da família examinada foram ativas lideranças em Osório. Alguns elementos analíticos da noção de cultura política, porém, em particular a importância das representações e da memória, são férteis para a discussão aqui proposta *também* em relação à atuação política de núcleos familiares.

comunidades "*operacionalizam* categorias que lhes possibilitam uma maior eficácia na *operacionalização* do discurso" (Müller, 2006:15. Grifos meus). Assim, as reelaborações identitárias aparecem como utilização de novas categorias do ordenamento jurídico constitucional a partir de 1988, tomadas de forma operacional, muitas vezes diante de demandas materiais — tais como a duplicação da estrada BR-101 (Müller, 2006:50).

Chagas (2005a, principalmente capítulo 2),[315] por seu turno, está mais atenta às motivações simbólicas dessa emergência de identidades, investigando as cosmovisões e os sentimentos de justiça ultrajados.[316] A essas ofensas a categoria "remanescente de quilombos" foi contraposta. Quando investiga "uma sensibilidade jurídica do grupo, de seus sentimentos de justiça que remontam à sua relação com a história da escravidão" (Chagas, 2005a:22), a autora fala em "'problemas postos' pelos próprios pesquisados e em não procurar soluções para problemas postos pela sociedade envolvente" (Chagas, 2005a:23). Nesses termos, propõe:

> A implementação do artigo 68 é justamente um instrumento jurídico de coletivos sociais que possam permitir um alargamento de perspectivas baseado nessa "conversa", em que o que cada saber/direito apresenta, entra como pauta aberta ao debate e não como algo pronto de antemão. [...] *O artigo 68 não representa um direito que está fora ou seja exterior, é ele mesmo meio de reconhecimento, valorização e fortalecimento de dimensões de saber/direito próprios das comunidades* [Chagas, 2005a:315-316. Grifos meus].

Recentemente, novos trabalhos também atentaram aos significados simbólicos latentes às recordações das comunidades quilombolas. Mello (2012) destacou que as narrativas e reminiscências dos seus entrevistados não obedecem, simplesmente, a demandas utilitárias na interlocução com o Estado, mas possuem um núcleo comum alheio a tais flutuações. Da mesma forma, Salaini (2012) assinalou a construção de associações quilombolas não como uma resposta a tendências jurídicas de análise. Pelo contrário, o autor sublinha que "O trabalho etnográfico sempre evidenciou o espaço da organização da associação quilombola mais como uma tentativa de produzir um texto intercultural do que uma construção que estivesse 'arremedando' as

---

[315] Ver também Barcellos et al.(2004:359-378).
[316] A autora utiliza a metáfora de "dobras" em sua história.

estruturas impostas pelos agentes externos" (Salaini, 2012:117). Conclui o autor que as indagações dos grupos nem sempre coincidem com aquelas da sociedade envolvente.

Essas últimas perspectivas estão sintonizadas com os sentimentos nativos que levaram à identificação como "remanescentes de quilombos". Assim, adquire relevo a discussão proposta por Honneth (2003), para quem, em lutas coletivas por reconhecimento, está em jogo, mais do que a disputa por bens escassos, uma lógica moral que preside as motivações das partes em conflito, amparada em experiências subjetivas de desrespeito.

> Diferentemente de todos os modelos explicativos utilitaristas, ele [o conceito de luta social proposto pelo autor] sugere a concepção segundo a qual os motivos da resistência social e da rebelião se formam no quadro de experiências morais que procedem da infração de expectativas de reconhecimento profundamente arraigadas [Honneth, 2003:258].

As pessoas não lutam para ver, tão somente, atingidos seus interesses materiais, mas também para fazer prevalecer aquilo que consideram moralmente correto.[317] Assim, a memória da escravidão remete a esse período como uma época de ausência de direitos (Barcellos et al., 2004:359-370; Chagas, 2005a:171-180. Ver ainda capítulo 1), os quais, na concepção contemporânea de justiça, cabe recuperar.

É a partir dessa vertente — a investigação de imperativos morais da luta social e da reelaboração identitária — que busco entender os "usos" do passado. Para tal, empreendo uma análise do discurso do presidente da Associação Comunitária de Morro Alto, Wilson Marques da Rosa, na fatídica entrevista supracitada. Sua fala é, a um só tempo, atípica — na medida em que ele não residia na comunidade em questão e goza de condições de vida e inserção político-partidária privilegiadas e destoantes em relação à maior parte de seus companheiros —, mas oriunda de personagem fulcral na demanda comunitária em questão.

Como presidente da Associação, junto com outros integrantes da diretoria da mesma ou de moradores da comunidade que compuseram uma "vanguar-

---

[317] Isso não deveria ser novidade para os historiadores desde que E. P. Thompson (1998a) ressaltou a importância de se investigar as motivações morais de lutas sociais aparentemente motivadas, sem mediações, pela necessidade. Honneth (2003:262-263) reconheceu ser sua filosofia tributária dessa historiografia.

da" dessa luta, ele protagonizou passo a passo uma "peleia"[318] que se desenrola há mais de década. Por seus vínculos institucionais — Wilson trabalha na Assembleia Legislativa do Estado do Rio Grande do Sul e pertence ao Partido Democrático Trabalhista — ele pôde realizar a interlocução entre sua comunidade, partidos, governos, instituições e outros movimentos sociais.

Foto: Rodrigo Weimer.

Wilson Marques da Rosa, segurando a carteira de identidade de sua mãe, Ercília.

Foram diversos os temas que lhe propus — ou que ele me propôs: trajetória de vida do entrevistado, histórias contadas por sua avó, seu entendimento da origem da demanda de Morro Alto como "remanescente de quilombos", demandas fundiárias prévias à reivindicação por reconhecimento, humilhações impostas pelos brancos à população negra da região, emergência do qualificativo "quilombo", o papel do laudo realizado pela equipe originária da Universidade, visando ao reconhecimento da comunidade como "remanescente de quilombos". A revisão desses aspectos, aproximadamente 10 anos após o início da mobilização de Morro Alto, possibilitou

---

[318] Termo de larga utilização no Rio Grande do Sul, com a conotação de "briga com ou sem armas; luta, disputa" (Houaiss e Vilar, 2001:2.171).

ao entrevistado uma oportunidade de reflexão sobre a própria trajetória, e ao entrevistador, uma abordagem menos ingênua sobre as relações entre "cultura histórica", "usos do passado", "movimentos sociais" e "produção de identidades".

Wilson Marques da Rosa se recorda de sua avó Rosalina narrando histórias do tempo da escravidão: quilombos em Torres, Morro Alto e Palmares, a fuga de negros de um navio encalhado em Capão da Canoa, a resistência negra em uma revolução no "Capão da Negrada". Ao contrário das avós de seus primos, a sua relatava histórias sobre a luta dos negros na região.

**Organograma 4.** Relatos a respeito da memória da escravidão na família de Ercília Marques da Rosa

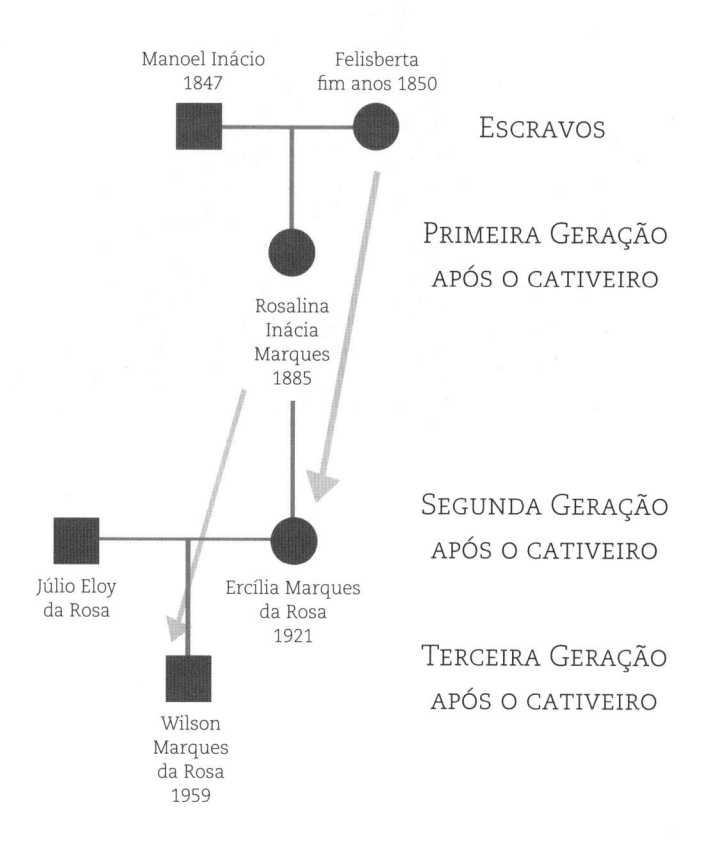

Manoel Inácio
1847

Felisberta
fim anos 1850

ESCRAVOS

Rosalina
Inácia
Marques
1885

PRIMEIRA GERAÇÃO
APÓS O CATIVEIRO

Júlio Eloy
da Rosa

Ercília Marques
da Rosa
1921

SEGUNDA GERAÇÃO
APÓS O CATIVEIRO

Wilson
Marques
da Rosa
1959

TERCEIRA GERAÇÃO
APÓS O CATIVEIRO

Fonte: Entrevistas com integrantes da família, registros paroquiais de batismo de Osório (Arquivo da Cúria Diocesana de Osório e Igreja de Jesus Cristo dos Santos dos Últimos Dias), inventário de Manoel Inácio Osório Marques (Arquivo Público do Estado do Rio Grande do Sul) e Rosa, 1999.

Principalmente, o importante era instar seu neto a empreender uma luta pela recuperação de terras doadas pela senhora escravista Rosa Osório Marques. Tal constatação corrobora a observação de Dutra (2002:26-27) de que a memória é uma instância de socialização da cultura política, ao codificar e transmitir representações coletivas do passado, presente e futuro. O presidente da Associação entende as dimensões territoriais expressas no relato da avó como legítimas para a luta comunitária contemporânea.

> Wilson — Me falava essa questão da terra, que era tudo nosso, que eles nunca tinham entregado, que de vez em quando tinham que fazer essa luta pra pedir devolução desse nosso território [...] Mas, assim, o que ela, o que ela batia mesmo era na questão da terra. Das fazendas que a Rosa deixou, a Rosa Osório Marques deixam pra ela, pra eles, né, e o... Por isso que ela batia...ela batia muito nisso, né, que quando eu crescesse que tinha que fazer essa luta, que tinha que ir atrás desse território. E eu era... eu era...pra ela eu um... eu era rico, ela me chamava de bem-criado, eu era um neto bem criado e os outros guris ela chamava de malcriado e brigava com a mãe, que eles não atendiam ela, eu tirava a comadre, eu levava chá, ajudava ela a... a... a se virar na cama, né, que ela tinha muita ferida, ajudava a fazer os curativos...[319]

É necessário situar a fala de Wilson em seu local de locução. Como presidente da Associação Comunitária de Morro Alto, é esperado que seu relato enfatize a resistência negra na região, na qual o atual processo se ampara e da qual se apresenta como continuidade. A luta pela terra aparece como designação de sua avó, ao passo em que a ela dedicava carinho e atenção. Em uma conjuntura favorável à emergência de uma memória coletiva marginalizada (Pollak, 1989:8), a luta política encontra fundamento ao redescobrir — e mesmo reviver e dar expressão jurídica a — uma perspectiva histórica a respeito dos quilombos, como assinala Chagas (2005a:103-111). Dessa redescoberta participaram também pesquisadores, instados a produzir um relatório técnico a respeito de uma vivência comunitária, demandado pela luta política étnica.

---

[319] Entrevista com Wilson Marques da Rosa e Marilda Aparecida Souza da Rosa, no dia 20 de janeiro de 2010, em Capão da Canoa. Wilson tinha 51 anos na ocasião da entrevista (LABHOI — UFF). Grifos meus.

O presidente da Associação Comunitária de Morro Alto relatou para Miriam Chagas narrativa similar à aqui apresentada, o que sugere o papel estrutural desse momento em sua narrativa da gênese de sua *busca* por aquelas terras. "Eu enrolava os palheiros para ela,[320] desde pequeno ela sempre me dizia para eu buscar essas terras, é uma *busca de família*" (Chagas, 2005a:145. Grifos originais). A autora disserta a respeito do papel da *caminhada* para a descoberta de direitos (Chagas, 2005a:119-120).[321] No caso em questão, porém, a *procura*, a *busca* tem um caráter familiar, e é inscrita em vínculos afetivos, caracterizando o que poderia ser definido como uma cultura política familiar: "uma leitura comum do passado e a uma projeção de futuro vivida em conjunto" (Bernstein, 1998:350). Segundo Chagas, "Nessa dimensão, a procura do direito está envolta por esse âmbito de *busca de família*, como uma forma de dizer que estão dando continuidade, passando adiante, a noção de justiça legada por seus antepassados" (Chagas, 2005a:145. Grifos originais). Ao encabeçar a luta pelas terras de Morro Alto, Wilson concretizou compromisso assumido especificamente com sua avó, e de forma metonímica, com a coletividade à qual pertence.

Na narrativa biográfica de Wilson, a luta pela terra aparece como destino manifesto e missão pessoal. A ele cabia empreendê-la, desde a determinação de sua avó para que o fizesse até as instruções conferidas por Romildo Bolzan, político do Partido Democrático Trabalhista, a quem sua família era muito ligada e com quem Wilson foi trabalhar, em Porto Alegre, na Assembleia Legislativa do Estado do Rio Grande do Sul. Ele lhe teria dado o caminho das pedras para a demanda contemporânea.[322]

---

[320] Outro irmão também se recorda de ter feito cigarros de palheiro para sua avó, mas em seu relato não há menção de ela indicar-lhe a luta pelas terras. Este entrevistado não participa ativamente da luta encabeçada por seu irmão e, assim, adquire sentido que, posicionados de formas diferentes no jogo de relações políticas contemporâneas, suas memórias a respeito dos relatos da avó divirjam. Esse aspecto está presente apenas na recordação de Wilson, que foi o único que o indica como um compromisso de vida. Entrevista com um filho de Ercília Marques da Rosa, no dia 23 de janeiro de 2009.

[321] Uma ilustração desse aspecto assinalado por Chagas é a narrativa que Wilson fez, em sua entrevista, sobre uma ida sua à divisão de terras públicas à procura de mapas antigos da área pleiteada. O relevo que esse episódio adquire em sua narrativa decorre de seu caráter de *busca*.

[322] Na entrevista, Wilson relatou que Romildo Bolzan lhe instruíra a aguardar 10 anos após a Constituição de 1988 para dar encaminhamento à demanda fundiária de Morro Alto. Esse prazo teria sido necessário para que uma lei transitória adquirisse poder de lei ordinária. Ele teria ainda indicado que ingressasse com a demanda através do Ministério Público, e não de um advogado particular: "se pegar advogado eles compram, entra pelo Ministério Público, eles são obrigados a recorrer o território de vocês".

Pais de Wilson, Júlio Eloy da Rosa e Ercília Marques da Rosa, com propaganda eleitoral de Romildo Bolzan (ainda no MDB).

Na entrevista, Wilson reproduziu mentalmente um diálogo entre sua mãe e Bolzan, no qual ele foi solicitado a ir a Porto Alegre ajudá-lo e só aceitou com a condição de que a ida para a capital se concretizasse na realização da luta territorial com a qual se comprometera com sua avó.

> Wilson — Preta, Pretinha, ele chamava a mãe de Pretinha...se eu me eleger vou levar um de teus meninos pra lá comigo, se eu me eleger deputado. Aí ele se elege e volta. Aí, a mãe diz, ah, tem que... tem que ir tu, Wilson, tem que ir. *Ah, eu só vou pra Porto Alegre se for pra fazer a luta da terra.*[323]

A partida para a cidade e a inserção nos meios políticos urbanos oportunizaram o posterior engajamento na luta pelo reconhecimento de Morro Alto como "remanescente de quilombos".[324] Se os fatos do passado são organizados na medida em que dão sentido à situação vivida no presente, essa leitura é, contudo, mais do que uma legitimação *post-factum* ou uma "ilusão

---
[323] Entrevista com Wilson Marques da Rosa e Marilda Aparecida Souza da Rosa, no dia 20 de janeiro de 2010, em Capão da Canoa (LABHOI — UFF). Grifos meus.
[324] Na entrevista de Wilson, ele apresenta-se como pioneiro das lutas quilombolas no Rio Grande do Sul, de uma forma mais geral.

biográfica" (Bourdieu, 1998).[325] Trata-se, tão somente, de uma maneira de dar coerência simbólica e sentido ao vivido.

Hebe Mattos analisou a trajetória de uma liderança quilombola no estado do Rio de Janeiro, Antônio Nascimento Fernandes — Toninho —, que também percebe a saída da comunidade de São José da Serra como *missão* pela melhoria de suas condições de vida, através do compromisso assumido com os avós. Suas conclusões são extensivas à história narrada por Wilson cuja trajetória guarda tantas semelhanças com a de Toninho:

> Ao unir passado, presente e futuro, numa fala feita de improviso (ele não trouxe quaisquer anotações), a conferência de Toninho surpreende pela coerência e estruturação, a revelar alguém com reflexões prévias sobre si próprio e suas relações com a história do grupo. Confere, assim, ao conjunto dos moradores da fazenda, uma identidade, uma determinada personalidade coletiva atualizada, construída nas relações de parentesco, na prática do *jongo* e na luta conjunta pela posse da terra do novo quilombo — e não mais apenas na memória do cativeiro dos seus antepassados na Fazenda São José [Mattos, 2005b:293. Ver também Mattos, 2004].

Embora Wilson e seus primos contrastem no sentido de o primeiro sentir-se apto a relatar memórias do cativeiro e os demais, não, existem semelhanças geracionais. As memórias acionadas por Wilson referem-se à resistência negra na região e ao direito pela terra representado pela doação de Rosa Osório Marques, mas, como os demais, ele encontra dificuldades para situar com exatidão as relações de parentesco entre seus ancestrais. Ao contrário da geração anterior, ele não possui uma memória genealógica tão precisa. Talvez isso não seja o fundamental para ele. No já discutido episódio em que ele cuidava da avó, que o encarregou de lutar pelas terras de Morro Alto, na entrevista para mim ele afirmou tratar-se de Rosalina, e para Chagas, disse tratar-se da bisavó Felisberta, com a qual, até onde eu saiba, ele não chegou a conviver. No entanto, configura-se, mais do que uma imprecisão propriamente dita, de uma memória genealógica mais difusa e uma percepção da história que confere maior importância ao ato de delegação de uma luta do que propriamente ao personagem da história familiar que o teria feito.

---

[325] Com isso, quero dizer que não há nada de "ilusório" na narrativa de Wilson: suas verdades lhe são completamente reais.

Ao longo da entrevista com ele realizada, em mais de um momento foi interrompido por sua esposa, a historiadora Marilda Aparecida Souza da Rosa, que o corrigiu ou complementou dados genealógicos dos quais não se recordava. Marilda realizou minucioso trabalho de história oral com sua sogra, a falecida Ercília Marques da Rosa, e tinha uma noção mais microscópica dos fatos familiares, enquanto a recordação de Wilson era mais macroscópica e referente à história negra na região.[326] A politização da memória do cativeiro em um momento de luta fundiária implícita nesse recorte macroscópico, contudo, só foi possível por ter sido lida à luz de experiências prévias de desrespeito social.

## Narrativas de desrespeito social

Em diversas ocasiões,[327] Wilson Marques da Rosa repartiu em três momentos a ocupação de terras na região, três camadas sobrepostas de historicidades negras instituintes de direitos territoriais: quilombo — e aqui ele parece remeter à concepção histórica tradicional —, testamento e aquisições de terras — "feitas no braço", conforme depôs para Chagas (2005a:164. Ver capítulo 2). Ele relata que nenhuma das modalidades de acesso à terra foi respeitada, evidenciando uma noção de desrespeito social sofrido.[328] Essa percepção de direitos ultrajados evidenciou-se por diversos momentos nas pesquisas realizadas na comunidade de Morro Alto, a exemplo das terras herdadas que jamais foram entregues (Barcellos et al., 2004; Chagas, 2005a). O período escravista é assinalado como a experiência de desrespeito social por excelência, não apenas em Morro Alto, como também em outras comunidades. Conforme assinalam Chagas (2005a) e Mello (2012), contudo, a percepção de continuidades entre o trabalho escravo e o pós-Abolição engendra sentimentos de justiça que levam à luta por direitos sociais (ver adiante, no subcapítulo o *tipo dos escravos*).

---

[326] Na geração de bisnetos reitera-se, pois, a oposição feminino-casa/masculino-rua no perfil das memórias acionadas.
[327] A exemplo da entrevista com a senhora Ercília Marques da Rosa e Wilson Marques da Rosa, no dia 13 de setembro de 2002, em Porto Alegre. Realizada por Claudia Fonseca, Miriam Chagas e Rodrigo de Azevedo Weimer.
[328] Um ano após essa entrevista, a regulamentação do art. 68, através do Decreto nº4.884, veio a fundamentar a demanda das comunidades remanescentes de quilombos, entre outros aspectos, na "resistência à opressão histórica sofrida" (Moreira, 2009:247).

Entre as experiências de desrespeito social inventariadas por Honneth, encontram-se as "experiências de rebaixamento que afetam seu autorrespeito moral: isso refere-se aos modos de desrespeito pessoal, infligidos a um sujeito pelo fato de ele permanecer *estruturalmente excluído da posse de determinados direitos no interior de uma sociedade*" (Honneth, 2003:216. Grifos meus). Narrativas de injustiça, traduzidas no acesso precário ao direito de propriedade, fazem-se presentes na entrevista realizada: ganham relevo, sobretudo, nos relatos de expropriação do terreno adquirido por seu bisavô Manoel Inácio para sua descendência, na localidade do Espraiado, já mencionados no capítulo 3. Parte significativa da entrevista debruçou-se sobre a contenda entre seu pai — Júlio Eloy da Rosa — e um fazendeiro branco — Fabinho Souza — que, apoiado pela Brigada Militar, avançou sobre o terreno herdado de sua avó Rosalina.

Segundo ele, tratava-se da época da ditadura civil-militar de 1964-1985, o que teria favorecido a expropriação de terras. Depois de demorada e atribulada luta judicial, sua família conseguiu recuperar parte do terreno invadido, mas acabou por ser uma vitória de Pirro: tiveram que vender as terras reavidas judicialmente para pagar Vitalino Munari, um morador da região que emprestara dinheiro para que seu pai pudesse custear os advogados. O entrevistado observou que isso aconteceu porque os negros "não tinham para quem recorrer", sem deixar de destacar o papel do estado do Rio Grande do Sul, através da Brigada Militar, na expropriação de terras. Há, portanto, um recorte racial na restrição ao acesso à Justiça.

Outro tipo de denegação do reconhecimento mútuo consiste, segundo Honneth, não na negação de direitos, mas de estima social:

> [...] se agora essa hierarquia social de valores se constitui de modo que ela degrada algumas formas de vida ou modos de crença, considerando-as de menor valor ou deficientes, ela tira dos sujeitos atingidos *toda* a possibilidade de atribuir um valor social às suas próprias capacidades. A degradação valorativa de determinados padrões de autorrealização tem para seus portadores a consequência de eles não poderem se referir à condução de sua vida como a algo a que caberia um significado positivo no interior de uma coletividade; por isso, para o indivíduo, vai de par com a experiência de uma tal desvalorização social, de maneira típica, uma perda de autoestima pessoal, ou seja, uma perda de possibilidade de se entender a si próprio como um ser estima-

do por suas propriedades e capacidades características [Honneth, 2003:217-218. Grifos meus].

Relativizemos, no mínimo, o alcance desse "toda", já que se ignora as possibilidades reativas e de reelaboração do preconceito por parte de grupos marginalizados. Honneth parece, com efeito, absolutizar as repercussões negativas sobre a autoestima em situações de degradação social, quando a solidariedade grupal e familiar podem, se não negá-la, mitigá-la. De qualquer forma, episódios de racismo caracterizam muito bem as situações de ultraje à estima social caracterizadas pelo autor no excerto, e são bastante presentes na fala do entrevistado.

Sua mãe, por exemplo, Ercília Marques da Rosa, não foi aceita como professora na localidade de Bananeiras devido à sua condição racial. Ela apelou ao presidente da República, Getúlio Vargas, que acolheu seu pedido e a autorizou a dar aulas. Ainda assim, sofreu represálias da prefeitura por "pular a hierarquia" e buscar uma interlocução direta com o presidente. Vale destacar que se apelou à figura benevolente de Vargas, reconhecido, através de diversos estudos com comunidades negras rurais, como instituinte de direitos (Mattos, 2004:63, 2005a:54-55; Dezemone, 2004:125-135). Porém, não se tratou, nesse caso, de um canal institucionalizado de acesso a direitos, mas de *alguém* com quem se podia contar. Não se trata de um direito assegurado, mas de uma *dádiva*. Essa não foi recebida, porém, de forma passiva: Ercília tomou a iniciativa de dirigir a missiva por saber que Vargas poderia interceder por ela.

Porém, o relato no qual fica mais claro o caráter racial da violência sofrida é aquele que dá conta do incêndio de ranchos de camponeses negros por parte de fazendeiros brancos no Morro Alto. Aqui, evidencia-se a indignação e o caráter de racismo intrínsecos ao episódio narrado — e novamente fica clara a ideia de não se ter a quem recorrer:

Wilson — Mas eles judiavam muito dos negrão ali, judiavam, botavam fogo nos ranchos, não tinham pra quem... No Morro Alto os [menciona uma família considerada expropriadora], por exemplo, assim, as terras dos [idem], os negros saíam pra trabalhar, quando chegavam nos ranchinhos que eram uns ranchos de coqueiro, de palha, tavam tudo queimado, eles botavam fogo e *tu não tinha pra quem recorrer*. Isso é... é... tinha depoimento, testemunha que morreu agora, há poucos dias, que era o José Belizário, ele tinha um problema de paralisia, é padrinho do Renato, meu irmão; eu me lembro que uma vez eu levei dois jornalistas, lá, que ele deu esse depoimento, diz, ó nós íamos pro morro, quando chegavam os nossos ranchos tavam queimados (...).[329]

Se o art. 68 permitiu a assunção de uma identidade quilombola, isso foi possível por haver um solo fértil para tal. Nos relatos mencionados, aparece com clareza a associação entre a condição de negros e a ausência de direitos, mitigada, eventualmente, pela intervenção dos governos trabalhistas. Chagas (2005a) relata os cuidados e avaliações — mesmo desconfianças — dessa comunidade ao verificar se o dispositivo constitucional poderia atender a suas demandas. Nesse sentido, parece-me que adotar o art. 68 como estratégia de luta comunitária representou um "a quem recorrer" do qual se viram historicamente despojados — à exceção da percepção que possuem do período varguista.

Os vínculos históricos com o trabalhismo observados nessa família, verificados desde os anos 1960, por seu turno, ancoram esse "a quem recorrer", que ora se atualiza em uma sólida cultura política. Porém, os sentimentos de justiça e injustiça em jogo nessa luta política são muito mais profundos que a aparente adesão a uma categoria constitucional: o passado não é acionado, aqui, de forma utilitária. Ele é, a um só tempo, amparo e resultado de percepções nativas do que é justo e do que é injusto.

## "Essa identidade tá sendo construída por nós"

Uma maneira encontrada para suscitar no entrevistado uma reflexão sobre a constituição da identidade quilombola foi indagar se, antes da mobilização comunitária étnica, já se utilizava os termos "quilombo" e "quilombola". Arruti (2006:39) observou que a autoidentificação das comunidades como tal é um fenômeno recente, mas não por isso menos relevante. Historicizando as reapropriações político-simbólicas do quilombo, ele apontou posições que se *desentendem* na compreensão do significado do termo: há aquela *primordialista*, que se aproxima de um uso do quilombo como ícone de resistência, cons-

---

[329] Entrevista com Wilson Marques da Rosa e Marilda Aparecida Souza da Rosa, no dia 20 de janeiro de 2010, em Capão da Canoa. Grifos meus (LABHOI — UFF).

ciência e cultura negras, e outra *ressemantizadora* que concebe os quilombos em termos de emergência étnica e de autoatribuição (Arruti, 2006:100-101). O autor assinalou, ainda, a relevância de fugir a abordagens que percebem fenômenos de etnogênese de forma binária: ora *invenção de tradições*, ora *tomada de consciência de uma realidade histórica essencializada* (Arruti, 2009:250). Nesse sentido, adquire importância o paralelo estabelecido por Marshall Sahlins (2004:5-6) entre as sociedades que, contemporaneamente, estariam "inventando tradições" e o autoproclamado "Renascimento" de uma cultura greco-romana na Europa dos séculos XV e XVI, processo por todos admitido como legítimo.

A fala de Wilson circula por duas posições. Por um lado, ele conta que "o Morro Alto *sempre* foi considerado uma área de quilombo", associando às histórias de sua avó sobre a resistência negra no litoral norte. Com isso ele afirma a ideia de ancestralidade do território étnico pleiteado. Assumir uma postura primordialista — ancorando a demanda presente nos *primórdios*, no *sempre* — representa uma maneira de demonstrar que o pleito em questão escapa à demanda fundiária recente e o remete à presunção de uma origem comum.

Por outro lado, ele não deseja ignorar as modificações identitárias trazidas pelo processo étnico contemporâneo. Pelo contrário, são caras em seu discurso as referências às melhorias de vida e autoestima trazidas para aquela comunidade pela inserção em uma luta política pelas garantias constitucionais asseguradas pelo art. 68 (ver "mapa do livro").[330] Assumir-se — e Arruti (2006:207) observou que assunção é descoberta — quilombola é um ponto de inflexão para humilhações a que usualmente aquela comunidade vinha sendo submetida:

> Wilson — Então, essa identidade tá sendo construída por nós, né, é uma identidade assim que a gente... que até então negro aqui não existia, era tido como... como cachorro, eram... eram ... eram desprezados, eram humilhados, é... é... todo o povo negro. Nós lá não, porque a gente, assim, sempre tava... o pai foi um cara muito de luta, sempre de resistência, eles nunca conseguiram dominar o velho. [...]
> Rodrigo — E quando é que parou essa humilhação?

---

[330] Em parte porque os frutos destacados de tal luta resultam do esforço coletivo do qual é liderança.

Wilson — *Isso para a partir do momento do nosso movimento, a partir de quando a Universidade entra, que a gente entra com o processo.*
Rodrigo — E foi aí que começou a chamar de quilombo?
Wilson — E aí que a gente começa a chamar de quilombo e aí que eles começam... é, no primeiro momento, assim, eles acham que é uma loucura, que a gente tá... tava inventando, né, eles diziam, "ah, isso aqui nunca foi terra de quilombo, isso aqui nunca foi, nunca foi terra de quilombo, isso foi terra de fazendeiro, não"... então a partir daí começa uma relação a ser modificada, de tratamento, muitos começam a dizer... a puxar o saco da gente.[331]

A noção de identidade, em sua fala, remete a um sentimento de pertencimento coletivo que, contudo, não é automático, e sim resultado de um trabalho de "construção a partir do momento que a gente entra com o processo". A identidade, pois, resulta de uma dinâmica ativa da qual a própria comunidade é protagonista, como se pode ver na primeira frase do excerto acima, suscitado pela minha pergunta de quem a estaria construindo.[332] Resta que na percepção do presidente da Associação Comunitária que encaminha a luta social em questão, a identidade está vinculada à conquista de respeitabilidade.

## Movimento social, cultura histórica e historicidades mais densas

Chagas (2005a:134) destaca que, no processo de reconhecimento de Morro Alto como "remanescente de quilombos", os integrantes da comunidade acreditavam que o laudo escrito poderia ser veículo de vinculação ao universo da "oficialidade". Wilson dissera que o documento era "uma justificativa, uma prova, uma prova de nossa história". O estudo era entendido e valorizado como testemunho. Conhecer o passado sugeria o percurso de um caminho para atingir direitos (Chagas, 2005a, cap. 3 e p. 313-321). Dez anos

---
[331] Entrevista com Wilson Marques da Rosa e Marilda Aparecida Souza da Rosa, no dia 20 de janeiro de 2010, em Capão da Canoa (LABHOI — UFF). Grifos meus.
[332] Os termos "identidade" e "construção" foram espontaneamente utilizados pelo entrevistado.

após a pesquisa para o relatório, sua fala permite avaliar até que ponto essas expectativas confirmaram-se.

Conforme mencionado anteriormente, a confecção do estudo histórico-antropológico foi reconhecida como ponto de inflexão em uma trajetória de humilhações da população negra na região. A relação entre brancos e negros modificou-se, a ponto de os primeiros terem passado a ser considerados *puxa-sacos*.[333] Mesmo com a advertência de o laudo não abranger o território que entende como o total, Wilson percebe a importância do estudo por ter sistematizado falas que estavam "todas elas soltas" e por ter conferido credibilidade a saberes tradicionais que vinham sendo menosprezados — considerados "abobrinha".[334]

Ele relata que, devido à repercussão do relatório, foi convidado pela embaixada estadunidense a representar o quilombo do Morro Alto em faculdades norte-americanas. Através da experiência da viagem, que foi para ele bastante marcante, ele afirma que aquele estudo apresentou a comunidade ao mundo, amplificando o alcance de sua fala: "Que antes eu só tinha minha fala e a minha fala num horizonte como, como o mundo é muito pequenininha, né, e a Universidade, *o trabalho de vocês amplia essa fala pro mundo, é...*" "o laudo retrata isso, ele retrata essa fala, ele é um documento assim importante, é... é... como uma referência histórica, como uma fala... *uma fala maior nossa,* entendeste? É a visão que eu tenho!"[335]

Tais reflexões suscitam ponderações a respeito da relação entre movimentos sociais e cultura histórica. É evidente que essa comunidade possui uma cultura histórica específica; ela passa pela memória e por referenciais históricos míticos. O'Dwyer (2002:17), ao assinalar que o especificamente étnico em determinada identidade social é sua orientação rumo ao passado, rumo a uma pretensão de origem comum, observa também, amparada em Poutignat e Streiff-Fenart (1998:160-166), que o passado não necessariamente se confunde com um passado histórico, podendo contemplar origens míticas ou lendárias.[336] A reflexão antropológica a respeito do tema tem

---

[333] Essa configuração na correlação de forças modificou-se com a aprovação do RTID de Morro Alto — posterior à entrevista —, o que levou ao acirramento das relações raciais na localidade.
[334] O mesmo ocorreu na comunidade de Cambará, estudada por Mello (2012:246).
[335] Entrevista com Wilson Marques da Rosa e Marilda Aparecida Souza da Rosa, no dia 20 de janeiro de 2010, em Capão da Canoa (LABHOI — UFF). Grifos meus. Falas similares dessa liderança em relação ao papel desempenhado pela escrita do laudo foram registradas por Chagas (2005b:72).
[336] Não procuro aqui dar conta dos referenciais histórico-míticos da comunidade de Morro Alto, até mesmo porque essa análise já foi realizada por Barcellos e colaboradores. (2004) e Chagas (2005a). Referindo-se a esses estudos, Chagas (2005b:73) observa: "permite-se, inclusive, confron-

procurado trazer, particularmente através de estudos de reconhecimento, as formas tradicionais de relacionar-se com o passado para uma condição de narrativas legítimas na interlocução com o jurídico e no embate por direitos (Barcellos et al., 2004; Chagas, 2005a).

O grande nó da questão, parece-me, é que, como Wilson aponta, é necessária a intervenção, a mediação acadêmica, a fim de postular a legitimidade do saber tradicional. Em outros termos, a liderança comunitária valoriza estudos que sejam fruto de um saber universitário. Se eles contribuíram para a melhoria da vida dos habitantes de Morro Alto, é irônico observar que, sem sua intercessão, os saberes tradicionais possivelmente teriam continuado a ser considerados "abobrinhas" por aqueles que os menosprezavam.

No entanto, há de se considerar que o trabalho de historiadores de ofício não se apresenta como externo ao grupo em questão. Arruti (2006), ao analisar a comunidade sergipana de Mocambo em um contexto de perícia antropológica, ressaltou que os habitantes daquela localidade jamais haviam sido instados, antes, a relatar para terceiros "sua história". Essa necessidade surgiu, exatamente, a partir do momento em que uma demanda política levou a comunidade a conhecer e dialogar com pesquisadores especializados que a visitaram e se prontificaram a ouvir seus relatos. O estatuto de saber histórico não é, portanto, dado, mas construído em um processo dialógico que leva da memória à história:[337]

> Essa passagem, no caso do Mocambo, implicou em um trabalho social de reinvestimento de significados sobre a memória local, primeiramente rompendo com o silêncio a que ela havia sido relegada, por motivos de sobrevivência, depois, investindo de forma produtiva sobre ela, a fim de ganhar, progressivamente, o estatuto de história [Arruti, 2006:201].

Essa passagem, no diálogo entre pesquisados e pesquisadores, também se verificou no caso de Morro Alto, tendo em vista a mencionada valorização do passado como narrativa de direitos e injustiças. A conversão de memória

---

tar historicidades comunitárias com a História oficializada, pelo modo mesmo com que elas têm expressado suas 'leituras' sobre a experiência histórica da sociedade escravocrata face ao atual processo de reivindicação de direitos".

[337] Em um estudo posterior, o autor investigou a passagem de uma memória cabocla à história indígena (Arruti, 2009).

em história, na comunidade em questão, pode ser percebida, ainda, na afirmação de Wilson de que as falas, até então, estavam "soltas". O laudo, como produto de uma cultura histórica oriunda da Universidade, foi capaz, portanto, de reunir elementos "soltos" de uma cultura histórica local, amparada na memória e na oralidade.

Porém, Wilson assinala que a cultura histórica tradicional não encontrou condições de audição e nem de credibilidade enquanto não obteve recepção em saberes produzidos por historiadores de ofício e antropólogos que, assim, aparecem como *mediadores*:

> [...] a própria história é uma espécie de mediador cognitivo (tanto quanto os produtores desta história são os mediadores simbólicos) nestes processos de conversão identitária, tanto porque ela oferece ferramentas narrativas novas e estranhas às memórias locais, capazes de superar os obstáculos da descontinuidade social por meio da continuidade documental e cronológica, quanto porque ela ocupa um lugar legítimo no conjunto de dispositivos de verdade que sustentam os discursos jurídicos e administrativos e que é negado à memória [Arruti, 2009:270].

Ocorreu, sim, um diálogo, sobretudo porque, levados a apresentar "sua história" como peça fundamental de uma demanda por direitos étnicos, principalmente os mais jovens — que não possuíam uma memória tão precisa a respeito do passado escravista, das gerações que os precederam, das genealogias e trajetórias familiares, ao contrário dos idosos, que as têm em mente com precisão —, passaram a "buscar" por sua história.[338] Através dessa busca, que possui um exemplo modelar na fala de Wilson, a geração de bisnetos reitera e renova a "consciência histórica" por mim investigada, adotando uma postura questionadora e problematizadora de seu passado.[339] Conforme precisa Marcelo Mello:

---

[338] Novamente lembro que, para Chagas (2005a), nessa comunidade o direito resulta de uma busca.
[339] Não é acaso o fato de Wilson ter-se apresentado como pesquisador em seu texto para o encontro *Raízes de Capão da Canoa* (Rosa, 2004). O encontro Raízes de Santo Antônio da Patrulha é um evento bianual que congrega pesquisadores — acadêmicos, memorialistas, relatos de história oral, pesquisadores não profissionais — acerca de um município originário deste último, um dos quatro primeiros do Rio Grande do Sul e que congregou, administrativamente, todo quadrante nordeste do estado durante o período colonial.

> [...] na luta por reconhecimento, os apelos à história podem ser uma importante ferramenta na disputa política. No caso de Cambará, após a assunção quilombola a memória do grupo expandiu-se, adequando-se às novas necessidades e alcançando outros espaços, públicos e ouvintes. Escrever sobre o próprio passado cumpre uma função fundamental, pois abre os arquivos internos da comunidade, estendendo as cadeias de transmissão e circulação de lembranças [Mello, 2012:200].

Na situação referida, a universidade aparece como um importante interlocutor, uma vez que oferece técnicas e metodologias especializadas de investigação e, principalmente, um espaço social de fala legitimada.

Isso é particularmente verdadeiro no caso do presidente da Associação Comunitária de Morro Alto, como se pode perceber no empenho com que participou das entrevistas realizadas pela equipe de pesquisadores com sua mãe, Ercília Marques da Rosa, e pela forma como procurou manter algum controle, no início, sobre quem seriam os entrevistados pelos antropólogos e historiadores.

Parte das memórias que Wilson apresenta ter ouvido de sua avó, durante sua infância, pode-lhe ter sido também aprendida ou atualizada em seu percurso de acompanhamento de nossos itinerários de pesquisa naquela comunidade. A "história" não é, assim, um dado bruto a ser recolhido, mas resulta de um processo de construção e descoberta, em um diálogo, por um lado, intergeracional, mas também com pesquisadores (e mediado por eles). Ou, como constatou Arruti na comunidade de Mocambo:

> Pode mesmo ser possível que tais memórias e tradições não existam simplesmente prontas para ser colhidas pelo pesquisador — como aquelas expressões sugerem —, mas se estabeleçam em função de um momento crítico, de perigo, sob os olhos do pesquisador. Que momento cheio de ambiguidades seria então esse. Nele, o "coletivo" seria levado a uma reflexão inédita sobre si mesmo, sobre seu passado e sobre como ele está relacionado aos quadros de uma história local, regional e mesmo nacional. Nele, o pesquisador, por sua vez, seria levado a refletir sobre a memória e a cultura não como um texto, mas como um processo, que não pode ser estancado para ser descrito [Arruti, 2006:202].

O diálogo entre culturas históricas tradicional e acadêmica aponta, pois, para dimensões densas de historicidade.

## As profissões dos bisnetos

Não só de presidentes de Associações Comunitárias e lideranças políticas é feita a geração de bisnetos de Felisberta. As vozes dos demais, "pessoas comuns", é mais difícil de se fazer ouvir em contextos de pesquisa. No entanto, procurei ir em busca delas, não me contentando com a fala de Wilson. Por mais importante que fossem seus pontos de vista, na condição da liderança política que desempenha, eu não poderia me limitar a ela, sob pena de menosprezar vozes plurais na condução das políticas étnicas.

Um dos bisnetos de Felisberta ocupa um lugar marginal dentro de sua família. Não é muito benquisto, por frequentemente se encontrar em uma situação de drogadição e pelo estigma decorrente dessa condição. "Trampa" com empregos irregulares, o que contribui para o descontentamento da família, e mora de favor na casa de tias. Certa ocasião em que fui lá, ele fez questão de explicar-me que ganhava a vida catando latinhas na praia. Quando entrevistado formalmente, afirmou já ter "mentido para ganhar dinheiro", possivelmente uma maneira de expressar a prática de atividades desonestas. Quando indagado se ainda fazia isso, disse que não, e expressou o alívio por ter conseguido verbalizar tal experiência: "Que bom que eu falei essa coisa pra ti".[340]

Certamente, é o bisneto em situação de maior fragilidade social, contrastando com os demais, que conseguiram descrever itinerários ascendentes. Exatamente por isso, se fez fulcral entrevistá-lo: por oferecer um contraponto aos que conquistaram uma vida melhor e por demonstrar que a vida foi difícil para todos.

Em sua fala, o valor e o orgulho decorrentes do trabalho ressaltam: apontou ter trabalhado como pintor, pedreiro, estofador, servente, na descarga de caminhão, fazendo concreto. Quando perguntado sobre o que sabia fazer, bateu no chão e mostrou que o assoalho havia sido feito por ele. De certa maneira, o mundo do trabalho com o qual, por motivos di-

---

[340] Entrevista com um bisneto de Felisberta.

versos, relacionava-se de forma parcial e episódica, é também fonte de orgulho.

Ele acredita de forma enfática na demanda fundiária de Morro Alto, da qual se considera um fundador e se percebe como sujeito de direito, como uma aposta de vida melhor para seus filhos:

> Bisneto de Felisberta — Eu quero as minhas terras que tem lá que eu quero, quando os meus guris estiverem grandes que nem nós, assim, que eles plantem, é isso que eu quero. Plantem e o, o, o governo apoie eles pra eles plantar e colher e, e dar pras outras pessoas.[341]

Beneficiário de cestas básicas distribuídas desde a época do governo Lula para comunidades quilombolas,[342] ele indica que mensalmente as busca no Morro Alto e leva para seus filhos. Ele orgulha-se de não tomar seu conteúdo para si, dedicando-as totalmente ao sustento das crianças, que estão na escola: "Que eles me dão lá, eu levo pra eles. Eu não vendo nada. Eu levo pra eles".

Dois outros primos, que não participam das reuniões da Associação Comunitária, também se percebem como sujeitos de direito daquela luta étnica, posicionando-se, porém, quanto a uma lógica de mercado, segundo a qual aqueles terrenos deveriam poder ser objeto de transação imobiliária. Tais entrevistados valoram negativamente a necessidade de que os terrenos sejam ocupados pelos beneficiários do reconhecimento como "remanescentes de quilombos":

> Bisneta de Felisberta — Eu acho assim, que eles tinham que dar terra, quem quisesse vender vendia, quem... e ainda se ganhar não pode vender, a pessoa tem que se mudar e ir pra lá. [...]
> Bisneto de Felisberta — Ou se não, hoje assim [...], ou se não pegar e dar uns dinheiros pra uns, pras terras.[343]

No entanto, nesse ponto da conversa, foram interrompidos por sua velha mãe, que os lembrou da cláusula de não alienação do testamento de

---
[341] Entrevista com um bisneto de Felisberta.
[342] "Vou dizer uma coisa pra ti. Eu acho que eles tão fazendo uma coisa boa". Entrevista com um bisneto de Felisberta. Trata-se de um programa do Ministério de Desenvolvimento Social.
[343] Entrevista com um bisneto e uma bisneta de Felisberta.

Rosa Osório Marques, tomada como uma forma tradicional de percepção comunitária do direito sobre aquela terra (Barcellos et al., 2004; Chagas, 2005a): "Isso aí é dos escravos. Quando eles deram pros negros, que diziam os pretos [...], aí era assim. De filho, de pai, passa pra filho, de filho passar pra neto, bisneto, tataraneto, e deixar, não era nunca pra vender" (Grifos meus).[344]

Percebe-se uma relação tensionada entre uma lógica de mercado e uma percepção tradicional de direitos coletivos instituídos por testamento. No caso, essa tensão adquire contornos geracionais. Mais do que uma oposição imobilizante ou uma tipologia de posicionamentos irredutíveis, tais tensões são inerentes e constitutivas da luta comunitária em questão.

***

Com o auxílio de Aurora,[345] tracei um quadro com as ocupações desempenhadas pelos seus sobrinhos, que demonstram que a geração crescida na cidade ocupou-se de cargos que garantiram condições de vida mais favoráveis do que aquelas encontradas pelo bisneto de Felisberta apresentado no início deste subcapítulo. Com efeito, aquele exemplo de marginalidade social foi uma exceção, e não uma regra.

---

[344] A percepção da cláusula de inalienabilidade do testamento senhorial como uma forma de regulação comunitária do acesso ao direito por ele instituído foi percebida também em outra comunidade com um testamento similar, a de Casca (Leite, 2002).
[345] Diário de campo de 15 de outubro de 2010 (LABHOI — UFF).

**Quadro 2.** Nomes e profissões de netos de Manoel Inácio Filho e Clara Amélia da Rosa — século XXI[346]

| Benta | | Amélia | | Aurora | | Geni | |
|---|---|---|---|---|---|---|---|
| Lúcia (filha de criação) | Caixa de supermercado | Francisco | Operador de máquinas | Manoel | Faleceu criança | Bernardete | Doméstica |
| | | Emiliano | Operador de máquinas | Maria | Faleceu criança | Terezinha | Funcionária pública |
| | | Madalena | Costureira | | | Sérgio | Diversas ocupações |
| | | Augusta | Dona de casa | | | Santo | Carregador de caminhão |
| | | Emília | Costureira | | | Maria Goreti | Faxineira |

| Diva | | Maria | | Eva | | Manoel | |
|---|---|---|---|---|---|---|---|
| Cláudio Inácio | Chefe de motoristas | Isair Jorge | Construtor | Não teve filhos. | | Jorge Luiz | Construtor |
| Cleci Inácia | Cozinheira | Enedir Manoel | Construtor | | | Pedro Antônio | Construtor |
| | | Clara Regina | Doméstica | | | Agustina | Doméstica |
| | | Fátima Gorete | Funcionária pública | | | Cristiane | Operária |
| | | | | | | Batista | Motorista |

---

[346] Por vezes, seu nome é referido como "da Rosa", por vezes "de Jesus". Da mesma forma, eventualmente figura como "Maria Clara".

As atividades arroladas, mesmo quando demonstram um menor grau de especialização, permitiram aos integrantes dessa família condições de residência, alimentação e consumo de bens e serviços que as deixa longe de uma situação de marginalidade social. Principalmente, se dão em um quadro de acesso a direitos trabalhistas, frequentemente indisponíveis para a geração anterior. Em outros ramos da família que pude acompanhar, temos ainda agricultores (os filhos de Eva e Luiz, filho de Ercília), um funcionário da Assembleia Legislativa (Wilson), e até mesmo um músico e um advogado (seus irmãos Renato e Romildo).

A pluralidade de ocupações permitiu a diversificação do ganha-pão e encontrar formas de inserção social. Diplomas de ensino superior foram muito valorizados, mais pelo status representado por sua conquista — ser fino e instruído — do que por vantagens pecuniárias. É o caso de Diva, que se orgulha de ter netos formados em pedagogia e matemática, não obstante eles não trabalharem em suas profissões.

## O "tipo dos escravos"

Venho afirmando que as narrativas sobre o cativeiro de avós escravos encontraram repercussão entre os netos, hoje octogenários, por sua inserção no mercado de trabalho, ainda sem acesso a direitos trabalhistas. Muito embora as primeiras leis trabalhistas remetam à década de 1930, tudo indica a sua lenta difusão nas áreas mais interiorizadas do país, como é o caso do município de Osório: os entrevistados, ao menos, não os acessaram de imediato. Mesmo ao se dirigirem ao meio urbano, na década de 1940, as narradoras lembram-se dos direitos trabalhistas como algo que conseguiram acessar bastante tempo após o processo migratório. Vale lembrar que isso não se deu exclusivamente por terem se dedicado ao serviço doméstico, já que em suas adolescências muitas delas trabalharam como cozinheiras ou camareiras em restaurantes e hotéis nas praias de veraneio.

Outra determinação trabalhista do governo de Vargas que aparentemente teve efeitos limitados na região pesquisada é aquela estabelecida pelo Decreto nº 19.482, de 12 de dezembro de 1930. Se ela poderia ter favorecido trabalhadores negros ao prescrever que dois terços da mão de obra empregada por "indivíduos, empresas, associações, companhias e firmas comerciais" fosse ocupada por brasileiros natos, na prática esta reserva pouco favoreceu o grupo aqui delimitado. Percebe-se que a maior parte dos descendentes de imigrantes, durante as décadas de 1940 e 1950 — período em que a geração estudada no capítulo 3 foi ao mercado de trabalho — já havia nascido no Brasil.[347] Além do mais, poderia haver uma seleção cromática no recrutamento desse proletariado nacional. Conforme visto no capítulo anterior, o único integrante da família que logrou empregar-se como operário no setor industrial foi justamente aquele que não possuía um tipo físico que evidenciasse seu pertencimento étnico-racial.

Conforme visto no capítulo 3, a historiografia mais recente (Ribeiro, 2009; Dezemone, 2004 e 2009) tem criticado a ideia de que os direitos trabalhistas e o impacto do governo varguista foram indiferentes ao meio rural. Ainda assim, vimos também que essa influência é percebida como indireta, na medida em que diversos depoentes trabalharam — ou percebem ter trabalhado — do *tipo dos escravos*. Os direitos permanecem associados a Vargas, já que o trabalho sem regulação vivenciado nas décadas de 1930 e 1940 é dissociado da figura do presidente. Aurora percebe a si mesma como alguém que, por não ter usufruído de carteira de trabalho e por não ter tido horas de descanso e regulamentação da jornada de trabalho, se não foi escrava, trabalhou *tipo dos escravos*, traçando um paralelo entre o regime laboral vivido por seus avós e por ela mesma.

> Aurora — Os direitos, assinar carteira, a... respeitar as horas de serviço, então mudou. Porque é, quando eu comecei a trabalhar, que eu tinha 14 anos, não tinha domingo, não tinha dia santo, não tinha feriado, não tinha nada.
> Rodrigo — Não tinha nada?
> Aurora — Não tinha nada. Era... Era tipo dos escravos.
> Rodrigo — Era tipo dos escravos?
> Aurora — [enfática] Era o tipo dos escravos. Eu trabalhei no tipo, ainda, ainda peguei um pedaço no tipo dos escravos.[348]

---

[347] Por exemplo, em agosto de 1914, Oresto Gosule registrou suas quatro filhas, Onovabili, Regina, Isolina e Leopoldina. Os avós das crianças eram naturais da Itália, mas os pais já haviam nascido no Brasil. IJCSUD-CHF, Mcf. 1444093, It. 8, livro 1 de registros civis de nascimento do tabelionato do distrito de Maquiné, f. 1-3. O fato é que a imigração para a região já era antiga e, a partir da década de 1930, esporádica.
[348] Entrevista com a senhora Aurora Inácia Marques da Silva, no dia 13 de março de 2010, em Osório (LABHOI — UFF).

Tais condições precárias de trabalho foram vivenciadas especialmente no período em que trabalhou como empregada doméstica. Michelle Perrot descreve as condições laborais de tais trabalhadoras na Paris do século XIX. Malgrado as diferenças históricas, é possível encontrar algumas similaridades que podem muito bem, em um cenário de pós-Abolição, ter levado à associação com a realidade escravocrata.

> As domésticas não são, aliás, assalariadas como as outras. Com casa e comida, elas recebem "retribuições" que lhes são passadas irregularmente, e sujeitas a descontos caso quebrem a louça ou estraguem a roupa. Sua jornada de trabalho é quase ilimitada. O domingo não é garantido como folga, mesmo quando a prática se torna mais frequente. Além de seu tempo e de sua força de trabalho, sua pessoa e seu corpo são requisitados, numa relação pessoal que ultrapassa o compromisso salarial [Perrot, 2008:117].

Ora, tendo vivido condições de trabalho consideradas similares às do cativeiro, as memórias "transmitidas" por seus avós encontravam um terreno fértil para serem assimiladas, reinterpretadas, rememoradas e reproduzidas — e mais: chave explicativa para a própria situação por ela vivida. É algo muito distinto da geração de seus sobrinhos, que passaram a participar do mercado de trabalho após os direitos trabalhistas estarem consolidados (inclusive fora do meio urbano — Arli goza de aposentadoria rural), para os quais as narrativas sobre o passado escravo, se estão sempre presentes e configuram uma identidade da qual não se esquece, restam, todavia, alheias às suas próprias experiências de trabalho, ao contrário de seus pais.

## Contar a memória do cativeiro

Se há "transmissão" da memória, é necessário existir também condições adequadas de locução, por parte do polo "transmitente", e de assimilação, reinterpretação, rememoração e reprodução, por parte do polo "receptor". Infelizmente, os dados de que disponho não permitem uma avaliação mais precisa a respeito dos motivos para a verbalização de tais memórias por parte da "geração de escravos". Uma coisa é certa: Merêncio e Felisberta contaram para seus netos narrativas sobre o cativeiro, tão certo quanto

Mercedes e Clara não o fizeram. Afinal, Eva, Aurora e Diva lembram-se do que "seus avós lhes contavam". Resta responder a uma questão da qual não consegui dar conta até este momento. Se, nos anos iniciais do século XX, como já foi dito, estava em jogo a afirmação de uma cidadania contrastiva com a lembrança e a identificação com a experiência escrava, por qual razão esses dois ex-cativos julgaram importante manter essas vivências presentes entre seus netos? Dito em outros termos, por que o "silenciamento" a respeito das memórias do cativeiro parece ter atingido filhos de escravos muito mais do que eles mesmos?

Há de se considerar que tanto Merêncio quanto Felisberta eram legatários do testamento dirigido pela senhora escravista Rosa Osório Marques para seus cativos e descendentes. Talvez tenha havido uma positivação — ou um atenuar da percepção negativa — da experiência cativa através do testamento. Ser descendente de escravos representava um legado de sofrimentos e de recordações ruins, mas também uma expectativa de direitos. Não é pouco significativo que, quando perguntei quem eram os antigos escravos do Morro Alto, os entrevistados só souberam falar de famílias aparentadas aos arrolados em tal testamento.

Talvez a aposta na obtenção dos terrenos não fosse tão relevante para a geração posterior. Manoel Inácio Filho, filho de Felisberta e marido de Clara, e Mercedes, nora de Merêncio, pertenciam a famílias que, bem ou mal, lograram estabelecer-se como camponeses independentes no Espraiado e no Faxinal do Morro Alto. É possível que a "geração de camponeses" estivesse contente com o terreno ocupado. As terras doadas para seus pais por uma senhora longínqua poderiam ser menos sedutoras. Para eles, afinal, o que estava em jogo era a construção de sua cidadania sem ênfase nos vínculos com o cativeiro. Na geração seguinte, porém, de Eva, Aurora e Diva, os conflitos fundiários na região do Morro Alto exacerbaram-se e o testamento de Rosa Marques foi uma importante peça em batalhas simbólicas e judiciais (Barcellos et al., 2004; Chagas, 2005a).[349]

Se as condições de trabalho vividas na juventude conferem à segunda e à terceira gerações nascidas após o cativeiro interesses diferenciados pelas histórias que seus avós — mais ou menos predispostos a contar — tinham a respeito do cativeiro, a atual conjuntura, de luta fundiária e de emergência

---

[349] Aurora, inclusive, postulou-se como *parte* em um desses processos.

de etnicidade, traz uma curiosidade renovada pela história regional e familiar. Certamente isso está por trás das falas do presidente da Associação Comunitária de Morro Alto, que se mostra tão bem-informado e disposto a conhecer o passado da região. No entanto, como visto, não se trata da mesma memória da geração anterior, uma vez ser ela menos minuciosa genealogicamente.

Isso leva, também, a uma reflexão a respeito do processo de pesquisa, já que o investigador involuntariamente se converte em partícipe e mediador de um diálogo intergeracional. Portelli (2010:20) ressaltou que o pesquisador, por meio de sua presença, perguntas e reações, desencadeia processos de memória. No caso por mim analisado, minha presença implicou momentos de socialização intergeracional de relatos sobre o passado escravista.

Já relatei a ocasião em que, diante do *não saber* dos filhos (real ou pressuposto), Eva demonstrou o seu *saber*, compartilhando não apenas com o pesquisador, mas também com seus rebentos, seus conhecimentos a respeito do que se estava demandando, isto é, o passado familiar. Seria possível lembrar ainda as entrevistas realizadas para a elaboração do laudo de reconhecimento de Morro Alto como "remanescente de quilombos", com a falecida senhora Ercília, às quais seu filho Wilson assistiu e das quais participou, onde pode ter aprendido ou atualizado lembranças que posteriormente apresentou como sendo de sua avó. Assinalo, ainda, a ocasião em que exibi, para a senhora Aurora, um DVD em que gravei uma entrevista com ela registrada em meio audiovisual, e que foi assistida também por uma sobrinha, atenta, interessada e jocosa. Aquilo que é uma *descoberta* para o investigador, também o é para a nova geração, e esse processo é fomentado pelo processo de pesquisa.

***

Vi, junto com os leitores, que a memória da escravidão vem sendo politizada na geração mais recente, em nome de uma luta fundiária e por reconhecimento social. No entanto, procurei demonstrar também que esse engajamento assenta-se em uma grande tradição de luta e cultura políticas, que perpassa por uma percepção positiva do governo varguista, por uma adesão ao Partido Trabalhista Brasileiro e, mais tarde, ao Partido Democrático Trabalhista, mas principalmente por uma percepção de desrespeitos históricos e sentimentos de justiça ultrajados. Tais pontos foram abordados nos capítulos precedentes e aqui arrematados.

É necessário concordar com Mattos (1997, 1998, 2000, 2005b:257-301) quanto à existência de um silenciamento em relação à "cor". No entanto, espero ter demonstrado que, ao menos entre aqueles pertencentes às famílias de "herdeiros" do testamento de Rosa Osório Marques, esse silêncio restringiu-se ao espaço público: no calor do lar, os avós — geralmente as avós — escravos relataram a seus netos histórias dos cativos. O ponto de inflexão para essa tendência foi a geração seguinte, quando seus filhos — que não vivenciaram o cativeiro, apenas, alguns, o ventre livre —, esses sim, silenciaram.

Com as exceções e relativizações que procurei assinalar, pode-se dizer que, na geração dos bisnetos de Felisberta, as histórias que suas avós não contavam foram revalorizadas, conforme destaca Chagas (2005a). E mais, redescobertas e revisitadas *junto* e *através* de pesquisadores de antropologia e história. *Erfahrung* e *Erlebnis* (Benjamin, apud Traverso, 2005:12) talvez não se reconciliem de todo, mas a primeira é valorizada e torna-se uma aliada fundamental para que a memória contemporânea possa ser acionada para a conquista de direitos políticos de cidadania. Como quer Ricœur, "a memória do ancestral está em intersecção parcial com a memória de seus descendentes, e esta intersecção produz-se dentro de um presente comum que pode, ele mesmo, apresentar todos os níveis, desde a intimidade do "nós" até o anonimato da reportagem"[350] (Ricœur, 1985:208).

Rüsen (2004) assinala diversos tipos de "consciência histórica". Podemos nos apropriar dos conceitos do autor para perceber suas mutações em paralelo à passagem da memória *Erfahrung* e *Erlebnis*. Nas três primeiras gerações analisadas, as formas de consciência acerca do passado parecem pautar-se por um modelo "tradicional": remete às origens e à repetição de obrigações; prescreve a coesão grupal; define a identidade histórica, a afirmação de padrões culturais predeterminados, a autoconfiança, o autoentendimento. Os padrões verificados na última das gerações analisadas indicam uma sutil alteração: ainda que sua historicidade *apresente-se* como tradicional, parece remeter mais ao modelo de "consciência histórica" definido por Rüsen como "exemplar": a história é apropriada como mestra da vida, como modelo de

---

[350] Tradução minha.

condutas, prescreve comportamentos. As lutas do passado inspiram, justificam e pautam as lutas do presente.

## Interlúdios de racialização V — De morenos a negros[351]

Neste último interlúdio de racialização, analisarei o emprego das categorias "preto" e, sobretudo, "moreno", na terceira geração de netos de Felisberta e Manoel Inácio, e sua transformação na categoria "negro" na quarta geração de bisnetos. Para tanto, realizei um banco de dados no qual especifiquei as categorias raciais, étnicas ou de "cor" utilizadas nas entrevistas, a fim de aproximar-me dos significados utilizados no linguajar do dia a dia — ou melhor, no contexto de pesquisa — pelos entrevistados de diferentes idades.[352] O objetivo desse banco foi, tão somente, organizar, para mim, o emprego desses termos pelos entrevistados. Quantificá-lo constituiria, verdadeiramente, um atentado à metodologia de história oral. Significaria deslocar os diversos discursos de seus contextos de locução e uniformizá-los sob a aparente homogeneidade de cada categoria.

Sendo assim, concluo um itinerário que me levou da utilização desse tipo de categorias em documentos oficiais da primeira metade ou meados do século XX — processos criminais e registros civis (interlúdios II e III) — para a análise do discurso sociorracial de pessoas que foram crianças ou jovens nos anos contemplados. O primeiro aspecto que salta aos olhos é que, ao contrário dos registros oficiais, o termo "negro" é utilizado, e muito. Possivelmente esse significante tenha se restringido ao uso cotidiano, jamais permeando a documentação pública, devido ao caráter pejorativo e sofrido do qual o termo estava impregnado (ver adiante). Jamais um documento oficial iria apontar um *cidadão* como negro ou negrinho, por mais racializada que fosse

---

[351] Parte significativa da discussão apresentada neste subcapítulo tem como ponto de partida as reflexões de Gomes (2003). Uma versão prévia deste subcapítulo foi publicada sob a forma de artigo (Weimer, 2013b).
[352] Investiguei, nas transcrições, a utilização dos seguintes termos: "preto", "negro/nego", "moreno", "branco", "mulato", "raça", "cor", "racial", "misto" e "claro". Incluí no banco também as categorias "italiano" e "alemão", por ter percebido que elas muitas vezes eram utilizadas com conotação racial, e não simplesmente étnica. O termo "pardo" não foi utilizado em momento algum. "Mulato" foi muito raramente. "Misto" não foi empregado como um registro racial, apenas com a denotação de misturado, isto é, não como um indivíduo resultante de miscigenação racial, e sim como ambientes em que brancos e negros poderiam transitar livremente — após o fim da segregação em bailes.

sua perspectiva. Mesmo em situações de suspeição, no que tange aos réus, se preferiu a especificação por meio de outros rótulos sociorraciais.

Poder-se-ia argumentar que os mais velhos utilizam, hoje, esse termo em decorrência da influência desempenhada pelos mais jovens, e não por se tratar de um termo característico de sua infância ou juventude. Sob esse prisma, meu argumento seria anacrônico. No entanto, não acredito que o emprego desse termo seja uma aquisição aos filhos e sobrinhos, sobretudo porque velhos e jovens o utilizam de forma bastante diversa. Ao contrário de um termo negativo, ofensivo, carregado de dor e sofrimento, passamos a outro positivo, que ressalta um orgulho racial e étnico. Eis a razão pela qual acredito que, mais do que a repetição de um termo utilizado por jovens, temos a reapropriação, por parte dos últimos, de uma palavra utilizada pelos idosos.

Seria, no mínimo, ingenuidade acreditar que os anciãos não possuíam aquilo que hoje denominamos "consciência de negritude" meramente pelo fato de eles utilizarem o significante "negro" como forma de denotar experiências de sofrimento e por associá-lo, muitas vezes, à realidade da escravidão. No máximo, tratar-se-ia de subestimá-los, ao atribuir ao movimento negro um poder "conscientizador" sobre pessoas incapazes de perceber as diferenças que a sociedade lhes impunha ao definir lugares sociais baseados em critérios raciais. Logo eles, que tanto sofreram com o racismo e o preconceito! Pelo contrário, procuro demonstrar a existência de uma clara consciência de sua especificidade grupal, ainda que traduzida através do emprego de termos distintos.

Não pretendo, por outro lado, obliterar a existência de ressignificações, rupturas e deslocamentos no emprego desses termos entre pessoas octogenárias ou nonagenárias — nos anos 2000 — e seus filhos. O termo "negro" foi ressignificado, politizado e positivado. Em realidade, trata-se de um processo bastante anterior à década em questão no Brasil do século XX (Gomes, 2005; Domingues, 2007; Alberti e Pereira, 2007). No entanto, chegou à área rural de Osório de forma mais ou menos concomitante à mobilização comunitária como "remanescentes de quilombos". Conforme percebe-se pelas narrativas de militantes do movimento negro[353] estudadas pelos últimos autores citados, a autopercepção como negros resulta de uma *tomada de consciência* e de

---

[353] Nascidos entre 1917 e 1968.

uma *descoberta*. Se essa politização da questão racial se deu, muitas vezes, por influência de outros militantes, professores e pelo enfrentamento da discriminação no ambiente escolar, não passou alheia, contudo, ao ambiente doméstico. Pais e avós foram recordados como partícipes e estimuladores da tomada de consciência da experiência de racialização e da necessidade de enfrentar o preconceito (Alberti e Pereira, 2007:37-48).

Para o meu argumento, essa discussão é bastante importante, já que, embora meus informantes empreguem termos diversos — "moreno" e "negro" —, gerações diferentes enfrentaram preconceitos e discriminação. Se há uma ruptura na linguagem utilizada para caracterizá-la e para autoidentificar-se, há também um legado geracional que não pode ser desprezado.

A percepção do racismo, a autoidentificação e o sentimento de um pertencimento coletivo não se inaugura, em absoluto, com a influência do movimento negro. No entanto, essa influência redefine a linguagem através da qual é expressa a experiência de racialização. Se toda identidade implica em "histórias inventadas, biologias inventadas e afinidades culturais inventadas", isso se dá porque "toda identidade humana é construída e histórica" (Appiah, 1997:243). Cabe ao estudioso inseri-la em seu quadro histórico. É impossível entender a emergência de uma "consciência negra", no grupo estudado, sem analisar também como as experiências de racialização, e as equivalentes categorias classificatórias, foram vivenciadas e manejadas pela geração precedente.

***

Nas palavras dos mais velhos, sobrepõem-se duas dimensões às palavras "preto", "moreno" e "negro", e essa dualidade, à primeira vista, pode levar a confusões. Há, de um lado, uma evidente dimensão cromática.[354] Assim, por exemplo, o apelido da falecida senhora Ercília era Preta, em referência à cor de sua pele. Na entrevista de Eva, por exemplo:

Eva — A Preta. Tratavam Preta.
Rodrigo — Ah, a Preta. Eu conheci ela.

---

[354] Apresento apenas alguns exemplos desses empregos tais como aparecem nas entrevistas. No entanto, são variados os casos da utilização cromática dessas designações.

Eva — Ah, [balança a cabeça afirmativamente] pois é. E era preta mesmo, né, e era preta mesmo [ri].[355]

Da mesma forma, o termo "moreno", poderia ter uma conotação cromática, a exemplo da fala de Diva, quando compara a "cor" do pai de sua prima àquela de seu filho. Trata-se, no caso, de matizar uma pele escura, como uma maneira de relativizá-la e referir uma coloração mais clara.

Diva — O pai [de Ercília] também não tinha cabelo ruim. Ele era moreno. Bem moreno. Moreno assim que nem o Cláudio. Mais ou menos. Um pouquinho mais claro, eu acho. Mas ele tinha cabelo bom.[356]

Finalmente, "negro" poderia também representar uma categoria cromática, geralmente intercambiável com o "preto": ao referir-se ao seu trabalho em Porto Alegre, o falecido senhor Manoel Inácio Marques Neto destacou: "Tinha negro lá bem negro. Preto mesmo".[357] Há que destacar, no entanto, que o senhor entrevistado beirava os 70 anos por ocasião da entrevista; era mais jovem que suas irmãs e vivera uma experiência de trabalho na capital. Aliás, é precisamente ao se referir a esse momento que emprega essa palavra que possuía, contudo, significado bastante distinto em um contexto local.

Ocorre que a dimensão "cromática" é episódica e minoritária — e, quando digo minoria, apelo à tolerância e à possibilidade de confiança dos leitores neste historiador que se recusa a quantificar dados de história oral. É uma exceção. No mais das vezes, as categorias arroladas possuíam um significado bastante distinto entre os narradores idosos.

Elas remetem a um sentimento de pertencimento coletivo, àquilo que os distinguiria dos brancos. Pode ser surpreendente ao olhar contemporâneo, que tende a ver a categoria "negro" como aquela que representa, por excelência, a expressão de uma consciência racial politizada. No entanto, por incrível que pareça, em minhas entrevistas, na maior parte das vezes

---

[355] Entrevista com a senhora Eva Marques Correia, no dia 12 de março de 2010, no Caconde (LABHOI — UFF). Percebe-se, no entanto, que o "era preta mesmo" adjetiva cromaticamente a condição "preta" que, como veremos, possuía também outros significados.
[356] Entrevista com a senhora Diva Inácia Marques Terra, no dia 12 de março de 2010, em Osório (LABHOI — UFF).
[357] Entrevista com o senhor Manoel Inácio Marques Neto, no dia 9 de janeiro de 2009, em Osório (LABHOI — UFF).

os termos "preto" e "moreno" parecem intercambiáveis, expressivos de uma coletividade não branca.

Ao referirem-se aos bailes, por exemplo, que, como visto no quarto interlúdio de racialização, eram o *locus por excelência* no qual se identificam as experiências de segregação racial, afirmam que *moreno* não entrava. De forma evidente, a categoria refere-se àqueles que, independentemente de variações cromáticas de tez, não eram considerados socialmente brancos e estavam vedados de participar dos festejos. Um exemplo eloquente é dado por uma entrevista que realizei com um neto de Pulquéria Felisberta. Ao indagá-lo sobre a segregação realizada em bailes, involuntariamente utilizei a categoria "negro". Ao responder-me, porém, o senhor em questão utilizou o termo "moreno": "Antigamente, no tempo em que eu me criei, que minha gente me criaram e me assistiram, o baile de branco, moreno não entrava".[358] Vale lembrar que aos olhos deste historiador — e de sua prima-segunda[359] — esse senhor poderia ser considerado fenotipicamente branco. Não o era, no entanto, socialmente, quer por seus vínculos genealógicos, quer por seu pertencimento àquela coletividade.

Uma ideia do sociólogo brasileiro Oracy Nogueira (1985 [original de 1954]), endossada pelo antropólogo norte-americano Marvin Harris (1967 [original de 1964]), bastante corrente nas ciências sociais brasileiras, afirma que, ao contrário dos Estados Unidos, onde as fronteiras raciais são estabelecidas no âmbito das origens familiares, bastando ao sujeito ter apenas um ancestral negro para ser considerado negro, no Brasil elas dão-se a partir do fenótipo. As modalidades de preconceito resultantes dessas diferentes formas de classificação foram denominadas de, respectivamente, *preconceito de origem* e *preconceito de marca*. No segundo caso, vigente no Brasil, a aparência bastaria para classificar determinado indivíduo como branco ou negro. Isso tornaria possível, no intervalo de algumas gerações, através da experiência da mestiçagem, superar a marca racial e os obstáculos por ela deixados aos afrodescendentes.

Outras reflexões, e mesmo o exemplo que trago à discussão, servem para a desconstrução ou, ao menos, relativização dos argumentos de Nogueira. Segundo Sansone (2003), a "raça" — e em seu entendimento, é por isso que

---
[358] Entrevista com um neto de Pulquéria Felisberta, no dia 12 de janeiro de 2009, em Porto Alegre.
[359] Entrevista com a senhora Diva Inácia Marques Terra, no dia 16 de janeiro de 2010, em Osório (LABHOI — UFF).

se deve utilizar o conceito de "racialização" — nada mais é do que uma "das muitas maneiras de expressar e vivenciar a etnicidade — uma maneira que coloca ênfase no fenótipo" (Sansone, 2003:16).

Para Sansone, na geração de adolescentes negros de Salvador por ele estudados, o que predomina para a identificação como negros não são os vínculos comunitários e identitários étnicos,[360] mas a identificação com bens de consumo que remetem a uma negritude ideológica e globalizada. Vimos, porém, que um neto de Pulquéria Felisberta, pertencente à geração dos avós dos rapazes estudados por Sansone, experimentou formas de exclusão de natureza racial, não obstante um fenótipo de branco. O senhor entrevistado não é fenotipicamente negro, mas socialmente o é, ou *era* em Morro Alto. Mais do que a aparência, uma constelação de fatores sociais contribuía para as experiências de racialização.

Embora não me sinta à vontade para citar o nome desse informante, estou bastante confortável em explorar sua entrevista, sobretudo por sua situação singular entre as pessoas que ouvi: apesar de sua aparência, o senhor em questão *sentia-se* negro, ou melhor, moreno. Moreno, aqui, não representa uma coloração de pele, mas a coletividade na qual se percebia inserido.

> Rodrigo — Por que que o senhor disse que o senhor é branco, tem cor de branco, mas não é branco?
> Neto de Pulquéria Felisberta — Porque *não me tenho como garantido por branco. Nunca tive esse orgulho de ser branco. Minha descendência é de família tudo moreno. Então eu queria ser moreno pra acompanhar minha família.* A minha avó era preta que nem carvão. As outras minhas famílias é tudo preto... Compadre Teodoro, não é moreno? O senhor não viu ele lá?[361]

Três aspectos saltam aos olhos do excerto citado. Em primeiro lugar, embora os termos "moreno" e "preto" remetam à tez da pele quando referidos a indivíduos específicos — a avó e compadre Teodoro —, são intercambiáveis

---

[360] Embora "etnia" não seja utilizado pelas famílias analisadas como uma forma de autoadscrição — ninguém afirma pertencer à "etnia negra" (raramente Wilson) — utilizo o conceito como um termo clássico das ciências sociais, o qual representa a crença subjetiva de uma comunidade humana em uma origem comum, tal como definiu Weber (2004 p. 270). Essa crença subjetiva pode ser — e costuma ser — acionada politicamente no sentido de reivindicação de direitos e é o que se verifica contemporaneamente em Morro Alto.
[361] Entrevista com um neto de Pulquéria Felisberta, no dia 12 de janeiro de 2009, em Porto Alegre. Grifos meus.

no que toca a coletividades. A descendência de família é "tudo moreno". "Minhas famílias" é tudo preto. Em segundo lugar, a aparência não era suficiente para a inserção social na sociedade branca. Ele não se tinha "garantido" por branco, e isso decorre de sua situação familiar, genealógica, étnica, racial e mesmo de classe. Não interessava sua "cor": era um camponês negro assim como os seus. Finalmente, ele não *queria* ser branco. Ele *queria* ser moreno, a fim de acompanhar seus familiares.

Se a "raça" era uma retórica, como quer Crapanzano (2001), ela era também muito mais do que isso. Resultava de disposições socialmente hierárquicas que conferiam lugares distintos às pessoas. Representava também uma adesão à determinada coletividade familiar e comunitária.[362] Era vivida concretamente por meio de experiências de segregação e racismo. Se as fronteiras entre brancos e negros poderiam ser negociadas e, por vezes, ultrapassadas,[363] existia um sólido lastro social a definir quem era quem.[364]

Em suma, ser moreno resultava de um compromisso político e afetivo para com a comunidade à qual pertencia: "'Ser moreno' e 'ser negro' têm em comum, além do fato de constituírem-se em oposição a um grupo que se define do mesmo para ambos (os 'de fora'), *serem formas de identificação de uma mesma coletividade*" (Gomes, 2003:57. Grifos meus). Quer dizer, se a identidade negra passou a ser mobilizada no sentido de conquistas de direitos[365] e de combate à desigualdade apenas muitos anos mais tarde, ela não inaugurou o caráter político da adesão a uma identidade racializada. Pelo contrário, foi o solo fértil da autopercepção como morenos que permitiu que a identidade negra brotasse.

---

[362] Para Gilroy, a identidade negra não é uma mera categoria social e política a ser utilizada conforme as flutuações do poder de persuasão da retórica que a apoia ou legitima. "Seja o que for que os construcionistas radicais possam dizer, ela é vivida como um sentido experencial coerente (embora nem sempre estável) do eu [*self*]" (Gilroy, 2001:209). Isso torna possível ao entrevistado, na contramão daquilo que Gilroy qualifica como "absolutismo étnico", considerar-se negro não obstante um fenótipo de branco, já que suas experiências pessoais o levam a isso.

[363] Como visto no capítulo 3, ao chegar a Porto Alegre, onde seus vínculos comunitários eram desconhecidos, o senhor que entrevistei desvencilhou-se do estigma que o impedia de ser considerado branco. Esse exemplo dá uma ideia da complexidade com que operavam condição social e fenótipo na separação entre negros e brancos — aparentemente, em Morro Alto operou o "preconceito de origem", mas em Porto Alegre, "o de marca". Entrevista com um neto de Pulquéria Felisberta, no dia 12 de janeiro de 2009, em Porto Alegre. Grifos meus.

[364] Para uma discussão sobre como a ideia de raça foi construída culturalmente, ver Banton (1977) e Guimarães (2003).

[365] Inclusive territoriais e constitucionais, a exemplo do art. 68 dos Atos das Disposições Constitucionais Transitórias.

Talvez os leitores não se sintam suficientemente convencidos do caráter genérico do termo "moreno", em contraposição à identificação cromática individual. Nesse caso, só me resta elencar novos exemplos,[366] nos quais se evidencia o caráter dos "morenos" como "aqueles que não eram brancos". Para a senhora Eva Marques Correia "não casava moreno com branco não".[367] Para uma filha de Maria Inácia Marques por mim entrevistada, por sua vez, "baile era separado, né. Moreno com moreno e branco com branco".[368] Já o pai de Diva e Aurora "não gostava dessa coisa de classificação, de moreno, de branco".[369] Finalmente (ver primeiro interlúdio de racialização), para aquela, seu avô "Ele é branco, não é moreno".[370]

Se espero ter convencido os exigentes leitores da utilização da categoria "moreno" contraposta à "branco", dou-me conta de que pode não estar suficientemente esclarecido que ela era intercambiável com o termo "preto". Só me resta, portanto, novamente apresentar outros exemplos. Edite Maria da Rosa, por exemplo, presenciou uma situação de racismo, quando uma professora afirmou que não deixaria sua filha casar com um "moreno", a que a entrevistada retrucou se ela deixaria casar com Pelé, que "É preto *também*!"[371]

Mais do que isso, por vezes "moreno" aparece como uma categoria genérica da qual "preto" ou "negro" aparecem como subcategorias cromáticas. É o que percebemos quando o neto de Pulquéria que entrevistei afirmou que sua bisavó era "morena preta".[372] Se minha interpretação estiver correta, "preta" adjetiva cromaticamente o substantivo "morena", que diz respeito à condição sociorracial de Felisberta. Por vezes, até mesmo "negro" define uma subcategoria do termo mais genérico "moreno". Ao descrever seus

---

[366] Ao investigar categorias racializadas, fatalmente o entrevistador utiliza algumas palavras cromáticas ou raciais ao indagar os entrevistados. Para não dar espaço à realização de induções, apresento apenas exemplos nos quais esses termos classificatórios apareceram *espontaneamente* por parte dos sujeitos pesquisados.
[367] Entrevista filmada com a senhora Eva Marques Correia, no dia 12 de março de 2010, no Caconde (LABHOI — UFF).
[368] Entrevista com uma filha de Maria Inácia Marques, no dia 26 de janeiro de 2009, em Porto Alegre.
[369] Entrevista realizada com a senhora Aurora Inácia Marques da Silva, senhor Celso Rodrigues Terra e a senhora Diva Inácia Marques, no dia 28 de novembro de 2001, em Osório.
[370] Entrevista com a senhora Diva Inácia Marques Terra, no dia 16 de janeiro de 2010, em Osório (LABHOI — UFF).
[371] Entrevista com a senhora Edite Maria da Rosa, no dia 10 de junho de 2010, no Ribeirão do Morro Alto (LABHOI — UFF). Grifos meus.
[372] Entrevista com um neto de Pulquéria Felisberta, no dia 11 de fevereiro de 2009, em Porto Alegre.

vizinhos no Espraiado, Aurora enfatizou: "Aí *moreno que era negro* era cá no Ermenegildo".[373] Quer dizer, existiam morenos em geral, entre os quais "morenos pretos" e "morenos que eram negros". Existiam morenos negros, morenos pretos, morenos de todos os tipos. O que tinham em comum? Ao que me parece, o fato de não serem brancos.

Em geral, porém, a subcategoria "negro" possui uma conotação bastante distinta de "moreno". Se a última palavra remete a uma identificação coletiva na fala dos mais velhos, a primeira remete aos seguintes aspectos:

- Ao passado escravista;
- A condições de trabalho degradantes;
- Aciona-se ao mencionar a falta de acesso a direitos;
- A personagens genéricos;
- Ao anonimato e à ausência de uma identidade pessoal específica.

Mattos (2000:17) assinalou que até bem avançado o século XIX, o termo "negro" foi empregado de forma a remeter à condição cativa. A utilização, hoje em dia, desse termo por octogenários e nonagenários de Morro Alto parece atualizar essa significação. Quando Diva afirma que seu avô era branco e pobre e, portanto, escravo (ver primeiro interlúdio de racialização), a mesma senhora destacou que era "igual aos negros". Existe um paralelismo entre "negro" e "escravo".[374] Essa associação entre o significante "negro" e a condição cativa parece radicalizada quando a senhora Eva Marques Correia o empregou para denotar aqueles que sofriam castigos físicos.[375] Finalmente, a prima de ambas, Ercília Marques da Rosa, narrou a história de um naufrágio de navio no "Capão da Negrada". Conforme contou, "Encostou um navio ou naufragou e os negros se espalharam. Então tem negro... O Morro Alto tem muito moreno que é descendente desses negros".[376] O último exemplo é bastante eloquente: a categoria "negro" remete ao passado escravista, enquanto os descendentes daqueles homens trazidos como mercadorias por

---

[373] Entrevista com a senhora Aurora Inácia Marques da Silva, no dia 9 de janeiro de 2009, em Osório (LABHOI — UFF).
[374] Entrevista filmada com a senhora Diva Inácia Marques Terra, no dia 12 de março de 2010, em Osório (LABHOI — UFF).
[375] Entrevista com Arli Marques Correia e Maria Marques Correia Mendes, no dia 19 de novembro de 2010, no Caconde (LABHOI — UFF).
[376] Entrevista com a senhora Ercília Marques da Rosa e Wilson Marques da Rosa, no dia 26 de agosto de 2001, na Prainha. Entrevista realizada por Cíntia Müller, Mariana Fernandes, Alessandro Gomes e Cíntia Rizzi.

meio do tráfico atlântico eram "morenos". Gomes (2003) destaca, em diversos momentos de seu estudo, haver um lapso geracional na utilização das categorias "negro" e "moreno" entre os referidos por seus entrevistados, a primeira remetendo à geração anterior.

Contudo, não apenas ao passado escravista a palavra "negro" remete. Em alguns casos, ela foi aplicada na reflexão acerca da realidade pós-Abolição, todavia, sempre associada a condições brutais de trabalho:

> Aurora — Era brabo. Deus do céu. A pessoa trabalhar. E era o clarear do dia. Não tinha relógio. Não tinha nada. Clareava o dia e o *negro* tinha que saltar e o café era tomado às nove horas. Não era levantar de manhã, encher a barriga e sair. Não. Sair de barriga vazia, às nove horas que tinha o café. Podia trabalhar onde quisesses. Podia ser o serviço que fosse.[377]
>
> Aurora — Seis horas no centro, lá na cidade, o sino batia às seis horas e a *negra* às cinco e meia tinha que estar fora da cama pra o clarear do dia [...], às sete horas cada um agarrava pro seu serviço, às oito horas tinha que estar no serviço, tinha que já ter dado café, ter feito tudo.[378]

A imagem do negro é associada à realidade de sofrimento, a vivências brutalizantes, à indiferenciação legada pelo cativeiro e à percepção de sua continuidade após o 13 de maio. Também é mencionada nos discursos acerca da privação de direitos (Gomes, 2003:49). Assim como "morenos", a categoria "negros" também é empregada na definição da segregação racial representada pelos bailes. Se aqui se aproximam, o que diferencia ambas as palavras é o seu emprego em *outras* situações. A primeira parece indicar um pertencimento coletivo, e o termo "negro", a impotência face à falta de prerrogativas.[379]

Quem não podia entrar no campo de futebol do Grêmio? Os negros.[380] Quem era desfavorecido pela professora na escola? O negro.[381] Quem não

---

[377] Entrevista realizada com as senhoras Aurora Inácia Marques da Silva, senhor Celso Rodrigues Terra e a senhora Diva Inácia Marques, no dia 28 de novembro de 2001, em Osório. Grifos meus.
[378] Entrevista realizada com as senhoras Aurora Inácia Marques da Silva, senhor Celso Rodrigues Terra e a senhora Diva Inácia Marques, no dia 28 de novembro de 2001, em Osório. Grifos meus.
[379] Mello (2012:84, 100-102) também assinalou a preferência pelo termo moreno face ao termo "negro", considerado uma palavra "muito aguda" na comunidade gaúcha de Cambará, por ele estudada.
[380] Entrevista com o senhor Manoel Inácio Marques Neto, no dia 9 de janeiro de 2009, em Osório (LABHOI — UFF).
[381] Entrevista com o senhor Manoel Inácio Marques Neto, no dia 9 de janeiro de 2009, em Osório (LABHOI — UFF).

podia dançar com o rapaz branco, mesmo sendo "clara"? A moça negra.[382] Quem era ultrajado com o insulto de macaco? O negro.[383] Quem viu a herança senhorial ser subtraída e vendida por terceiros? Os negros.[384] Quem não tinha o direito de casar-se ou ser registrado? O negro.[385] Quem "não tinha direito a nada"? O negro.[386]

Assim sendo, é óbvio que a afirmação da identidade individual e, no limite, da própria humanidade, passava pela assunção de outras formas de designação menos carregadas por significações negativas. Lembremos-nos do primeiro capítulo, quando foram discutidas as experiências inomináveis da realidade escravista; também o pós-Abolição teve aspectos degradantes dos quais é melhor esquecer e que, deste ponto de vista, preencheram o significante "negro". Contrariamente à geração posterior, em que essa categoria se converteria em símbolo de orgulho, então, "negro" era associado a situações vexatórias.[387]

Não é surpreendente, portanto, que os entrevistados em geral se tenham identificado como "morenos", categoria de caráter eufêmico, utilizada por educação, respeito ou estima (Corrêa, 1978a). "Negro" aparece sempre, nessa geração, como uma categoria genérica, utilizada na designação de terceiros não nomeados e nunca, jamais, como uma forma de autoidentificação. Sempre na terceira pessoa.

***

No dia 21 de novembro de 2010, entrevistei Cleci Terra da Silva, bisneta da escrava Felisberta e filha de Diva Inácia Marques Terra. Ao introduzir um assunto, ela assim me disse: "Eu como negra vou te dizer uma coisa".[388] *Eu*

---

[382] Entrevista com a senhora Eva Marques Correia, no dia 14 de janeiro de 2009, no Caconde (LABHOI — UFF).
[383] Entrevista com Arli Marques Correia e Maria Marques Correia Mendes, no dia 19 de novembro de 2010, no Caconde (LABHOI — UFF).
[384] Entrevista realizada com a senhora Aurora Inácia Marques da Silva, senhor Celso Rodrigues Terra e a senhora Diva Inácia Marques, no dia 28 de novembro de 2001, em Osório.
[385] Entrevista realizada com as senhoras Aurora Inácia Marques da Silva, senhor Celso Rodrigues Terra e a senhora Diva Inácia Marques, no dia 28 de novembro de 2001, em Osório.
[386] Entrevista realizada com as senhoras Aurora Inácia Marques da Silva, senhor Celso Rodrigues Terra e a senhora Diva Inácia Marques, no dia 28 de novembro de 2001, em Osório.
[387] "Embora a cor de pele associada a essa classificação seja a 'negra', 'os morenos' é uma designação considerada hoje [2003] menos pejorativa, indicando uma possível estratégia de alteração de designação em função da carga altamente pejorativa atribuída ao termo 'negro'" (Gomes, 2003:59).
[388] A coisa que Cleci quis-me dizer era que ela não acreditava nas narrativas segundo as quais os patrões batiam uma sineta para se dirigir aos empregados. A descrença é uma maneira de expressar a ojeriza, o horror à situação de desrespeito social. Já dissertei acerca da dificuldade

*como negra*. Há uma clara ruptura em relação à geração de sua mãe e de suas tias no emprego de termos racializados. Para concluir este último "interlúdio de racialização", tomo como objetivo a interpretação desse deslocamento. Essa autoidentificação, por vezes, pode ser coletiva, como na fala de Wilson, filho da prima-irmã da mãe de Cleci. A liderança comunitária assinala uma mudança de correlação de forças a favor do grupo por ele representado a partir da conclusão do laudo de Morro Alto: "hoje tá uma boa relação, é, pra *nós* negros, né".[389]

Seja individual ou coletiva, a percepção do negro como eu/nós é consequência de uma positivação desse termo.[390] Ao contrário do rol de desgraças, sofrimentos e misérias associadas a esse termo pela geração precedente, Cleci indaga-se: "Mas será que o negro não tem tanta coisa boa pra falar?"[391] E arremata, observando o quanto se sente comovida ao ver um negro "lá em cima". Essa ressignificação, portanto, passa por processos de ascensão social vivenciados pela comunidade negra. Tal como sua mãe, Cleci é profundamente religiosa,[392] e é nesse campo que expressa sua emoção: seja pelo caso de um padre negro em Osório, seja por sua experiência pessoal ao cantar no coral da Igreja. Essa situação é contraposta a um "antes", quando aos negros era vedada a entrada em templos católicos.

No mesmo passo em que se emprega o termo "negro" sob novas feições e com novos significados, decai a utilização dos termos "preto" e "moreno". Cleci não os utiliza uma vez sequer. Seu primo Wilson e sua esposa, Marilda Aparecida Souza da Rosa, utilizam o termo "Preta" apenas para se referir ao apelido carinhoso de sua mãe/sogra. Jamais aparece como designativo de uma comunidade racializada, para o que se emprega o termo "negro"

---

de dar crédito a relatos de semelhantes experiências de sofrimento. Nesse momento, interessa-me o fato de ela ter reivindicado a condição negra como forma de sustentar seu ponto de vista.
[389] Entrevista com Wilson Marques da Rosa e Marilda Aparecida Souza da Rosa, no dia 20 de janeiro de 2010, em Capão da Canoa (LABHOI — UFF).
[390] Infelizmente, não me sinto habilitado a datá-la. O fato é que, em fins dos anos 1970, o termo "negro" ainda era relegado como pejorativo e ainda se privilegiava a categoria "moreno" (Corrêa, 1978b).
[391] Entrevista com Cleci Terra da Silva, no dia 21 de novembro de 2010, em Osório (LABHOI — UFF).
[392] Cleci estava em dúvida se eu poderia entrevistá-la. Só decidiu fazê-lo após a festa do Rosário de 2010, quando Nossa Senhora a "iluminou" para que tomasse tal decisão. Felizmente, a santa esteve ao lado da minha pesquisa. Diário de campo de 15 de outubro de 2010 em Osório (LABHOI — UFF).

constantemente. Tampouco o "moreno", tão caro à geração precedente, é utilizado.[393]

Na fala do presidente da Associação de Moradores de Morro Alto há, evidentemente, narrativas de sofrimento, conforme visto neste capítulo. Mas o negro aparece, sobretudo, como sujeito de uma luta coletiva: o processo de luta pela Reforma Agrária, descrito brevemente no capítulo 3, é entendido como um "levante negro"; ao falar sobre o Capão da Negrada, menciona a "resistência negra" em uma "Revolução".[394] São diversos os exemplos. Da mesma forma, mesmo quando Cleci menciona "os negros" de uma forma genérica, não se trata de sujeitos inomináveis que passaram por experiências sociais vexatórias, e sim de uma coletividade em busca de direitos de cidadania. Ela relatou, um pouco desconfiada, que viu diversas pessoas pobres cadastrarem-se na casa de sua mãe almejando a obtenção dos direitos como "remanescentes de quilombos".

> Cleci — Porque uma vez na minha mãe eles vieram, veio um monte de *negros* com identidade, com tudo, escreveram o nome deles, e deram o número de identidade e tudo. Sabe, e até bastante gente, tinha bastante gente humilde, simples, que eu até nem sei pra onde é que foi aquilo.[395]

Quer dizer, mesmo quando não nomeado individualmente, mesmo quando mencionado na terceira pessoa, o "negro" é um sujeito político ativo, um personagem relevante no quadro de relações sociais do Brasil contemporâneo.[396] Isso se dá pelo fato de constituir um *povo*. Essa categoria adquire maior relevo quando percebemos que não está presente apenas na fala da liderança política comunitária — Wilson —, mas também no de uma liderança religiosa em Osório — Cleci —, não envolvida com as demandas políticas das quais seu primo é porta-voz. O *povo negro* é um sujeito político coletivo

---

[393] Entrevista com Wilson Marques da Rosa e Marilda Aparecida Souza da Rosa, no dia 20 de janeiro de 2010, em Capão da Canoa (LABHOI — UFF).
[394] Entrevista com Wilson Marques da Rosa e Marilda Aparecida Souza da Rosa, no dia 20 de janeiro de 2010, em Capão da Canoa (LABHOI — UFF). Infelizmente, não consegui apurar de que processo revolucionário se trata. A Farroupilha? A Federalista? 1923? 1930? Eu não sei.
[395] Entrevista com Cleci Terra da Silva, no dia 21 de novembro de 2010, em Osório (LABHOI — UFF). Grifos meus.
[396] Em estudo realizado 10 anos antes do meu, Gomes assinalou, de forma inspiradora aos meus resultados, que, na ocasião, a categoria "negro" remetia a um passado, e "moreno", à identificação naquele momento. Contudo, o autor também intuiu que a percepção de uma "raça negra" apontava para o futuro, o que realmente verifiquei (Gomes, 2003:86).

e atuante. Enquanto Cleci se indaga "Aonde que vão arrumar tanta terra naquele Morro Alto pra esse *povo* negro todo?", Wilson destaca que o negro é um *povo* que tem direitos através de ações afirmativas, e que o laudo é um documento de afirmação desse *povo*.[397] Para além de diversos posicionamentos entre os primos, há um idioma político comum através do qual eventuais divergências se expressam.

Wilson lembra que o Partido Democrático Trabalhista — a que pertence, bem como seus inspiradores de luta política — liderou com o movimento negro a inclusão do art. 68 na Constituição de 1988. Sublinha a importância do deputado Carlos Alberto de Oliveira, Caó, autor da Lei nº 7.716/1989, que tipificou os crimes de racismo, e de Abdias do Nascimento, primeiro senador negro, ambos pertencentes ao PDT. Procurando enfatizar a participação da agremiação da qual faz parte, ele sublinha a importância e a emergência do movimento negro, no período de redemocratização do país, para a conquista dos direitos pelos quais, hoje, a comunidade de Morro Alto luta.

Não há dúvidas da importância da mobilização negra naqueles atribulados anos na redefinição dos significados do termo em questão. No que toca a Osório, existe, não há dúvidas, o reflexo dos debates feitos nacionalmente, especialmente em um momento no qual *os mais novos não sabem tanto por causa da televisão*. Homens e mulheres, jovens e adultos da década de 1980 acompanhavam e estavam bem informados sobre o que acontecia em seu país. No entanto, acredito que não foi *apenas* isso. Considerar os sujeitos pesquisados como meros consumidores das formulações políticas do movimento negro em um plano nacional é subestimá-los.

Novamente, um paralelo entre Wilson e Cleci pode ser esclarecedor. Ele, um homem político envolvido em lutas sociais e na disputa partidária desde sua juventude: partiu ainda moço para Porto Alegre a fim de trabalhar com o deputado Romildo Bolzan. Ela, trabalhou de cozinheira e cafeteira em hotéis enquanto solteira. Após casar-se, dedicou-se às atividades de dona de casa. Além da aptidão para a cozinha, Cleci herdou de Diva seu papel de liderança religiosa frente à paróquia de Osório.

Com perfis tão distintos, seria de esperar que Wilson tivesse uma "consciência negra" mais aguçada que Cleci. Isso, no entanto, não ocorre.

---

[397] Entrevista com Cleci Terra da Silva, no dia 21 de novembro de 2010, em Osório (LABHOI — UFF). Grifos meus. Entrevista com Wilson Marques da Rosa e Marilda Aparecida Souza da Rosa, no dia 20 de janeiro de 2010, em Capão da Canoa (LABHOI — UFF).

Ambos utilizaram apenas essa categoria ao problematizar processos contemporâneos de racialização. Mais do que isso, ela foi ainda mais enfática do que seu primo ao destacar-se como negra. Não se tratava apenas de uma identidade pessoal, mas também do lugar de onde falava para propor-me uma assertiva. "Eu como negra vou te dizer uma coisa".[398] A vigorosa condição negra era o que *a qualificava* para expressar um ponto de vista *a respeito da experiência desse grupo*. Cleci não se engaja na luta social do Morro Alto. Há, não há dúvidas, um papel dessa mobilização étnica no deslocamento semântico da categoria "moreno" para "negro". Porém, a entrevistada prova que não apenas aqueles que vivem de forma mais intensa essa batalha passaram a empregar o termo "negro" no seu uso cotidiano.

Vivendo no meio urbano é possível que a entrevistada tenha sofrido influência de militantes, professores ou vizinhos, a ponto de reformular categorias de classificação racial e de explicação de desigualdades do mundo que a cerca. Ela está sujeita à influência de noticiários na televisão e no rádio. Não está alienada do mundo ao seu redor, evidentemente. No entanto, recuso-me a acreditar que meus entrevistados sejam recipientes vazios a serem "preenchidos" pelas informações do mundo exterior. Como já disse, as práticas ativas de recepção que caracterizam a posição do "leitor" nas formulações recentes acerca da palavra escrita (Certeau, 1994; Chartier, 1998) podem ser pensadas também no que toca ao texto oral, ou mesmo audiovisual. Admitindo que Cleci tenha adquirido um discurso de "negritude" junto a militantes, professores, vizinhos, televisão, rádio, todos juntos, o que seja, tal só foi possível por estar embebida em um caldo cultural próprio que possibilitou que isso acontecesse.

Identifiquei três aspectos-chave nesse processo. Em primeiro lugar, as experiências de discriminação enfrentadas desde a infância por qualquer indivíduo moreno, preto, negro — o que for — tornam-no propício à recepção de um discurso de resistência e orgulho. Em segundo lugar, as trajetórias de ascensão social de negros e a conquista de "um lugar ao sol" foram palpáveis para Cleci, e devidamente sublinhadas em sua fala. Trata-se de um fenômeno *objetivo*. Finalmente, e aqui me parece estar o elemento mais importante, se há, por um lado, uma ruptura com a geração anterior no significado dado

---

[398] Ver nota 392.

ao termo "negro", por outro, mesmo entre os pais e avós existia uma consciência das hierarquias sociais que racializavam os indivíduos e uma percepção arguta de quem eram os "nós" e de quem eram os "eles".

Ainda que expressassem tais diferenças por meio da noção de "morenos", esse não representava, aos meus olhos, um esforço de branqueamento. Pelo contrário, representava uma tentativa de afastar-se de uma identidade negativa representada pelo termo "negros". A partir do momento em que essa categoria foi positivada, foi aquela preferencial para expressar as experiências de racialização. Há uma ruptura, sim. Mas essa ruptura, contraditoriamente, dá-se sob o signo da herança.[399] Se, com frequência, essa continuidade é minimizada e o termo "negro" é absolutizado como o único pelo qual se pode expressar uma "consciência crítica", é porque "a identidade grupal só parece funcionar — ou, pelo menos, funcionar melhor — quando é vista por seus membros como natural, como 'real'" (Appiah, 1997:244). No entanto, foi a herança de uma consciência de alteridade, expressa pelo termo "morenos", que permitiu que a geração posterior se descobrisse "negra". De "morenos" a "negros": no caso de Morro Alto, no solo fértil da autopercepção como morenos, emergiu uma nova categoria.

---

[399] O legado familiar na "descoberta da negritude" foi destacado por Alberti e Pereira, 2007:37-48.

# AONDE O MAPA NOS LEVOU

## O cipozal

Estranho o mapa deste livro. Ele nunca teve um X apontando a localização do tesouro, que sequer existe, ao menos como ponto final de um processo de pesquisa. O único que encontrei foi logo no começo: as entrevistas através das quais pude compartilhar um pouco da memória dos sujeitos pesquisados. Tais tesouros me levaram a caminhos tortuosos por meio dos quais procurei percorrer um *cipozal*, como os habitantes de Morro Alto descrevem sua complexa trama de relações de parentesco. Talvez tenha-me perdido, no fascínio que ela despertaria em qualquer historiador. Foram muitos caminhos secundários, atalhos, desvios. Como não se perder na densa historicidade de mais de um século e meio de história familiar?

Todavia, nesses itinerários percorridos pude localizar algumas pistas que talvez possam contribuir à construção do conhecimento histórico acerca do pós-Abolição. Creio que, por mais que me tenha enredado nos seus cipós, o horizonte de minha hipótese — o desenvolvimento de uma consciência histórica por parte do grupo estudado, operada pela memória, pela história e pelas experiências de racialização — sempre norteou minhas preocupações e serviu-me como farol. As conclusões aqui arroladas possuem duas naturezas: aquelas relacionadas ao meu argumento central, e outras não diretamente ligadas a ele, pontuais, mas não desprovidas de valor. Trata-se de peneirá-las. De alguma maneira ou de outra, contribuem à construção do conhecimento histórico. Revisitemos as últimas.

## Estradas vicinais

Se a narrativa de história social se presta a oferecer um contexto a partir do qual a história da memória pode ser escrita — e na qual a última deve ser inscrita — ao reconstituir parte das tramas desse cipozal, embora não fosse meu objetivo principal, creio ter apresentado algumas contribuições à história social da escravidão e do pós-Abolição. Os leitores deverão lembrar que afirmei, na nota 4 do "mapa do livro", que, se tais aportes existissem, "seria lucro". Apresento, pois, alguns argumentos aqui desenvolvidos, e deixo aos seus juízos avaliar se lucro há.

Ao abordar a geração dos escravos, eu me referi à existência de uma hierarquia interna ao conjunto dos cativos, definida pela antiguidade na escravaria, pelo grau de especialização e por possíveis vínculos familiares com a casa-grande. Tal se deu em uma unidade produtiva dedicada, entre outras coisas, à produção de açúcar e aguardente, aproveitando as oportunidades oferecidas pelo tráfico atlântico. Com o cessar deste, a fazenda do Morro Alto decaiu. Assinalei ainda que, embora inserida nas engrenagens econômicas do tráfico negreiro, a região analisada não foi grande tributária do afluxo de africanos ao Brasil na primeira metade do século XIX. Pelo contrário, o principal contingente da freguesia em questão era composto por escravos crioulos, por vezes havia gerações. Finalmente, o ocaso do século XIX favoreceu a existência de estatutos sociais ambíguos que, contudo, refletiam uma sociedade na qual os papéis estavam em processo de redefinição.

Na geração seguinte, arrolou-se a possibilidade de permanência de um campesinato negro na região. Verifiquei que, dado que a família era uma unidade básica na sobrevivência no pós-Abolição, havia uma grande preocupação em assegurar um destino à prole. Apesar da pretensão de assegurar um futuro a todos os filhos, a lógica camponesa levou ao privilégio do filho mais velho do sexo masculino. Quanto àqueles que não eram filhos de ambos os pais — portanto *ilegítimos* —, a eles coube procurar a cessão, por fazendeiros, de um espaço de moradia e cultivo, arranjo bastante comum em inícios do século XX.

No que toca à "geração de migrantes", discuti que os processos macrossociais não são, por si só, explicativos das motivações que levaram às migrações: aspectos díspares como processos de expropriação, queda da fertilidade da terra e a busca por direitos trabalhistas — aos quais homens e mulheres tinham um acesso diferenciado — apareceram como fatores importantes desse fenômeno. Também analisei a passagem de relações tradicionais e solidárias no meio rural para uma mercantilização do acesso à mão de obra e de benfeitorias. Verificou-se o predomínio da patrilocalidade mesmo em situações de migração, o que indica que a urbanização não subsume as práticas culturais habituais. Finalmente, verificou-se a importância da figura de Getúlio Vargas como aquele que concedeu os direitos trabalhistas, e a percepção da ausência dos mesmos direitos como *tipo dos escravos*.

Rememorados os caminhos que me desviaram um pouco de minha trilha, mas não total, nem inutilmente, volto para as contribuições mais substanciais de meu trabalho para a história da memória do campesinato negro, do qual a "*gente* da Felisberta" é um exemplo. Para tanto, apresento aos leitores uma senhora que conheci em minhas andanças pelo cipozal.

## Ela trabalhou na fazenda de Rosa Osório Marques

Em certa ocasião de meus itinerários de pesquisa, tive oportunidade de conversar com uma senhora, bastante velhinha.[400] Ela, em tom confessional, segredou-me que havia trabalhado na casa de Rosa Osório Marques. Ela *conheceu* a senhora de escravos. *Trabalhou* para ela. Qualquer desavisado — eu cheguei a pensar assim em um primeiro momento — interpretaria sua fala como uma simples confusão geracional de uma pessoa idosa. No entanto, não é assim. Trata-se, talvez, do testemunho mais vigoroso da maneira como os pesquisados relacionam-se com o passado. Ela poderia ter feito qualquer outra imprecisão, mas fez essa. Ela *encarnou* o ancestral, sua avó escrava.

Em nenhum momento o passado e o presente encontraram-se de forma tão plena: eles sintetizaram-se na pessoa da própria locutora. Em nenhum momento do processo de pesquisa a memória encarou e desafiou de forma tão atrevida a competência do historiador. Ao relacionar-se

---

[400] Mantenho seu anonimato para não expô-la. Porém, explicito de forma veemente que não era integrante da "*gente* da Felisberta", embora longinquamente aparentada — como todos, aliás, em Morro Alto.

pessoalmente com uma personagem da qual ouviu falar, desde a tenra infância, através do registro oral, debochava inconscientemente de minha incapacidade de inscrever essa experiência por escrito. De qualquer forma foi impossível levar a conversa adiante. Havia ruído, ela falava muito baixinho, estava cansada e seus familiares estavam com pressa para retirá-la daquele ambiente. Se percebessem o teor da conversa, provavelmente censurariam a idosa.

Naquele duelo entre memória e história, não existiram perdedores. Seria inútil explicar a ela que Rosa Osório Marques faleceu muito antes de seu nascimento. Seria inútil impor minha palavra à daquela anciã. Mas fui vencedor, porque refletindo sobre o episódio, posso, nas páginas finais deste livro, recuperar alguns dos argumentos mais marcantes. Através da generosidade dessa idosa, que me confiou um segredo que provavelmente seria criticado pelos seus, posso-me propor um arremate da trama tecida. Apenas a trama do livro, porque aquela do cipozal, ah, este jamais poderá conhecer um desenlace! Seria muita pretensão de minha parte...

## Caminhos principais

A comunidade estudada constrói sua identidade coletiva através da noção de herança. Esse aspecto foi recorrente ao longo de todo o trabalho. Em Morro Alto herda-se de tudo um pouco: terras, mas também vínculos sociais, parâmetros de classificação sociorracial! Isto não é linear? Não é. Não há exceções e rupturas nessa aparente linha de continuidade? Há. Todavia, é um mecanismo recorrente de articulação entre passado e presente. Somente em um limite, até mesmo caricatural — e *apenas* no limite, no caso da senhora bastante idosa e que por conta disso está, talvez, perdendo a lucidez —, herda-se a *persona* do ancestral. Trata-se de um caso extremo, e que apenas a idade avançada pôde evidenciar, do lugar da *herança* entre os pesquisados. Todos, a não ser a senhora anteriormente mencionada, têm consciência de que *não se fundem*, apenas por esses motivos, àqueles que os precederam. No entanto, é através desses mecanismos que o passado presentifica-se na atualidade.

Não se pretende omitir as diferenças e rupturas presentes, no caso da família elencada, ao longo de um século e meio — representadas pela Lei do

Ventre Livre, pela abolição da escravidão, pela aquisição de terrenos, pelas migrações, pela consolidação das leis trabalhistas, pelas trajetórias de ascensão social, pela inserção no meio urbano, pela mobilização comunitária étnica. Existe, no entanto, a noção de que uma herança — não necessariamente material, mas também — conecta o presente e o passado e, ainda, de que o passado escravista é uma lembrança que pode e deve ser preservada ou recuperada.

Além da herança, outra questão que perpassa este livro está na relação entre a *casa* e a *rua*. Se essa é uma oposição recorrente na cultura brasileira, ela é gritante no grupo que circunscrevi para estudar, delineando relações e identidades de gênero, mas não só. Às mulheres se prescrevia o espaço doméstico, ao passo que os homens cuidavam do domínio público. As poucas que se arriscavam a ultrapassar essa fronteira — à exceção das professoras, condição feminina respeitável por excelência — podiam expor-se a questionamentos quanto à sua honra e respeitabilidade.

Isso não significa, em absoluto, que elas fossem pacatas e submissas. Pelo contrário, os leitores poder-se-ão lembrar de diversos momentos, em meu texto, em que ocorreu um tensionamento entre valores sociais sexistas e protagonismo feminino. No entanto, tais valores operavam. A tensão entre uma *casa* feminina e uma *rua* masculina conformou relações e representações. Os significantes "Felisberta" e "Manoel Inácio" foram assim preenchidos pela memória. Até mesmo os tipos de memória que os entrevistados e as entrevistadas têm são radicalmente distintos. Elas falam, majoritariamente, sobre relações de parentesco e do trabalho na roça. Eles falam, majoritariamente, das experiências no mundo do trabalho — o *serviço* — e da interlocução com o jurídico.

A escravidão também aparece com destaque na história da memória do grupo estudado. Houve, não há dúvidas, um privilégio desta em relação à memória do pós-Abolição, devido a uma expectativa dos entrevistados de que seria este o aspecto que interessava mais à pesquisa. No entanto, estou convicto de que as lembranças do cativeiro são conformadoras da identidade e da memória social do grupo estudado. Há interferência, sim, do lugar do entrevistador e de sua trajetória em uma experiência de pesquisa anterior. Mas não é só isso.

O cativeiro é lembrado como um período, sobretudo, de trabalho para outrem, falta de *governo* e de degradação humana. Tais experiências dificilmente são nomeadas. São referidas através de uma terceira pessoa sem nome. São muito sofridas. Exatamente por esse motivo, a percepção de seus ancestrais como *escravos livres* alivia a conotação pejorativa da experiência cativa e corrobora a autorrepresentação dessa família como um grupo especial, importante e distinto. Essa distintividade é associada à figura de Manoel Inácio que é apontado como *branco*.

Por outro lado, ao contrário dos parentes "italianos", essa família nunca se permitiu e nunca pretendeu abrir mão de uma identidade negra e das raízes africanas, representadas, sobretudo, pela figura de Felisberta. Pelo contrário, ela, mais do que nunca, é valorizada em um contexto de emergência étnica — e não apenas por ser herdeira de Rosa Marques. É irônico observar, como lembrarão os leitores, que querer nem sempre é poder: a alguns dos *italianos* que "embranqueceram", também foi vedado o reconhecimento dessa condição racial. Socialmente, sabia-se muito bem quem era branco e quem era negro, e impunham-se limites à atuação dos últimos. Tais mecanismos de definição de lugares sociais operavam na informalidade — a exemplo dos bailes —, não sendo os critérios cartoriais ou policiais definidores das experiências sociais. Creio ser esta uma contribuição importante do presente trabalho: a relativização do poder definidor dos registros escritos de "cores" em documentos oficiais face à dimensão do vivido e às tramas de relações sociais usuais. De qualquer maneira, os "italianos" desapareceram das narrativas. Foram apagados da memória coletiva, talvez porque uma origem comum nem sempre coincida com um destino compartilhado.

Existe uma ruptura na "geração de quilombolas". A memória do cativeiro difere daquela de seus pais. Mais inexata, mais fragmentária, mais pontual. Há, é claro, uma passagem de uma memória tradicional, que remete a tradições orais e à palavra que passa de geração em geração (*Erfahrung*), a outra mais individual, que remete à experiência vivida, animada por meios de comunicação de massa (*Erlebnis*). Essa passagem é percebida pelos próprios entrevistados quando atribuem à televisão a mudança do perfil da memória por eles também constatada. No entanto, não me contentei com essa explicação e afirmei que há também uma influência do fato de que os circuitos da memória, no grupo em questão, davam-se entre avós e netos, e não entre pais e filhos. Avós que viveram a experiência do cativeiro a relataram para seus netos. Para a "geração de camponeses", porém, com raras exceções, aquele era um passado que fazia mais sentido deixar de lado. No entanto, a atualidade traz de volta a curiosidade sobre o passado escravo. *Erlebnis* quer recuperar *Erfahrung*. Alimentar-se do outro tipo de memória. Tal está relacionado, é evidente, pela conjuntura política atual da comunidade estudada, por suas demandas como *remanescentes de quilombos*. Mas para isso pesam também as dinâmicas dos processos de racialização vividos pelo grupo durante o século XX. Convido os leitores a acompanhar-me na sua exposição.

Procurei demonstrar nos "interlúdios" que o uso das categorias de "cor" em documentos escritos — processos criminais e registros civis — não passa de uma representação opaca e distorcida das relações sociais vividas no cotidiano. Indivíduos qualificados como "brancos" poderiam estar imersos em relações comunitárias e sociais de uma comunidade negra. O contrário também era verdadeiro. Creio que tais denominações, nos documentos oficiais, expressavam antes de tudo formalidades jurídicas ou percepções cromáticas dos tabeliães. Isso não significa, em absoluto, que inexistissem hierarquias raciais. Pelo contrário, elas eram muito palpáveis, porém implícitas. Operavam no cotidiano e não dependiam de formalização escrita. Os bailes eram o espaço por excelência onde essas fronteiras de segregação operavam. Quando se falava em racismo, nas entrevistas, sempre se falava em baile. Não interessava o fenótipo, não interessava a maneira como foi registrado ao nascer, não interessava a forma como foi (ou não) designado em um eventual processo criminal. Aqueles que não fossem socialmente brancos não podiam entrar. Trata-se de uma categoria sociológica, não biológica, não fenotípica, não jurídica, não cartorial. E, como tal, implicava em uma adesão *política* e *afetiva*. Trouxe um exemplo de um senhor percebido por muitos como "branco" que preferia ser moreno para "acompanhar" sua família. Assim, sustento que a autopercepção como grupo diferenciado — e segregado — não se inaugura com o movimento negro, que apenas realizou uma ressignificação em relação à categoria "negro" — e a utilizei de forma genérica ao longo do trabalho, quer por motivos de objetividade, quer por ser o termo contemporaneamente utilizado. Não me omiti, porém, de fazer a discussão pertinente das categorias de racialização no quinto interlúdio.

Antes do referido processo de ressignificação e politização do termo "negro", eles percebiam-se como "morenos". Tal se dava pela pesada carga pejorativa associada ao primeiro termo. Embora não apareça na documentação oficial — e exatamente em decorrência do que exponho a seguir — "negro" era uma categoria corrente. Aparece nas entrevistas sempre de forma a remeter à escravidão e/ou circunstâncias de trabalho degradantes. Ninguém queria ser associado a tal denominação. A categoria "moreno" era mais genérica e isenta de semelhante peso semântico. Sustento, veementemente, que ela não representava uma perspectiva de "branqueamento". Trata-se, pelo contrário, de uma forma de percepção de alteridade e de hierarquias raciais. Os idosos não são ingênuos.

A geração seguinte não inaugurou a autopercepção racial, mas a politizou de uma forma sem precedentes, ao realizar o deslocamento semântico que positivou a categoria "negro". Em grande parte por causa da mobilização contemporânea em torno dos "remanescentes de quilombos", mas não só, haja vista que a categoria "negro" é empregada também por quem não está mobilizado nessa luta. A positivação desse termo é, sim, realizada sob a égide de mobilizações políticas negras, mas encontra repercussão devido aos processos de ascensão social presenciados ou vividos. Mas, principalmente, não se deu a partir do nada. Foi graças à aguda consciência dos idosos, que se percebem como "morenos", que seus filhos puderam politizar-se e identificar-se como "negros".

Também nos processos de racialização, portanto, o passado e o presente se encontram. O diálogo dos tempos, o diálogo das gerações, foi mais uma maneira encontrada pela "*gente* da Felisberta" de falar sobre seu passado. De refletir sobre seu passado. De indagar seu passado. De expressar, em suma, sua *consciência histórica*.

Chegando ao fim deste percurso, talvez suas conclusões pareçam um tanto óbvias. Eles interrogam seu passado. Indagam a respeito dele. Óbvio, não? Um óbvio que, contudo, cabia demonstrar. Resta o consolo de que, no caminho, pudemos conhecer melhor essa família e as formas como se apropria e com que se relaciona com seu passado. E também um pouco da miríade de possibilidades de atuação social da população negra do Rio Grande do Sul no pós-Abolição.

## "Mas será que o negro não tem tanta coisa boa pra falar?"

Essa foi a pergunta que Cleci formulou-me quando a entrevistei. Espero, cara Cleci, e desejo de coração que você se encontre entre meus leitores, que eu tenha conseguido contar, apesar de tantas histórias tristes, algumas das muitas coisas boas que você e seus familiares me falaram.

# AGRADECIMENTOS

O presente livro representa uma versão modificada de parte de minha tese de doutorado. Assim, gostaria de agradecer àqueles que estiveram presentes em sua gestação.

A professora Hebe Maria Mattos conduziu com profissionalismo e competência o processo de orientação do trabalho do qual este livro resulta, dando-me tranquilidade e autonomia para desenvolvê-lo. Sempre acessível e solícita, Hebe deu indicações precisas e rumos seguros ao desenvolvimento do estudo. A ela, meu agradecimento.

Sou grato, ainda, ao povo brasileiro, que com o dinheiro de seus impostos financiou meu doutoramento, através do CNPq. Espero que a reflexão aqui publicada possa contribuir para um país melhor, menos desigual, e para o avanço do conhecimento acadêmico em minha área. A agência de fomento agraciou-me com uma bolsa de pesquisa, uma taxa de bancada e um estágio sanduíche sem os quais o trabalho não se teria viabilizado.

Agradeço ao professor Álvaro Pereira do Nascimento, que compôs a banca do exame de qualificação. Suas críticas e sugestões foram preciosas para o desenvolvimento posterior do trabalho.

Agradeço aos professores Jean Hébrard, Verena Alberti, Martha Abreu e Paulo Moreira por terem aceitado participar da banca de defesa da tese junto à minha orientadora, e por suas importantes contribuições, críticas e sugestões que ajudaram a levar à versão final do livro.

A equipe de Morro Alto acompanhou-me na pesquisa de que o presente estudo é fruto. Daisy Barcellos merece uma menção especial, pelo convite para ingressar nesta jornada, pela amizade, carinho e aprendizado. Agradeço ainda aos colegas que me permitiram a utilização de entrevistas por eles realizadas, bem como à Claudia Fonseca.

Tive importantes interlocutores com quem pude dialogar, tendo contribuído cada qual à sua forma à construção do texto. Agradeço a Gabriel Berute, Gabriel Aladrén, Thiago Leitão de Araújo, Carlos Eduardo da Costa, Regina Xavier e, principalmente, Miriam Chagas. É impossível mensurar o quanto meu argumento foi influenciado pela rápida, arguta, original e perspicaz reflexão da Miriam; tenho muito a agradecer.

Agradeço, sobretudo, a todos aqueles que entrevistei, por terem me concedido a dádiva de compartilhar seus tesouros: experiências, memórias, reminiscências e até mesmo documentos escritos. Espero ter sido digno de seus votos de confiança.

Um agradecimento especial vai para Wilson Marques da Rosa. Sinto-me honrado por ele ter-se dado a conhecer para mim, em toda sua complexidade, fortaleza e sensibilidade. Vejo nele um espelho de mim. Papéis distintos — o da liderança comunitária e o do intelectual — e personalidades diferentes afastam-nos. O afeto da senhora Ercília e o comprometimento com a causa quilombola, todavia, nos unem.

A disposição, competência e acessibilidade dos funcionários das instituições onde pesquisei e das voluntárias do Centro da História da Família da Igreja de Jesus Cristo dos Santos dos Últimos Dias facilitaram o processo de pesquisa. Agradeço ao advogado Márcio Félix que me representou no requerimento que movi para obter acesso à documentação do Tabelionato de Maquiné, e à juíza Conceição Aparecida Canho Sampaio, que o deferiu, possibilitando um alargamento das fontes documentais compulsadas. Agradeço, ainda, à equipe da Fundação Getulio Vargas pela maneira entusiasmada e generosa com que abraçou o projeto de publicação deste trabalho.

Sou grato à minha família, por sempre ter estimulado e observado, de longe, minhas aventuras intelectuais.

Agradeço aos amigos que me fazem melhor, o que, de alguma forma mágica, se expressa no meu texto e nas histórias que conto. Seria impossível enumerar todos, mas não poderia deixar de registrar meu carinho por Alessandra Gasparotto, Aline Ramos Francisco, Cássia Silveira, Cristian Salaini, Daniela Carvalho, Elisa Garcia, Fabiana Mancilha, Gabriel Berute, Graziele Dainese, Heloísa Francisco Fernandes, Julia Schirmer, Marcelo Vianna, Mariana Fernandes, Pilar Uriarte, Tiago Ribeiro, Vinicius Oliveira.

Foram muitas andanças pelo mundo.

Em São Paulo, Thomas Alexandre, Juliana Serzedello Crespim Lopes (minha *noiva*) e Izabel de Fátima Cruz Melo tornaram meu mundo e minha cuca mais *odara*. Tom, ainda, abrigou-me em sua casa.

No Rio de Janeiro, vivi bons momentos ao lado de Carlos Eduardo da Costa, Daniela Carvalho, Daniela Yabeta, Elisa Garcia, Gabriel Aladrén, Graciela Garcia, Graziele Dainese, Joana d'Avila, Liandra Caldasso, Paulo Moreira e Pedro Belchior.

Durante estágio realizado em Paris, agradeço antes de tudo à coorientação da professora Myriam Cottias. Ela ofereceu um direcionamento seguro e um ambiente tranquilo para a pesquisa, recomendando bibliografia pertinente, indicando acervos, facilitando o acesso a bibliotecas, sugerindo disciplinas a cursar e ajudando a elucidar aspectos do trabalho realizado. Agradeço pelo companheirismo de Wagner Astan. Ignez Valette foi minha "mãe francesa", apresentando-me à geografia e à vida cultural e política da cidade-luz e dando-me todo o amparo emocional e logístico. Obrigado, Ignez.

Obrigado a todas e todos. No entanto, um muito obrigado é muito pouco.

# REFERÊNCIAS BIBLIOGRÁFICAS

ABREU Esteves, Martha. *Meninas perdidas*. Os populares e o cotidiano do amor no Rio de Janeiro da Belle Époque. Rio de Janeiro: Paz e Terra, 1989.
ABREU, Martha; MATTOS, Hebe. *Memórias do cativeiro.* Niterói: LABHOI — UFF, 2005.
_____; _____. *Jongos, calangos e folias*. Música negra, memória e poesia. Niterói: LABHOI — UFF, 2007.
_____; _____. *"Remanescentes das comunidades dos quilombos"*: memória do cativeiro, patrimônio cultural e direito à reparação (no prelo).
ALANIZ, Anna Gicelle G. *Ingênuos e libertos*: estratégias de sobrevivência familiar em épocas de transição 1871-1895. Campinas: Centro de Memória Unicamp, 1997. 107 p.
ALBERTI, Verena. *Ouvir contar*. Textos em história oral. Rio de Janeiro: FGV, 2004.
_____; PEREIRA, Amilcar Araújo. *Histórias do movimento negro no Brasil*. Rio de Janeiro: Pallas, Cpdoc/FGV, 2007.
ALBUQUERQUE, Wlamyra R. *O jogo da dissimulação*. Abolição e cidadania negra no Brasil. São Paulo: Companhia das Letras, 2009.
ALENCASTRO, Luiz Felipe de. *O trato dos viventes*. Formação do Brasil no Atlântico Sul. São Paulo: Companhia das Letras, 2000.
ANDREWS, George R. *Negros e brancos em São Paulo*: 1888-1988. Bauru: Edusc, 1998.
ANSART, Pierre. História e memória dos ressentimentos. In: BRESCIANI, Stella; NAXARA, Márcia. *Memória e (res)sentimento*. Indagações sobre uma questão sensível. Campinas: Unicamp, 2004.
APPIAH, Kwame Anthony. *Na casa do meu pai*. A África na filosofia da cultura. Rio de Janeiro: Contraponto, 1997.
ARAÚJO, Thiago L. *Escravidão, fronteira e liberdade*: políticas de domínio, trabalho e luta em um contexto produtivo agropecuário (vila da Cruz Alta, pro-

víncia do Rio Grande de São Pedro, 1834-1884). Dissertação (mestrado em História) — Universidade Federal do Rio Grande do Sul, Porto Alegre, 2008.

ARRUTI, José Maurício Andion. *Mocambo.* Antropologia e história do processo de formação quilombola. Bauru: Edusc, 2006.

_____. Da memória cabocla à história indígena: o processo de mediação entre conflito e reconhecimento étnico. In: SOIHET, Rachel et al. *Mitos, projetos e práticas políticas.* Memória e historiografia. Rio de Janeiro: Civilização Brasileira, 2009.

BANTON, Michael. *A ideia de raça.* Lisboa: Edições 70, 1977.

BARCELLOS, Daisy M. *Família e ascensão social de negros em Porto Alegre.* Tese (doutorado em Antropologia Social) — Museu Nacional da Universidade Federal do Rio de Janeiro, Rio de Janeiro, 1996.

_____; CHAGAS, Miriam de Fátima; FERNANDES, Mariana Balen; FUJIMOTO, Nina Simone; MOREIRA, Paulo Roberto Staudt; MÜLLER, Cíntia Beatriz; VIANNA, Marcelo; WEIMER, Rodrigo de Azevedo. *Comunidade negra de Morro Alto.* Historicidade, identidade e direitos constitucionais. Porto Alegre: UFRGS, 2004.

BASTIDE, Roger; FERNANDES, Florestan. *Brancos e negros em São Paulo.* São Paulo: Companhia Editora Nacional, 1971 [Coleção Brasiliana, v. 305].

BÉDARIDA, François. Histoire et mémoire chez Péguy. *Vingtième Siècle. Revue d'histoire,* v. 73, p. 101-110 , jan.-mar. 2002.

BERLIN, Ira. *Gerações de cativeiro.* Uma história da escravidão nos Estados Unidos. Rio de Janeiro: Record, 2006.

BERNSTEIN, Serge. A cultura política. In: RIOUX, Jean-Pierre; SIRINELLI, Jean-François. *Para uma história cultural.* Lisboa: Estampa, 1998.

BITTENCOURT JUNIOR, Iosvaldyr Carvalho. *Maçambique de Osório.* Entre a devoção e o espetáculo: não se cala na batida do tambor e da maçaquaia. Tese (doutorado em Antropologia Social) — Universidade Federal do Rio Grande do Sul, Porto Alegre, 2006.

BLOC, Marc. *Introducción a la historia.* México: Fondo de Cultura Económica, 1987.

BOSI, Ecléa. *Memória e sociedade.* Lembrança de velhos. São Paulo: Companhia das Letras, 1994.

BOURDIEU, Pierre. A ilusão biográfica. In: AMADO, Janaína; FERREIRA, Marieta de Moraes (Orgs.). *Usos e abusos da história oral.* 2. ed. Rio de Janeiro: FGV, 1998. p. 183-191.

_____. *O senso prático.* Petrópolis: Vozes, 2009.

BURGUIÈRE, André. *Le mariage et l'amour*. En France, de la Renaissance à la Révolution. Paris: Editions du Seuil, 2011.

CAMARGO, Aspásia D. A. A questão agrária: crise de poder e reformas de base (1930-1964). In: FAUSTO, Boris (Org.). *História geral da civilização brasileira*. Sociedade e política (1930-1964). 9. ed. Rio de Janeiro: Bertrand Brasil, 2007. t. III, vol. 10, p. 147-272.

CANDAU, Joël. *Memória e identidade*. São Paulo: Contexto, 2012.

CANTARINO, Eliane; MATTOS, Hebe; ABREU, Martha. *Relatório histórico-antropológico sobre o Quilombo de Santa Rita do Bracuí*. Niterói, Rio de Janeiro: UFF, FEC, Incra — SRRJ, 2009.

CARDOSO, Ciro Flamarion. *Escravo ou camponês?* O protocampesinato negro nas Américas. São Paulo: Brasiliense, 1987.

_____; MAUAD, Ana Maria. História e Imagem: os exemplos da fotografia e do cinema. In: _____; VAINFAS, Ronaldo. *Domínios da história*. Ensaios de teoria e metodologia. Rio de Janeiro: Campus, 1997.

CARVALHO, José Murilo. *Cidadania no Brasil*. O longo caminho. Rio de Janeiro: Civilização Brasileira, 2008.

CATROGA, Fernando. *Memória, história e historiografia*. Coimbra: Quarteto, 2001.

CAULFIELD, Sueann. *Em defesa da honra*: moralidade, modernidade e nação no Rio de Janeiro (1918-1940). Campinas: Unicamp, 2000.

CERTEAU, Michel de. *A invenção do cotidiano*. 9. ed. Petrópolis: Vozes, 1994.

CHAGAS, Miriam de Fátima. *Reconhecimento de direitos face aos (des)dobramentos da história*: um estudo antropológico sobre territórios de quilombos. Tese (doutorado em Antropologia Social) — Universidade Federal do Rio Grande do Sul, Porto Alegre, 2005a.

_____. Estudos antropológicos nas "comunidades remanescentes de quilombos": sinais que amplificam a luta por uma vida histórica, vida jurídica. In: LEITE, Ilka Boaventura. *Laudos periciais antropológicos em debate*. Florianópolis: Coedição Nuer; ABA, 2005b.

CHALHOUB, Sidney. *Visões da liberdade*. Uma história das últimas décadas da escravidão na corte. São Paulo: Companhia das Letras, 1990.

_____. *Machado de Assis Historiador*. São Paulo: Companhia das Letras, 2003.

_____. *A força da escravidão*. Ilegalidade e costume no Brasil oitocentista. São Paulo: Companhia das Letras, 2012.

CHARTIER, Roger. *Escribir las prácticas*: discurso, práctica, representación. Valencia: Fundación Cañada Blanch, 1998.

_____. *À beira da falésia*. A história entre certezas e inquietude. Porto Alegre: UFRGS, 2002.

CHAYANOV, A. V. La organización de la unidad económica campesina: introducción. In: PLAZA, Orlando. *Economía campesina*. Desco, Centro de Estudios y Promoción del Desarrollo, 1979a.

_____. Acerca de la teoría de los sistemas económicos no capitalistas. In: PLAZA, Orlando. *Economía campesina*. Desco, Centro de Estudios y Promoción del Desarrollo, 1979b.

CONNERTON, PAUL. *Como as sociedades recordam*. Oeiras: Celta Editora, 1993.

CORRÊA, Norton. Os negros do Morro. *Correio do Povo*, 21 jan. 1978a.

_____. Os negros do Morro Alto — economia. *Correio do Povo*, 28 jan. 1978b.

_____. Os negros do Morro Alto — costumes. *Correio do Povo*, 11 fev. 1978c.

CORTÁZAR, Julio. *O jogo da amarelinha*. Rio de Janeiro: Civilização Brasileira, 2009.

CÔRTES, J. C. Paixão. *Folclore gaúcho*. Festas, bailes, música e religiosidade rural. Porto Alegre: Corag, 1987.

COSTA, Carlos Eduardo C. *Campesinato negro no pós-Abolição*: migração, estabilização e os registros civis de nascimentos. Vale do Paraíba e Baixada Fluminense, RJ (1888-1940). Dissertação (mestrado em História) — Universidade Federal do Rio de Janeiro, Rio de Janeiro, 2008.

CRAPANZANO, Vincent. Estilos de interpretação e a retórica de categorias sociais. In: MAGGIE, Yvonne; REZENDE, Claudia B. *Raça como retórica* — a construção da diferença. Rio de Janeiro: Civilização Brasileira, 2001.

DAMATTA, Roberto. *Carnavais, malandros e heróis*. Rio de Janeiro: Zahar, 1981.

_____. *A casa & a rua*. Espaço, cidadania, mulher e morte no Brasil. Rio de Janeiro: Guanabara Koogan, 1991.

D'ARAUJO, Maria Celina. Estado, classe trabalhadora e políticas sociais. In: FERREIRA, Jorge; DELGADO, Lucília de Almeida Neves. *O Brasil republicano* — O tempo do nacional-estatismo — do início da década de 1930 ao apogeu do Estado Novo. Rio de Janeiro: Civilização Brasileira, 2007.

DAVIS, Natalie Zemon. *Nas margens*. Três mulheres do século XVII. São Paulo: Companhia das Letras, 1997.

DEZEMONE, Marcus Ajuruam de Oliveira. *Memória camponesa*: identidades e conflitos em terras de café (1888-1987). Fazenda Santo Inácio, Trajano de

Moraes — RJ. 2004. Dissertação (mestrado em História) — Universidade Federal Fluminense, Niterói, 2004.

_____. A era Vargas e o mundo rural brasileiro: memória, direitos e cultura política camponesa. In: MOTTA, Márcia; ZARTH, Paulo. *Formas de resistência camponesa*: visibilidade e diversidade de conflitos ao longo da história. São Paulo: Unesp; Brasília: Ministério do Desenvolvimento Agrário, Nead, 2009. v. 2, p.73-98.

DOMINGUES, Petrônio. Movimento Negro Brasileiro. Alguns apontamentos históricos. *Tempo*, v. 12, n. 23, p. 100-122, jul.-dez. 2007. Disponível em: <www.historia.uff.br/tempo/artigos_livres/v12n23a07.pdf>. Acesso em: 17 maio 2011.

DREXLER, Jorge. Tamborero. In: *Sea*. Virgin Records, 2001.

DUARTE, Luiz Fernando Dias; GOMES, Edlaine de Campos. Três famílias. Identidades e trajetórias transgeracionais nas classes populares. Rio de Janeiro: FGV, 2008.

DUTRA, Eliana de Freitas. História e culturas políticas. Definições, usos, genealogias. *Varia Historia*, Belo Horizonte, UFMG, n. 28, dez. 2002.

ECKERT, Córdula. *Movimento dos agricultores sem terra no Rio Grande do Sul*: 1960-1964. Itaguaí (RJ). Dissertação (mestrado em Ciências de Desenvolvimento Agrícola) — Universidade Federal Rural do Rio de Janeiro, Seropédica, 1984.

ELIAS, Norbert. *O processo civilizatório*. Uma história dos costumes. Rio de Janeiro: Zahar, 1990.

FARIA, Sheila de C. História da família e demografia histórica. In: CARDOSO, Ciro F.; VAINFAS, Ronaldo. *Domínios da história*. Ensaios de teoria e metodologia. Rio de Janeiro: Campus, 1997.

FARINATTI, Luiz Augusto. *Confins meridionais*. Famílias de elite e sociedade agrária na fronteira sul do Brasil (1825-1865). Santa Maria: UFSM, 2010.

FEE. *De província de São Pedro a Estado do Rio Grande do Sul* — Censos do RS 1803-1950. Porto Alegre: Fundação de Economia e Estatística, 1981.

FERNANDES, Florestan. *A integração do negro na sociedade de classes*. São Paulo: Dominus, USP, 1965.

FERREIRA, Jorge. *O imaginário trabalhista*. Getulismo, PTB e cultura política popular 1945-1964. Rio de Janeiro: Civilização Brasileira, 2005.

FONER, Eric. *Nada além da liberdade*. Rio de Janeiro: Paz e Terra; Brasília: CNPq, 1988.

FONSECA, Claudia. Ser mulher, mãe e pobre. In: DEL PRIORE, Mary; BASSANEZI, Carla. *História das mulheres no Brasil.* São Paulo: Contexto, 1997.

FRAGA FILHO, Walter. *Encruzilhadas da liberdade.* Campinas: Unicamp, 2006.

FRAGOSO, João Luiz; FLORENTINO, Manolo. *O arcaísmo como projeto.* Mercado atlântico, sociedade agrária e elite mercantil em uma sociedade colonial tardia. 4. ed. revista e ampliada. Rio de Janeiro, c. 1790- c. 1840. Rio de Janeiro: Civilização Brasileira, 2001.

FREYRE, Gilberto. *Sobrados e mocambos.* São Paulo: Global, 2006 [original de 1936].

FUNKENSTEIN, Amos. Collective Memory and Historical Consciousness. *History and Memory*, Tel-Aviv University, 1 (1), 1989.

GENOVESE, Eugene D. *A terra prometida.* O mundo que os escravos criaram — I. Rio de Janeiro: Paz e Terra; Brasília: CNPq, 1988.

GILROY, Paul. *O Atlântico negro.* São Paulo: Ed. 34; Rio de Janeiro: Universidade Candido Mendes, Centro de Estudos Afro-Asiáticos, 2001.

GINZBURG, Carlo; PONI, Carlo. O nome e o como. In: _____. *A micro-história e outros ensaios.* Rio de Janeiro: Bertrand Brasil; Lisboa: Difel, 1991. p. 169-178.

GOMES, Alessandro Garcia. *O processo de manipulação de identidades em uma comunidade a partir de um processo de intervenção institucional.* 2003. Dissertação (mestrado em Antropologia Social) — Universidade Federal do Rio Grande do Sul, Porto Alegre, 2003.

GOMES, Angela de Castro. *A invenção do trabalhismo.* Rio de Janeiro: FGV, 2005.

_____; MATTOS, Hebe Maria. *Sobre apropriações e circularidades:* memória do cativeiro e política cultural na Era Vargas. Disponível em: <www.historia.uff.br/culturaspoliticas/files/hebe3.pdf>. Acesso em: 19 fev. 2010.

GOMES, Flávio. *Negros e política (1888-1937).* Rio de Janeiro: Jorge Zahar Editor, 2005.

GOMES, Flávio dos Santos; CUNHA, Olívia Maria Gomes da. Introdução — que cidadão? Retóricas da igualdade, cotidiano da diferença. In. _____; _____. *Quase cidadão.* Histórias e antropologias da pós-emancipação no Brasil. Rio de Janeiro: FGV, 2007.

GRAHAM, Sandra Lauderdale. *Proteção e obediência.* Criadas e seus patrões no Rio de Janeiro. 1860-1910. São Paulo: Companhia das Letras, 1992.

GRENDI, Edoardo. Repensar a micro-história? In: Revel, Jacques (Org.). *Jogos de escalas* — A experiência da microanálise. Rio de Janeiro: FGV, 1998.

_____. Microanálise e história social. In: OLIVEIRA, Mônica Ribeiro; ALMEIDA, Carla Maria Carvalho. *Exercícios e micro-história*. Rio de Janeiro: FGV, 2009.

GRINBERG, Keila. Reescravização, direitos e justiças no Brasil do século XIX. In: LARA, Sílvia H.; MENDONÇA, Joseli M. N. *Direitos e justiças no Brasil*. Campinas: Unicamp, 2006.

GUEDES, Roberto. *Egressos do cativeiro*. Trabalho, família, aliança e mobilidade social (Porto Feliz, São Paulo, c. 1798-c.1850). Rio de Janeiro: Mauad X; Faperj, 2008.

GUIMARÃES, Antonio Sérgio Alfredo. Como trabalhar com "raça" em sociologia. *Educação e Pesquisa*, São Paulo, v. 29, n. 1, 2003.

GUIMARÃES, Elione Silva. *Múltiplos viveres de afrodescendentes na escravidão e no pós-emancipação*. Família, trabalho, terra e conflito (Juiz de Fora — MG, 1828-1928). São Paulo: Annablume; Juiz de Fora: Funalfa Edições, 2006.

_____. *Terra de preto*. Usos e ocupação da terra por escravos e libertos (Vale do Paraíba mineiro, 1850-1920). 1. ed. Niterói: Editora da UFF, 2009.

HALBWACHS, Maurice. *A memória coletiva*. São Paulo: Centauro, 2006.

HARRIS, Marvin. *Padrões raciais nas Américas*. Rio de Janeiro: Civilização Brasileira, 1967 [original de 1964].

HARTOG, François. *Régimes d'historicité*. Présentisme et expériences du temps. Paris: Editions du Seuil, 2003.

HEYMANN, Luciana Q. *O "devoir de mémoire" na França contemporânea*: entre a memória, história, legislação e direitos. Rio de Janeiro: Cpdoc/FGV, 2006. 27f.

HOLT, Thomas C. *The problem of freedom*: race, labor, and politics in Jamaica and Britain, 1832-1938. Baltimore; Londres: The John Hopkins University Press, 1992.

_____. A essência do contrato — A articulação entre raça, gênero sexual e economia política no programa britânico de emancipação, 1838-1866. In: COOPER, Frederick; HOLT, Thomas C.; SCOTT, Rebecca. *Além da escravidão*: investigações sobre raça, trabalho e cidadania em sociedades pós-emancipação. Rio de Janeiro: Civilização Brasileira, 2005.

HONNETH, Axel. *Luta por reconhecimento*: a gramática moral dos conflitos sociais. São Paulo: Editora 34, 2003.

HOUAISS, Antônio; VILLAR, Mauro de Salles. *Dicionário Houaiss da língua portuguesa*. Rio de Janeiro: Objetiva, 2001.

JANOTTI, Maria de Lourdes Mônaco; ROSA, Zita de Paula. Transmissão da memória sobre a escravidão. *História*, São Paulo, n. 14, p. 111-123, 1995.

JOUTARD, Philippe. Un projet régional de recherche sur les ethnotextes. *Annales. Économies, Sociétés, Civilisations*, ano 35, n. 1, p. 176-182, jan. fev. 1980.

KLAPISCH-ZUBER, Christiane. Le nom "refait". La transmission des prénoms à Florence (XIVe-XVIe siècles). *L'Homme*, oct.-déc. 1980, XX (4).

KURY, Mário da Gama. *Dicionário de mitologia grega e romana*. Rio de Janeiro: Jorge Zahar Editor, 1990.

LARA, Silvia H. *Fragmentos setecentistas*. Escravidão, cultura e poder na América portuguesa. São Paulo: Companhia das Letras, 2007.

LAYTANO, Dante. *As congadas do município de Osório*. 1. ed. Porto Alegre: Boletim de Estudos do Folclore do Rio Grande do Sul; Associação rio-grandense de música, 1945. 132 p.

LEITE, Ilka B. *Negros no sul do Brasil*. Invisibilidade e territorialidade. Florianópolis: Letras Contemporâneas, 1996.

_____. *O legado do testamento*: a comunidade de Casca em perícia. Florianópolis: Nuer, 2002.

LEVI, Giovanni. Sobre a micro-história. In: BURKE, Peter (Org.). *A escrita da História* — novas perspectivas. São Paulo: Editora da Universidade Estadual Paulista, 1992.

LIMA, Henrique Espada. Sob o domínio da precariedade: escravidão e os significados da liberdade de trabalho no século XIX. *Topoi*, v. 6, n. 11, p. 289-326, jul.-dez. 2005.

_____. *A micro-história italiana*: escalas, indícios e singularidades. Rio de Janeiro: Civilização Brasileira, 2006.

LONER, Beatriz. *Construção de classe*: operários de Pelotas e Rio Grande (1888-1930). Pelotas: Universidade Federal de Pelotas. Ed. Universitária; Unitrabalho, 2001.

LORIGA, Sabina. A biografia como problema. In: REVEL, Jacques (Org.). *Jogos de escalas* — A experiência da microanálise. Rio de Janeiro: FGV, 1998.

_____. A tarefa do historiador. In: GOMES, Angela de Castro; SCHMIDT, Benito Bisso. *Memórias e narrativas (auto)biográficas*. Rio de Janeiro: FGV, 2009.

MACHADO, Cacilda. *A trama das vontades*. Negros, pardos e brancos na construção da hierarquia social do Brasil escravista. Rio de Janeiro: Apicuri, 2008.

MACHADO, Maria Helena. *Crime e escravidão*: trabalho, luta e resistência nas lavouras paulistas. 1830-1888. São Paulo: Brasiliense, 1987.

_____. *O plano e o pânico*. Os movimentos sociais na década da Abolição. Rio de Janeiro: UFRJ, Edusp, 1994.

MAMIGONIAN, Beatriz G. Revisitando a "transição para o trabalho livre": a experiência dos africanos livres. In: FLORENTINO, Manolo. *Tráfico, cativeiro e liberdade*. Rio de Janeiro, séculos XVII-XIX. Rio de Janeiro: Civilização Brasileira, 2005.

_____. O direito de ser africano livre. Os escravos e as interpretações da lei de 1831. In: LARA, Sílvia H.; MENDONÇA, Joseli M. N. *Direitos e justiças no Brasil*. Campinas: Editora da Unicamp, 2006.

MÁRQUEZ, Gabriel García. *Cien años de soledad*. Buenos Aires: Debolsillo, 2006.

MATTOS de Castro, Hebe Maria. *Ao sul da história*. Lavradores pobres na crise do trabalho escravo. São Paulo: Brasiliense, 1987.

MATTOS, Hebe Maria. Laços de família e direitos no final da escravidão. In: ALENCASTRO, Luiz Felipe de (Org.). *História da vida privada no Brasil 2. Império: a corte e a modernidade nacional*. Coleção dirigida por Fernando Novais. São Paulo: Companhia das Letras, 1997.

_____. *Das cores do silêncio*. Significados da liberdade no sudeste escravista. Brasil, século XIX. Rio de Janeiro: Nova Fronteira, 1998.

_____. *Escravidão e cidadania no Brasil monárquico*. Rio de Janeiro: Jorge Zahar Editor, 2000.

_____. *Marcas da escravidão*. Biografia, racialização e memória do cativeiro na história do Brasil. Tese (Professor Titular em História) — Universidade Federal Fluminense, Niterói, 2004.

_____. Memórias do cativeiro: narrativa e identidade negra no antigo sudeste cafeeiro. In: RIOS, Ana; _____. *Memórias do cativeiro*: Família, trabalho e cidadania no pós-Abolição. 1. ed. Rio de Janeiro: Civilização Brasileira, 2005a.

_____. Novos quilombos: ressignificações da memória do cativeiro entre descendentes da última geração de escravos. In: RIOS, Ana; _____. *Memórias do cativeiro*: Família, trabalho e cidadania no pós-Abolição. 1. ed. Rio de Janeiro: Civilização Brasileira, 2005b.

_____. Quilombos históricos e quilombos contemporâneos. *Revista de História da Biblioteca Nacional*, ano 3, n. 32, p. 98, 2008.

MATTOS, HEBE; Abreu, Martha. Lugares de tráfico, lugares de memória: os remanescentes de quilombo e a memória do tráfico clandestino de escravos para o Brasil. In: MATTOS, Hebe. *Diáspora negra e lugares de memória*. A história oculta das propriedades voltadas para o tráfico clandestino de escravos no Brasil imperial (no prelo).

MATTOS, Marcelo Badaró. *Escravizados e livres*. Experiências comuns na formação da classe trabalhadora carioca. Rio de Janeiro: Bom Texto, 2008.

MELLO, Marcelo Moura. *Reminiscências dos quilombos*. Territórios da memória em uma comunidade negra rural. São Paulo: Terceiro Nome, 2012.

MELLO E SOUZA, Antônio Cândido. *Os parceiros do Rio Bonito*. Estudo sobre o caipira paulista e a transformação dos seus meios de vida. Rio de Janeiro: Ouro sobre Azul, 2010 [original de 1964].

MENDONÇA, Joseli M. N. *Entre a mão e os anéis*: a Lei dos Sexagenários e os caminhos da abolição no Brasil. Campinas: Unicamp, 1999.

_____. *Cenas da Abolição*. Escravos e senhores no parlamento e na justiça. São Paulo: Fundação Perseu Abramo, 2001.

MOREIRA, Paulo Roberto S. Boçais e malungos em terras de brancos — o último desembarque de escravos nos arredores de Santo Antônio da Patrulha: 1852. In: BEMFICA, Coralia et al. (Org.). *Raízes de Santo Antônio da Patrulha e Caraá*. Porto Alegre: EST, 2000.

_____. *Os cativos e os homens de bem*: experiências negras no espaço urbano. Porto Alegre: EST, 2003.

_____; OLIVEIRA, Vinícius Pereira; WEIMER, Rodrigo de Azevedo. Praia do Barco, ou Capão Alto, ou Capão da Negrada (município de Capão da Canoa, RS). In: *Inventário dos lugares de memória do tráfico atlântico de escravos e da história dos africanos escravizados no Brasil*. Niterói: LABHOI — UFF, 2013. Disponível em: <www.labhoi.uff.br/node/1507>. Acesso em: 11 ago. 2013.

MOREIRA, Vânia Maria Losada. Usos do passado: a questão quilombola entre a história, a memória e a política. In: SOIHET, Rachel et al. *Mitos, projetos e práticas políticas*. Memória e historiografia. Rio de Janeiro: Civilização Brasileira, 2009.

MOTTA, Márcia. *Nas fronteiras do poder*: conflito e direito à terra no Brasil do século XIX. Niterói: Universidade Federal Fluminense, 2008.

MUDROVCIC, María Inés. Por que Clio retornou a Mnemosine? In: AZEVEDO, Cecília; ROLLEMBERG, Denise; KNAUSS, Paulo; BICALHO, Maria Fernanda

Baptista; QUADRAT, Samantha Viz. *Cultura política, memória e historiografia*. Rio de Janeiro: FGV, 2009.

MÜLLER, Cíntia Beatriz. *Comunidade remanescente de quilombos de Morro Alto*: uma análise etnográfica dos campos de disputa em torno da construção do significado da identidade jurídico-política de "remanescentes de quilombos". Tese (doutorado em Antropologia Social) — Universidade Federal do Rio Grande do Sul, Porto Alegre, 2006.

NOGUEIRA, Oracy. Preconceito racial de marca e preconceito racial de origem: sugestão de um quadro de referência para a interpretação do material sobre relações raciais no Brasil. In: *Tanto preto quanto branco*: estudos de relações raciais. São Paulo: T. A. Queiroz, 1985 [original de 1954].

NORA, Pierre. Entre memória e história. A problemática dos lugares. *Projeto História*, São Paulo, Educ (10), dez. 1993.

_____. *Les lieux de mémoire*. Paris: Editions Gallimard, 1997 [3 vols.].

O'DWYER, Eliane Cantarino. Os quilombos e a prática profissional dos antropólogos. In: _____. *Quilombos*. Identidade étnica e territorialidade. Rio de Janeiro: ABA, Editora FGV, 2002.

OLIVEIRA, Vinicius P. *De Manoel Congo a Manoel de Paula*. Um africano ladino em terras meridionais. Porto Alegre: EST Edições, 2006.

OSÓRIO, Helen. *Apropriação da terra no Rio Grande de São Pedro e a formação do espaço platino*. Dissertação (mestrado em História) — Universidade Federal do Rio Grande do Sul, Porto Alegre, 1990.

_____. *O império português no sul da América*. Estancieiros, lavradores e comerciantes. Porto Alegre: UFRGS, 2007.

PALMEIRA, Moacir. Casa e trabalho: nota sobre as relações sociais na *plantation* tradicional. *Congrés International des Américanistes*, n. 42, Paris 2-9, setembro 1976. p. 305-315.

PAPALI, Maria Aparecida. *Escravos, libertos e órfãos*. A construção da liberdade em Taubaté (1871-1895). 1. ed. São Paulo: Annablume; Fapesp, 2003. 220 p.

PATARRA, Neide. L. Dinâmica populacional e urbanização no Brasil: o período pós-30. In: FAUSTO, Boris (Org.). *História Geral da Civilização Brasileira*. Economia e Cultura (1930-1964). 9. ed. Rio de Janeiro: Bertrand Brasil, 2007. p. 305-333. t. III, vol. 11.

PERROT, Michelle. *Os excluídos da história*. Operários, mulheres, prisioneiros. Rio de Janeiro: Paz e Terra, 1988.

_____. *Minha história das mulheres*. São Paulo: Contexto, 2008.

PERUSSATTO, Melina Kleinert. *Como se de ventre livre nascesse*: experiências de cativeiro, parentesco, emancipação e liberdade nos derradeiros anos da escravidão. Rio Pardo/RS, c. 1860-c.1888. Dissertação (mestrado em História) — Universidade do Vale do Rio dos Sinos, São Leopoldo, 2010.

PESSI, Bruno S. *Documentos da escravidão*: inventários: o escravo deixado como herança. Porto Alegre: Corag, 2010. v. 3.

PESSOA, Thiago Campos. Os Souza Breves e o tráfico ilegal de africanos no litoral sul fluminense. In: MATTOS, Hebe. *Diáspora negra e lugares de memória*. A história oculta das propriedades voltadas para o tráfico clandestino de escravos no Brasil imperial (no prelo).

POLLAK, Michael. Memória, esquecimento, silêncio. *Estudos Históricos*, Rio de Janeiro, Cpdoc/FGV, v. 2, n. 3, 1989.

_____. Memória e identidade social. *Estudos Históricos*, Rio de Janeiro, Cpdoc/FGV, v. 5, n. 10, 1992.

_____. *L'expérience concentrationnaire*. Essai sur le maintien de l'identité sociale. Paris: Ed. Métailié, 2000.

POMIAN, Krysztof. De l'histoire, partie de la mémoire, à la mémoire, objet d'histoire. In: _____. *Sur l'histoire*. Paris: Gallimard, 1999.

PORTELLI, Alessandro. A filosofia e os fatos. Narração, interpretação e significado nas memórias e nas fontes orais. *Tempo*, Rio de Janeiro, v. 1, n. 2, p. 59-72, 1996.

_____. Tentando aprender um pouquinho: algumas reflexões sobre a ética na história oral. *Projeto História*, São Paulo, n. 15, p. 13-49, abr. 1997.

_____. O massacre de Civitella Val di Chiana (Toscana: 29 de junho de 1944): mito, política, luto e senso comum. In: FERREIRA, Marieta de Moraes; AMADO, Janaína. *Usos e abusos da história oral*. Rio de Janeiro: FGV, 1998.

_____. *A dialogical relationship*. An approach to oral history. Disponível em: <www.swaraj.org/shikshantar/expressions_portelli.pdf>. Acesso em: 26 jun. 2010.

_____. *Ensaios de história oral*. São Paulo: Letra e Voz, 2010.

POUTIGNAT, Philippe; STREIFF-FENART, Jocelyne. *Teorias da etnicidade*. São Paulo: Unesp, 1998.

RAMOS, Eloísa Helena Capovilla da L. *O Partido Republicano Rio-Grandense e o poder local no litoral norte do Rio Grande do Sul — 1882/1895*. Dissertação (mestrado em História) — Universidade Federal do Rio Grande do Sul, Porto Alegre, 1990.

RAPHAËL, Freddy. Le travail de la mémoire et les limites de l'histoire orale. *Annales*: Économies Societés Civilisations, Paris, v. 1, n. 35, p. 127-144, jan.-fev. 1980.

REIS, João José; Silva, Eduardo. *Negociação e conflito*. A resistência negra no Brasil escravista. São Paulo: Companhia das Letras, 1989. 151 p.

REVEL, Jacques (Org.). *Jogos de escalas* — A experiência da microanálise. Rio de Janeiro: FGV, 1998.

RIBEIRO, Carlos Antonio Costa. *Cor e criminalidade*. Estudo e análise da Justiça no Rio de Janeiro (1900-1930). Rio de Janeiro: Editora UFRJ, 1995.

RIBEIRO, Vanderlei Vazelesk. Cartas ao presidente Vargas: outra forma de luta pela terra. In: MOTTA, Márcia; ZARTH, Paulo. *Formas de resistência camponesa*: visibilidade e diversidade de conflitos ao longo da história. 1. ed. São Paulo: Editora da Unesp; Brasília: Ministério do Desenvolvimento Agrário, Nead, 2009. V. 2:53-72.

RICŒUR, Paul. *Temps et récit 3*. Le temps raconté. Paris: Editions du Seuil, 1985.

_____. *A memória, a história, o esquecimento*. Campinas: Editora da Unicamp, 2007.

RIOS, Ana L. *Família e transição (famílias negras em Paraíba do Sul, 1872-1920)*. Dissertação (mestrado em História) — Universidade Federal Fluminense, Niterói, 1990.

_____. Filhos e netos da última geração de escravos e as diferentes trajetórias do campesinato negro. In: _____; MATTOS, Hebe Maria. *Memórias do cativeiro*. Família, trabalho e cidadania no pós-abolição. Rio de Janeiro: Civilização Brasileira, 2005a.

_____. Conflito e acordo: a lógica dos contratos no meio rural. In: _____; MATTOS, Hebe Maria. *Memórias do cativeiro*. Família, trabalho e cidadania no pós-Abolição. Rio de Janeiro: Civilização Brasileira, 2005b.

_____; MATTOS, Hebe Maria. *Memórias do cativeiro*. Família, trabalho e cidadania no pós-Abolição. Rio de Janeiro: Civilização Brasileira, 2005.

_____; _____. Para além das senzalas: campesinato, política e trabalho rural no Rio de Janeiro pós-Abolição. In: CUNHA, Olívia Maria Gomes da; GOMES, Flávio dos Santos. *Quase cidadão*. Histórias e antropologias do pós-emancipação no Brasil. Rio de Janeiro: FGV, 2007.

ROBIN, Régine. *La mémoire saturée*. Un ordre d'idées. Paris: Stock, 2003.

ROCHA, Cristiany M. *Histórias de famílias escravas*. Campinas: Unicamp, 2004.

ROSA, Wilson Marques da. Negros em Capão da Canoa. In: ESPÍNDOLA, Luiz André; FLORENTINO, Renata Feldens; BARROSO, Véra Lucia Maciel. *Raízes de Capão da Canoa*. Porto Alegre: EST, 2004.

ROUSSO, Henry. A memória não é mais o que era. In: FERREIRA, Marieta de Moraes; AMADO, Janaína. *Usos e abusos da história oral*. Rio de Janeiro: FGV; UFRJ, 1998.

RÜSEN, Jörn. Historical consciousness: narrative structure, moral function, and ontogenetic development. In: SEIXAS, Peter. *Theorizing Historical Consciousness*. Toronto; Buffalo; Londres: University of Toronto Press, 2004.

SAHLINS, Marshall. *Cultura e razão prática*. Rio de Janeiro: Zahar Editores, 1979.

_____. *Esperando Foucault, ainda*. São Paulo: Cosac Naify, 2004.

SAINT-HILAIRE, Auguste. *Viagem ao Rio Grande do Sul (1820-1821)*. Belo Horizonte: Itatiaia; São Paulo: USP, 1974 [manuscrito de 1853 de viagem realizada em 1821-1822].

SALAINI, Cristian J. *A "janela" do relatório técnico*: variabilidade, criatividade e reconhecimento social em contextos de perícia antropológica. Tese (doutorado em Antropologia Social) — Universidade Federal do Rio Grande do Sul, Porto Alegre, 2012.

SANSONE, Livio. *Negritude sem etnicidade*. Salvador: Edufba; Rio de Janeiro: Pallas, 2003.

SARLO, Beatriz. *Tempo passado*. Cultura da memória e guinada subjetiva. São Paulo: Companhia das Letras; Belo Horizonte: UFMG, 2007.

SCHERER, Jovani; ROCHA, Marcia (Coords.). *Documentos da escravidão*. Catálogo seletivo de cartas de liberdade. Acervos dos tabelionatos de municípios do interior do Rio Grande do Sul. Porto Alegre: Arquivo Público do Estado do Rio Grande do Sul/Corag, 2006. v. 1. Disponível em: <www.apers.rs.gov.br/arquivos/1169142561.Cat_Sel_Cartas_Liberdade_Vol_1.pdf>. Acesso em: 31 mar. 2011.

SCHWARTZ, Stuart. *Segredos internos* — Engenhos e escravos na sociedade colonial 1550-1835. São Paulo: Companhia das Letras, 1988.

SCOTT, Rebecca. *Emancipação escrava em Cuba*: a transição para o trabalho livre 1860-1899. Rio de Janeiro: Paz e Terra; Campinas: Universidade Estadual de Campinas, 1991.

_____; HÉBRARD, Jean. *Freedom Papers*. An Atlantic Odyssey in the age of emancipation. Cambridge, Massachusetts; Londres, Inglaterra: Harvard University Press, 2012.

_____; ZEUSKE, Michael. Le "droit d'avoir des droits". Les revendications des ex-esclaves à Cuba (1872-1909). *Annales. Histoire, Sciences Sociales*, ano 59, n. 3, maio-jun. 2004.

SEIXAS, Peter. *Theorizing Historical Consciousness*. Toronto; Buffalo; Londres: University of Toronto Press, 2004.

SILVA, Fernanda Oliveira. *Os negros, a constituição de espaços para os seus e o entrelaçamento desses espaços*. Associações e identidades negras em Pelotas (1820-1943). Dissertação (mestrado em História) — Pontifícia Universidade Católica do Rio Grande do Sul, Porto Alegre, 2011.

SILVEIRA, Éder. *A cura da raça*. Eugenia e higienismo no discurso médico sul-rio-grandense nas primeiras décadas do século XX. Passo Fundo: Editora da Universidade de Passo Fundo, 2005.

SIRINELLI, Jean-François. A geração. In: Ferreira, Marieta de Moraes; Amado, Janaína. *Usos e abusos da história oral*. Rio de Janeiro: FGV; UFRJ, 1998.

SLENES, Robert W. Histórias do Cafundó. In: VOGT, Carlos; FRY, Peter. *Cafundó*: a África no Brasil. Linguagem e sociedade. São Paulo: Companhia das Letras, 1996.

_____. *Na Senzala, uma flor*. Esperanças e recordações na formação da família escrava — Brasil Sudeste, século XIX. Rio de Janeiro: Nova Fronteira, 1999.

SOARES, Márcio de Souza. *A remissão do cativeiro*. A dádiva da alforria e o governo dos escravos nos Campos dos Goitacazes, c.1750-c.1830. Rio de Janeiro: Apicuri, 2009.

SOARES, Mariza de Carvalho. *Devotos da cor*. Identidade étnica, religiosidade e escravidão no Rio de Janeiro, século XVIII. Rio de Janeiro: Civilização Brasileira, 2000.

SOUZA, Sonia Maria. *Terra, família, solidariedade...*: estratégias de sobrevivência camponesa no período de transição — Juiz de Fora (1870-1920). Tese (doutorado em História) — Universidade Federal Fluminense, Niterói, 2003.

STENZEL FILHO, Antônio. *A vila da serra (Conceição do Arroio)*. Sua descrição física e histórica. Usos e costumes até 1872. Porto Alegre: Instituto Estadual do Livro; Caxias do Sul: Universidade de Caxias do Sul, 1980 [original de 1924].

TEIXEIRA, Luana. *Relações de trabalho, conflitos e mobilidade social em um distrito agropecuário do sul do Império do Brasil* (São Francisco de Paula de Cima da Serra, RS, 1850-1871). Dissertação (mestrado em História) — Universidade Federal de Santa Catarina, Florianópolis, 2008.

THOMPSON, Edward Palmer. The Grid of Inheritance: A Comment. In: GOODY, Jack; THIRSK, Joan; THOMPSON, Edward Palmer. *Family and Inheritance.* Rural Society in Western Europe, 1200-1800. Cambridge: Cambridge University Press, Past and Present Society, 1976. p. 328-360.

_____. *A miséria da teoria, ou um planetário de erros.* Rio de Janeiro: Zahar Editores, 1981.

_____. *Senhores e caçadores*: a origem da lei negra. Rio de Janeiro: Paz e Terra, 1987.

TODOROV, Tzvetan. *Les abus de la mémoire.* Paris: Arléa, 1995.

TRAVERSO, Enzo. *Le passé, modes d'emploi.* Paris: La Fabrique Éditions, 2005.

VIANA, Larissa. *O idioma da mestiçagem.* Campinas: Unicamp, 2007.

WEBER, Max. *Economia e sociedade*: fundamentos da sociologia compreensiva. Brasília: UnB; São Paulo: Imprensa Oficial do Estado de São Paulo, 2004.

WEIMER, Rodrigo de Azevedo. *Os nomes da liberdade.* Ex-escravos na Serra Gaúcha no pós-Abolição. São Leopoldo: Oikos; Unisinos, 2008a.

_____. Italianos, quase italianos e africanos: identidades contrastivas numa comunidade negra no pós-Abolição. In: Encontro Estadual de História — Vestígios do passado: a história e suas fontes, 2008, Porto Alegre. Anais... Porto Alegre: Anpuh — RS, 2008b. v. 1. p. 1-1.

_____."O meu avô me contava": dinâmicas de circulação da memória do cativeiro entre descendentes de escravos. Osório, século XX. *Revista História Oral*, v. 2, n. 13, 2010a. Disponível em: <http://revista.historiaoral.org.br/index.php?journal=rho&page=article&op=viewFile&path%5B%5D=140&path%5B%5D=141>. Acesso em: 28 dez. 2011.

_____. Negros de um lado, brancos de outro. *Norte*, v. 13. Porto Alegre: Arquipélago Editorial, 2010b.

_____. A herança de Manoel Inácio: sobre a lógica da sucessão camponesa no pós-Abolição e percepções de direito campesinas. In: ABREU, Martha; PEREIRA, Matheus S. (Orgs.). *Caminhos da liberdade*: histórias da Abolição e do pós-Abolição no Brasil. 1. ed. Niterói: PPGHistória-UFF, 2011a. Disponível em: <www.historia.uff.br/stricto/files/public_ppgh/hol_2011_CaminhosLiberdade.pdf>. Acesso em: 3 nov. 2011.

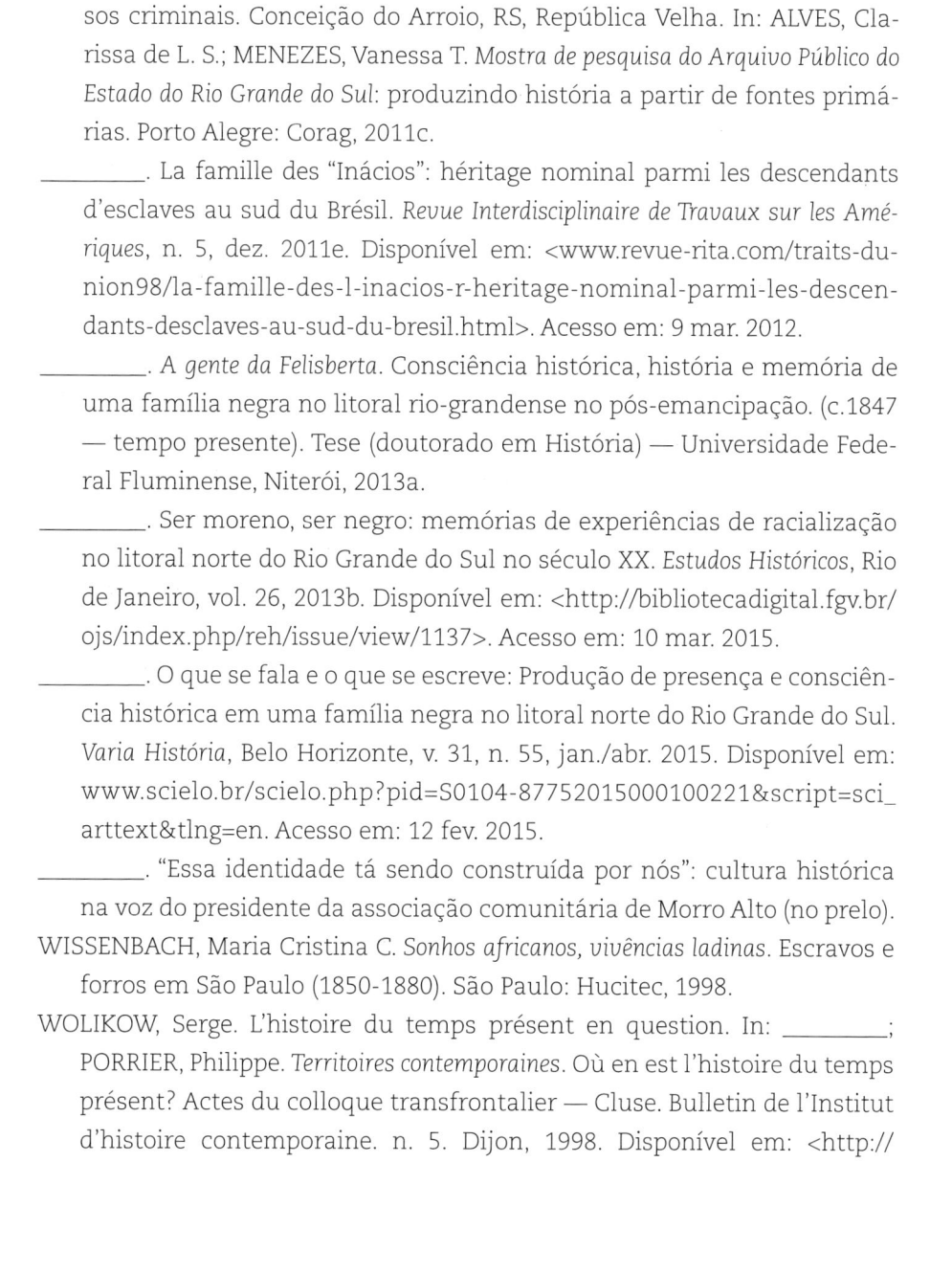

_____. Migrações rural-urbanas entre descendentes de escravos no litoral do Rio Grande do Sul em meados do século XX. *História Unisinos*, v. 15:14-22, 2011b. Disponível em: www.unisinos.br/revistas/index.php/historia/article/view/955. Acesso em: 28 dez. 2011.

_____. "Na qualidade de vizinha que era": solidariedade vicinal entre os camponeses das localidades de Aguapés e Barranceira através de processos criminais. Conceição do Arroio, RS, República Velha. In: ALVES, Clarissa de L. S.; MENEZES, Vanessa T. *Mostra de pesquisa do Arquivo Público do Estado do Rio Grande do Sul*: produzindo história a partir de fontes primárias. Porto Alegre: Corag, 2011c.

_____. La famille des "Inácios": héritage nominal parmi les descendants d'esclaves au sud du Brésil. *Revue Interdisciplinaire de Travaux sur les Amériques*, n. 5, dez. 2011e. Disponível em: <www.revue-rita.com/traits-dunion98/la-famille-des-l-inacios-r-heritage-nominal-parmi-les-descendants-desclaves-au-sud-du-bresil.html>. Acesso em: 9 mar. 2012.

_____. *A gente da Felisberta*. Consciência histórica, história e memória de uma família negra no litoral rio-grandense no pós-emancipação. (c.1847 — tempo presente). Tese (doutorado em História) — Universidade Federal Fluminense, Niterói, 2013a.

_____. Ser moreno, ser negro: memórias de experiências de racialização no litoral norte do Rio Grande do Sul no século XX. *Estudos Históricos*, Rio de Janeiro, vol. 26, 2013b. Disponível em: <http://bibliotecadigital.fgv.br/ojs/index.php/reh/issue/view/1137>. Acesso em: 10 mar. 2015.

_____. O que se fala e o que se escreve: Produção de presença e consciência histórica em uma família negra no litoral norte do Rio Grande do Sul. *Varia História*, Belo Horizonte, v. 31, n. 55, jan./abr. 2015. Disponível em: www.scielo.br/scielo.php?pid=S0104-87752015000100221&script=sci_arttext&tlng=en. Acesso em: 12 fev. 2015.

_____. "Essa identidade tá sendo construída por nós": cultura histórica na voz do presidente da associação comunitária de Morro Alto (no prelo).

WISSENBACH, Maria Cristina C. *Sonhos africanos, vivências ladinas*. Escravos e forros em São Paulo (1850-1880). São Paulo: Hucitec, 1998.

WOLIKOW, Serge. L'histoire du temps présent en question. In: _____; PORRIER, Philippe. *Territoires contemporaines*. Où en est l'histoire du temps présent? Actes du colloque transfrontalier — Cluse. Bulletin de l'Institut d'histoire contemporaine. n. 5. Dijon, 1998. Disponível em: <http://

tristan.u-bourgogne.fr/umr5605/publications/ouenesthistoiretemps/ou-enhistoiretempspresent.pdf>. Acesso em: 14 out. 2011.

YERUSHALMI, Yosef Hayim. *Zakhor*. Histoire juive et mémoire juive. Paris: Gallimard, 1984.

ZONABEND, Françoise. Prénom et identité. In: DUPÂQUIER, Jaques ; BIDEAU, Alain; DUCREUX, Marie-Elizabeth. *Le prénom*. Mode et histoire. Etretiens de Malher 1980. Paris: l'École de Hautes Études en Sciences Sociales, 1980.